本書の特色と使い方

　現場の先生方から，1日15分程度でできる宿題プリントや，朝学習や補充学習にも使えるプリントがほしいという要望が，これまでにたくさん寄せられました。それらの先生方の要望に応え，各学年の教科書の単元にあわせて，1シート約15分〜20分でできるプリントを作成しました。算数，国語（文法），理科，社会科（または，生活科）の教科から子どもたちに習得して欲しい内容を精選して掲載しています。ぜひ，本書を活用して，基礎学力や学習習慣の定着をはかって頂ければと思います。

教科書内容の基礎学力が定着します

教科書の内容が十分に身につくよう，各社教科書を徹底研究して，各学年で習得してほしい基礎的な内容を各教科入れています。学校の授業だけではなかなか定着が難しいため，宿題，家庭学習は大変重要になってきます。本書に1年間取り組むことにより，どの子にも確実に豊かな基礎学力が定着します。

朝学習や補充学習，夏休みや冬休みの家庭学習としても使えます

毎日の宿題だけでなく，朝学習，補充学習，夏休み・冬休みの家庭学習など多様な使い方ができます。算数と理科，国語と社会など，左右異なる教科のシートを組み合わせたり，学校での学習進度に合わせて単元を入れ替えたりして，それぞれの場面に応じてご活用ください。

122%拡大してB5サイズまたは，B4サイズでご使用ください

本書は，122%拡大して使用していただくと，1ページ（A4サイズ）がB4サイズになります。B4サイズを半分に切ると，B5サイズで使えます。ぜひ拡大してご使用ください。

「算数」では，今，習っている単元と既習単元の復習ができます

「算数」では，各シートの下段に「復習」があり，前学年や，現学年での既習単元の計算問題や文章題，関連する問題を中心に掲載しています。（「復習」がないシートもあります。）
現在学習している内容だけでなく，既習内容に続けて取り組むことで，確実に力をつけることができます。
※ 教科書によって単元の順番が異なるため，ご使用の教科書によっては未習の場合もありますのでご注意ください。

目　次

本書の特色と使い方

算　数

対称な図形 …………………………………… 4

文字と式 ……………………………………… 10

分数×整数 …………………………………… 13

分数÷整数 …………………………………… 15

分数×分数 …………………………………… 16

分数÷分数 …………………………………… 21

分数のかけ算・わり算 ……………………… 28

比と比の利用 ………………………………… 30

拡大図と縮図 ………………………………… 35

円の面積 ……………………………………… 41

立体の体積 …………………………………… 44

およその面積と体積 ………………………… 47

比例と反比例 ………………………………… 50

並べ方と組み合わせ方 ……………………… 59

データの調べ方 ……………………………… 62

算数のまとめ

数の表し方としくみ ………………………… 68

たし算とひき算 ……………………………… 69

かけ算とわり算 ……………………………… 70

数の性質 ……………………………………… 71

図形の性質 …………………………………… 71

面積と体積 …………………………………… 72

比例と反比例 ………………………………… 73

単位量あたりの大きさ ……………………… 74

速さ …………………………………………… 74

割合 …………………………………………… 75

割合とグラフ／データの調べ方 ………… 75

楽しみ考える算数 …………………………… 76

国　語

漢字の形と音・意味 ………………………… 78

文の組み立て ………………………………… 80

熟語の成り立ち ……………………………… 80

複数の音訓をもつ漢字 ……………………… 84

送り仮名 ……………………………………… 84

同訓異義語 …………………………………… 85

同音異義語 …………………………………… 87

いろいろな表現 ……………………………… 88

和語・漢語・外来語 ………………………… 90

敬語 …………………………………………… 92

ことわざ ……………………………………… 93

特別な読み方の言葉 ………………………… 94

名詞・動詞・形容詞 ………………………… 94

社　会

日本国憲法と国民主権・平和主義 ………… 96

基本的人権の尊重 …………………………… 96

選挙のしくみと国会のはたらき …………… 97

内閣と裁判所のはたらき …………………… 97

縄文人のくらし ‥‥‥‥‥‥‥‥‥‥ 98

弥生人のくらし ‥‥‥‥‥‥‥‥‥‥ 98

古墳と大和政権 ‥‥‥‥‥‥‥‥‥‥ 99

天皇中心の国づくり ‥‥‥‥‥‥‥‥ 99

奈良の都 (平城京) ‥‥‥‥‥‥‥‥ 100

貴族のくらしと文化 (平安京) ‥‥‥ 100

武士のやかた ‥‥‥‥‥‥‥‥‥‥ 101

鎌倉幕府 ‥‥‥‥‥‥‥‥‥‥‥‥ 101

室町時代の文化 ‥‥‥‥‥‥‥‥‥ 102

信長と秀吉天下統一へ ‥‥‥‥‥‥ 102

家康と江戸幕府の政治 ‥‥‥‥‥‥ 103

人々のくらしと身分 ‥‥‥‥‥‥‥ 103

キリスト教の禁止と鎖国 ‥‥‥‥‥ 104

農業や商業の発展 ‥‥‥‥‥‥‥‥ 104

江戸時代の文化と学問 ‥‥‥‥‥‥ 105

ペリー来航と開国 ‥‥‥‥‥‥‥‥ 105

文明開化 ‥‥‥‥‥‥‥‥‥‥‥‥ 106

富国強兵 ‥‥‥‥‥‥‥‥‥‥‥‥ 106

自由民権運動 ‥‥‥‥‥‥‥‥‥‥ 107

大日本帝国憲法 ‥‥‥‥‥‥‥‥‥ 107

日清・日露戦争 ‥‥‥‥‥‥‥‥‥ 108

産業の発展と民衆運動の高まり ‥‥ 108

中国との戦争 ‥‥‥‥‥‥‥‥‥‥ 109

第 2 次世界大戦と太平洋戦争 ‥‥‥ 109

平和で民主主義の国へ ‥‥‥‥‥‥ 110

高度経済成長 ‥‥‥‥‥‥‥‥‥‥ 110

日本とつながりの深い国
～アメリカ～ ‥‥‥‥‥‥‥‥‥‥ 111

日本とつながりの深い国
～中国～ ‥‥‥‥‥‥‥‥‥‥‥‥ 111

理　科

ものの燃え方 ‥‥‥‥‥‥‥‥‥‥ 112

植物の成長と日光の関わり ‥‥‥‥ 113

体のつくりとはたらき ‥‥‥‥‥‥ 114

植物の成長と水の関わり ‥‥‥‥‥ 116

生物どうしの関わり ‥‥‥‥‥‥‥ 117

月と太陽 ‥‥‥‥‥‥‥‥‥‥‥‥ 117

水よう液の性質 ‥‥‥‥‥‥‥‥‥ 118

大地のつくり ‥‥‥‥‥‥‥‥‥‥ 119

てこのはたらき ‥‥‥‥‥‥‥‥‥ 121

私たちの生活と電気 ‥‥‥‥‥‥‥ 125

生物と地球環境 ‥‥‥‥‥‥‥‥‥ 126

解　答

算数 ‥‥‥‥‥‥‥‥‥‥‥‥‥‥ 128

国語 ‥‥‥‥‥‥‥‥‥‥‥‥‥‥ 146

社会 ‥‥‥‥‥‥‥‥‥‥‥‥‥‥ 151

理科 ‥‥‥‥‥‥‥‥‥‥‥‥‥‥ 155

対称な図形（1）

線対称

名
前

● 右の図を見て答えましょう。

(1) 右の図形は，直線アイを折り目に
して折ると，両側の部分がぴったり
と重なります。
このような図形を何といいますか。

（　　　　　　　　）な図形

(2) 折り目になる直線アイを何といいますか。

（　　　　　　　　）

(3) 次の頂点に対応する頂点を書きましょう。

① 頂点A（　　　　　）　② 頂点E（　　　　　）

(4) 次の辺に対応する辺を書きましょう。

① 辺HA（　　　　　）　② 辺GF（　　　　　）

(5) 次の角に対応する角を書きましょう。

① 角B（　　　　　）　② 角G（　　　　　）

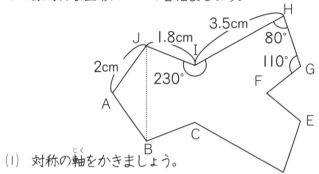

復習

● 右の2つの四角形は合同です。
次の辺の長さや角度を書きましょう。

辺HE（　　　　　）

辺HG（　　　　　）

角G（　　　　　）

角H（　　　　　）

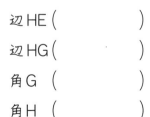
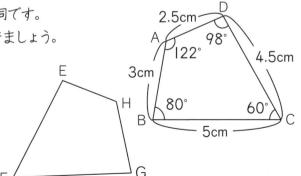

対称な図形（2）

線対称

名
前

● 下の線対称な図形について答えましょう。

(1) 対称の軸をかきましょう。

(2) 次の辺の長さは何cmですか。

① 辺AB（　　　　　）　② 辺CD（　　　　　）

(3) 次の角度は何度ですか。

① 角C（　　　　　）　② 角E（　　　　　）

(4) (1)でかいた対称の軸と，JとBを結んだ直線は，どのように
交わっていますか。

（　　　　　　　　）

復習

● 下の図のような図形をかきましょう。

(1)

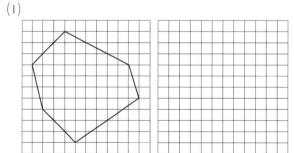

(2)

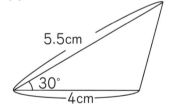

5.5cm
30°
4cm

対称な図形（3）
線対称

名前

● 右の線対称な図形について答えましょう。

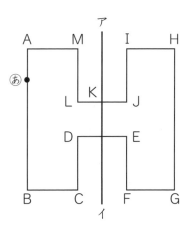

(1) 対称の軸は，直線アイと，もう１本
あります。対称の軸カキをかきましょう。

(2) 対応する２つの点を結ぶ直線は，
対称の軸とどのように交わりますか。

（　　　　　　　）

(3) LKの長さは3cmです。LJの長さは
何cmですか。

（　　　　　　　）

(4) 直線アイを対称の軸にしたときの点あに対応する点いをかきましょう。

(5) (1)でかいた対称の軸カキを対称の軸にしたときの点あに対応する点うを
かきましょう。

復習

● 次の（　）にあてはまることばを □ から選んで書きましょう。
(3)と(4)は，正多角形の名前を書きましょう。

(1) 辺の長さと，角の大きさがすべて等しい多角形を（　　　　　　　）と
いいます。

(2) ７つの辺の長さと，７つの角の大きさがすべて等しい多角形を
（　　　　　　　）といいます。

(3)

(4)

┌─────────────┐
│ 正六角形・正七角形 │
│ 正八角形・正多角形 │
└─────────────┘

（　　　　　　　）　　　（　　　　　　　）

対称な図形（4）
線対称

名前

● 直線アイが対称の軸になるように，線対称な図形をかきましょう。

(1)

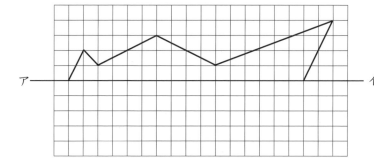

(2)

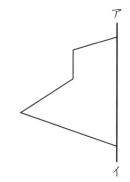

復習

① 7 × 2.8　　② 12 × 4.6　　③ 592 × 3.8　　④ 200 × 5.5

● 縦3m，横4.8mの長方形の花だんがあります。この花だんの面積は
何m² ですか。

式

答え＿＿＿＿＿＿＿＿＿

対称な図形（5）

点対称

名前

① 右の図形を見て，（　）にあてはまることばを □ から選んで書きましょう。

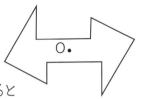

O.

　点Oを中心にして（　　　　　）回転させると

もとの図形にぴったり重なる図形を（　　　　　）な

図形といいます。また，中心となる点Oを（　　　　　）と

いいます。

> 対称の軸　360°　180°　90°　線対称　点対称　対称の中心

② 次の図形は，線対称な図形ですか。点対称な図形ですか。線対称な図形には「線」を，点対称な図形には「点」を（　）に書きましょう。

（　　　）（　　　）（　　　）（　　　）

復習

① 4.2 × 3.8　② 7.6 × 8.4　③ 24.3 × 1.6　④ 87.6 × 9.7

● 1mの重さが15.2gの針金（はりがね）があります。この針金4.8mの重さは何gですか。

式

答え

対称な図形（6）

点対称

名前

● 右の点対称（てんたいしょう）な図形を見て答えましょう。

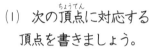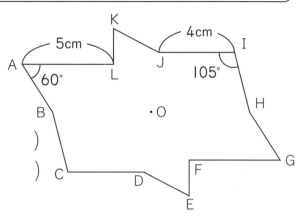

5cm　4cm

K

A　60°　L　J　105°　I

B　H

・O

C　D　F　G

E

(1) 次の頂点（ちょうてん）に対応する頂点を書きましょう。

① 頂点B（　　　　　）

② 頂点D（　　　　　）

(2) 次の辺に対応する辺を書きましょう。

① 辺AB（　　　　　）　② 辺DE（　　　　　）

③ 辺HI（　　　　　）

(3) 次の辺の長さや角の大きさを書きましょう。

① 辺FG（　　　　　）　② 角C（　　　　　）

復習

① 4.26 × 5.3　② 6.87 × 9.5　③ 3.4 × 2.17　④ 6.8 × 4.79

● 46.8m²の畑に水をまきます。1m²あたり2.7Lの水をまくと，水は全部で何Lになりますか。

式

答え

対称な図形（7）
点対称

名前

● 右の点対称な図形を見て答えましょう。

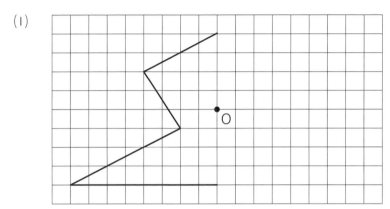

(1) 次の頂点と対応する頂点とを直線で結びましょう。

　① 頂点A　　② 頂点B

　③ 頂点E

(2) 対称の中心をとり，点Oとしましょう。

(3) 直線AOは5cmです。直線FOは，何cmですか。（　　　　　）

(4) 直線DOは，4.5cmです。直線DIは，何cmですか。（　　　　　）

(5) 次の文の（　）にあてはまることばを □ から選んで書きましょう。

　点対称な図形では，対応する2つの点を結ぶ直線は，

　（　　　　　　　　　　　）を通ります。

　また，対称の中心から対応する2つの点までの

　長さは，（　　　　　　）なっています。

| 対称の中心 |
| 対称の軸 |
| 2倍に |
| 等しく |

復習

① 7.9×0.3　　② 7.9×0.8　　③ 24.5×0.7　　④ 80.7×0.6

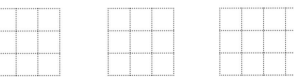

● 1Lで16.3km走る自動車があります。0.8Lでは何km走ることができますか。

　式

　　　　　　　　　　　　　　　　　　　　答え＿＿＿＿＿＿＿＿＿

対称な図形（8）
点対称

名前

● 点Oが対称の中心になるように，点対称な図形をかきましょう。

(1)

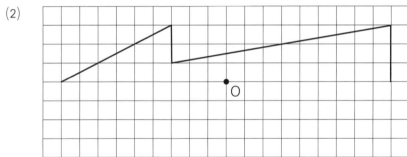

(2)

復習

① 0.4×0.9　　② 7.5×0.8　　③ 2.65×0.9　　④ 1.25×0.8

● 1mの重さが4.25kgのパイプがあります。このパイプ0.4mの重さは何kgですか。

　式

　　　　　　　　　　　　　　　　　　　　答え＿＿＿＿＿＿＿＿＿

対称な図形（9）
点対称

● 点○が対称の中心になるように，点対称な図形をかきましょう。

(1)

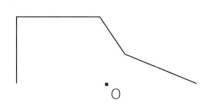

(2)

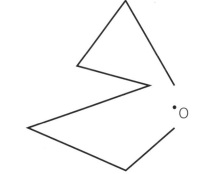

復習

① 0.8 × 4.6　② 0.5 × 2.4　③ 0.23 × 4.12　④ 0.78 × 5.64

● 1m² あたり 0.68L の肥料をまきます。6.8m² の畑では，何 L の肥料がいりますか。

式

答え _____

対称な図形（10）
四角形と対称

● 下の四角形について，線対称な図形か，点対称な図形か，表にまとめましょう。

(1) 線対称な図形であれば，表に○をつけて，対称の軸の本数を書きましょう。また，図形に対称の軸をすべてかきましょう。

(2) 点対称な図形であれば，表に○をつけましょう。また，図形に対称の中心をかきましょう。

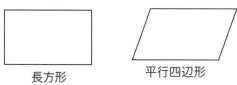

長方形　　　平行四辺形　　　正方形

ひし形

台形

	長方形	平行四辺形	正方形	ひし形	台形
線対称					
対称の軸の本数					
点対称					

復習

① 0.57 × 0.68　② 0.28 × 0.34　③ 43 × 2.7　④ 85 × 8.6

● 1m が 80 円のリボンがあります。このリボンを 7.5m 買うと，代金は何円ですか。

式

答え _____

対称な図形（11）

名　前

多角形と対称

● 下の正多角形について，線対称な図形か，点対称な図形かを調べましょう。

（1） 線対称な図形であれば，表に○をつけて，対称の軸の本数を
書きましょう。

（2） 点対称な図形であれば，表に○をつけましょう。
また，図形に対称の中心をかきましょう。

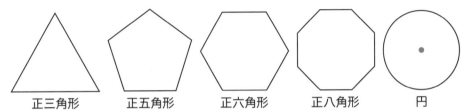

正三角形　　　正五角形　　　正六角形　　　正八角形　　　円

	正三角形	正五角形	正六角形	正八角形	円
線対称					
対称の軸の本数					
点対称					

復習

① 29 × 4.8　　② 58 × 3.4　　③ 320 × 0.8　　④ 60 × 1.25

● パイプを 0.6m 買います。そのパイプは 1m あたり 250 円です。代金は
いくらになりますか。

式

答え＿＿＿＿＿＿＿＿＿＿＿＿

対称な図形

名　前

まとめ①

① 右の線対称な図形を見て答えましょう。

（1） 対応する頂点と辺を書きましょう。

① 頂点 A　（　　　　　　）

② 辺 DE　（　　　　　　）

③ 辺 FG　（　　　　　　）

（2） 直線 BH と対称の軸アイは，どのように
交わりますか。　（　　　　　　）

（3） BK の長さが 3.5cm のとき，
BH の長さは何 cm ですか。　（　　　　　）

② 右の点対称な図形を見て答えましょう。

（1） 対応する頂点と辺を書きましょう。

① 頂点 C　（　　　　　　）

② 辺 AJ　（　　　　　　）

③ 辺 GH　（　　　　　　）

（2） 対応する 2 つの点を結ぶ直線が
必ず通る点はどこですか。（　　　　　）

（3） AF の長さが 9cm のとき，FO の
長さは何 cm ですか。　（　　　　　）

③ 下の線対称な図形を見て答えましょう。

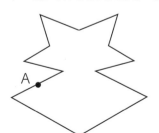

（1） 対称の軸をかきましょう。

（2） 点 A に対応する点 B をかき入れ
ましょう。

対称な図形

まとめ ②

① 直線アイが対称の軸になるように，線対称な図形をかきましょう。

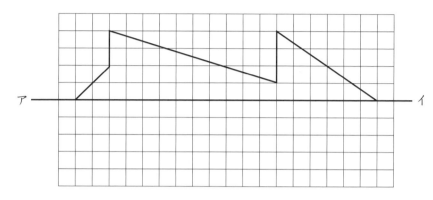

② 点 O が対称の中心になるように，点対称な図形をかきましょう。

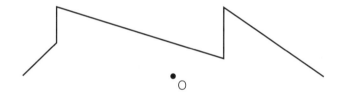

・O

③ 右の正五角形を見て答えましょう。

(1) 頂点 B から対称の軸をひいたとき，
頂点 A に対応する頂点はどこですか。

（　　　　　）

(2) 頂点 C から対称の軸をひいたとき，
点ア に対応する点イをかき入れましょう。

(3) 正五角形の対称の軸は何本ありますか。

（　　　　　）

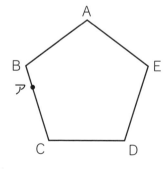

文字と式 （1）

① 縦 6cm のテープを切り取って長方形を作ります。
できた長方形の面積を求めましょう。

x cm

6cm

(1) 横の長さを x cm として，面積を求める
式を書きましょう。

(2) x が 25cm のときの面積を求めましょう。
式

答え _____

(3) x が 14.5cm のときの面積を求めましょう。
式

答え _____

② 1個 120 円のみかんを x 個買って，80 円のかごに入れます。

(1) x を使って，代金を求める式を書きましょう。

☐ × ☐ ＋ ☐

(2) みかんを次の個数買うときの代金を，(1)で作った式を使って求めましょう。
① 3 個のとき　式　　　　　　　答え _____
② 5 個のとき　式　　　　　　　答え _____

復習 ....

● 1つの式に表して，答えを求めましょう。

(1) 90 円のパンを 4 個と 120 円のジュースを 1 本買ったときの代金
式

答え _____

(2) 1 個 250g のかんづめ 6 個を 80g の箱に入れたときの全体の重さ
式

答え _____

文字と式（2）

● 円の直径 x cm と円周 y cm の関係について，答えましょう。

(1) x と y の関係を式に表しましょう。

円周 y cm

x cm

(2) x と y の関係を表した式を使って，
　　y の値を求めましょう。

　① x の値が５のとき
　　式

　　　　　　　　　答え＿＿＿＿＿＿＿＿＿＿

　② x の値が８のとき
　　式

　　　　　　　　　答え＿＿＿＿＿＿＿＿＿＿

　③ x の値が8.5のとき
　　式

　　　　　　　　　答え＿＿＿＿＿＿＿＿＿＿

(3) y の値が 37.68 になるときの x の値を求めましょう。
　　式

　　　　　　　　　答え＿＿＿＿＿＿＿＿＿＿

復習

● ◻ にあてはまる数を求めましょう。

① $24 + ◻ = 57$
② $◻ + 17 = 42$
③ $◻ - 16 = 29$
④ $43 - ◻ = 16$
⑤ $15 × ◻ = 60$
⑥ $◻ × 4 = 72$
⑦ $◻ ÷ 3 = 18$
⑧ $84 ÷ ◻ = 6$

文字と式（3）

● 次の場面の x と y の関係を式に表しましょう。

(1) 3m と x m の針金をつなぐと，y m になります。

$$\boxed{} = y$$

(2) x dL のお茶があります。2dL 飲むと，残りは y dL になります。

$$\boxed{}$$

(3) ４人ずつ乗り物に乗ります。乗り物が x 台あると，y 人が乗ることができます。

$$\boxed{}$$

(4) x 個のあめを５人で同じように分けると，１人分は y 個になります。

$$\boxed{}$$

(5) １辺が x cm の正方形のまわりの長さは y cm になります。

$$\boxed{}$$

復習

① $8.55 ÷ 5.7$　② $6.5 ÷ 1.3$　③ $5.78 ÷ 1.7$　④ $57.5 ÷ 2.5$

● 2.3L のペンキで 7.82m^2 のかべをぬりました。1L あたり何 m^2 ぬれましたか。
　　式

　　　　　　　　　答え＿＿＿＿＿＿＿＿＿＿

文字と式 （4）

名
前

● 次の①～⑤の文章は，⑦～⑤のどの式にあてはまりますか。
　　□に記号を書きましょう。

① 24個キャラメルがあります。x個ずつ配ると
　y人に配ることができます。

② 24kgの男の子が$x$kgの犬をだっこして，
　重さをはかると，$y$kgになります。

③ 面積が24m^{2}の花だんがあります。縦の
　長さがxmのとき，横の長さはymになります。

④ みかんが24個ずつ入っている箱が
　x箱あるとみかんは全部でy個になります。

⑤ ミニトマトが24個あります。
　x個食べると，残りはy個になります。

> ⑦　$24 + x = y$　　④　$24 - x = y$
> ⑤　$24 × x = y$　　⑤　$24 ÷ x = y$

復習

① $37.68 ÷ 3.14$　② $3.99 ÷ 5.7$　③ $2.52 ÷ 0.3$　④ $2.24 ÷ 0.32$

● 5.76kgの小麦粉を1ふくろに0.72kgずつ入れます。何ふくろでき
　ますか。

　式

　　　　　　　　　　　　　　　　　　　　　　答え　　　　　　　　　

文字と式 （5）

名
前

● xの値を求めましょう。

① $x + 12 = 35$
　　　$x =$

② $18 + x = 40$
　　　$x =$

③ $x - 7 = 18$
　　　$x =$

④ $x - 25 = 60$
　　　$x =$

⑤ $30 - x = 21$
　　　$x =$

⑥ $x × 7 = 56$
　　　$x =$

⑦ $9 × x = 72$
　　　$x =$

⑧ $14 × x = 56$
　　　$x =$

⑨ $x ÷ 7 = 6$
　　　$x =$

⑩ $x ÷ 5 = 15$
　　　$x =$

復習

● わりきれるまで計算しましょう。

① $2.1 ÷ 0.4$　② $1.47 ÷ 4.2$　③ $8.55 ÷ 4.5$　④ $2.8 ÷ 1.6$

 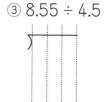

● 1.2mで1.8kgのロープがあります。このロープ1mの重さは何kgですか。

　式

　　　　　　　　　　　　　　　　　　　　　　答え

文字と式
まとめ

名前

月　日

① 1個300gのかんづめ何個かを200gの箱に入れます。

(1) かんづめの個数を x 個，全体の重さを y g として，x と y の関係を式に表しましょう。

（　　　　　　　　　　　　　　　）

(2) x や y の値を求めましょう。

① x の値が 4 のとき，それに対応する y の値

式

答え　　　　　　　　　　　　

② y の値が 2000 になるときの x の値

式

答え　　　　　　　　　　　　

② x と y の関係を式に表しましょう。

(1) 185 ページの本を x ページ読みました。残りは y ページです。

（　　　　　　　　　　　　　　　）

(2) x 円のメロンを 80 円の箱に入れてもらったときの代金は，y 円です。

（　　　　　　　　　　　　　　　）

(3) 縦が 15m，横が x m の土地の面積は y m² です。

（　　　　　　　　　　　　　　　）

(4) x 本のえんぴつを 6 人で分けたとき，1 人分は y 本です。

（　　　　　　　　　　　　　　　）

分数×整数 （1）

名前

月　日

> 1dL でかべを $\frac{3}{5}$ m² ぬれるペンキがあります。
> このペンキ 4dL では，かべを何 m² ぬれますか。

(1) 式を書きましょう。

（　　　　　　　　　　　　　　　）

(2) $\frac{3}{5} \times 4$ の計算方法を図で考えます。□にあてはまる数を書きましょう。

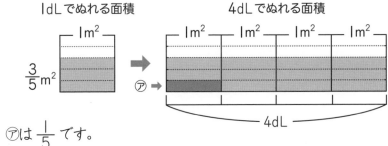

1dL でぬれる面積　　　　4dL でぬれる面積

⑦は $\frac{1}{5}$ です。

$\frac{3}{5}$ は，$\frac{1}{5}$ の □ 個分です。

だから，$\frac{3}{5} \times 4$ は，$\frac{1}{5}$ の（ □ × □ ）個分になります。

(3) 答えを書きましょう。　（　　　　　　　）

復習

● 約分しましょう。

① $\frac{6}{8}$ （　　　）　② $\frac{15}{18}$ （　　　）　③ $\frac{15}{20}$ （　　　）

④ $\frac{35}{42}$ （　　　）　⑤ $\frac{24}{28}$ （　　　）　⑥ $\frac{18}{24}$ （　　　）

⑦ $\frac{24}{36}$ （　　　）　⑧ $\frac{30}{48}$ （　　　）　⑨ $\frac{16}{60}$ （　　　）

　（ 122%に拡大してご使用ください ）

分数×整数（2）

約分なし

名前　　　　　　　　月　日

① 縦 $\dfrac{3}{2}$ m，横 3m の長方形の花だんの面積は何 m² ですか。

式

答え　　　　　　　　　　

② 次の計算をしましょう。

①　$\dfrac{2}{3} \times 2$　　　②　$\dfrac{2}{7} \times 3$　　　③　$\dfrac{3}{4} \times 5$

④　$\dfrac{5}{3} \times 2$　　　⑤　$\dfrac{4}{15} \times 4$　　　⑥　$\dfrac{4}{5} \times 4$

⑦　$\dfrac{7}{10} \times 3$　　　⑧　$\dfrac{5}{7} \times 6$　　　⑨　$\dfrac{5}{6} \times 7$

復習

● 商は整数で求めて，あまりも出しましょう。

①7.2 ÷ 3.2　②7.9 ÷ 0.8　③49.7 ÷ 2.4　④60.9 ÷ 2.3

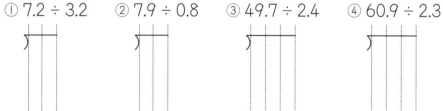

● 4.9L ある牛乳を 0.2L ずつコップに入れます。コップ何個に入れられて，何 L あまりますか。

式

答え　　　　　　　　　　

分数×整数（3）

約分あり

名前　　　　　　　　月　日

① サラダ油 1L の重さは $\dfrac{9}{10}$ kg です。サラダ油 4L の重さは何 kg ですか。

式

答え　　　　　　　　　　

② 次の計算をしましょう。

①　$\dfrac{2}{5} \times 10$　　　②　$\dfrac{1}{12} \times 9$　　　③　$\dfrac{6}{25} \times 10$

④　$\dfrac{7}{9} \times 3$　　　⑤　$\dfrac{11}{24} \times 16$　　　⑥　$\dfrac{2}{3} \times 6$

⑦　$\dfrac{4}{5} \times 15$　　　⑧　$\dfrac{5}{6} \times 18$　　　⑨　$\dfrac{4}{5} \times 30$

復習

● 商は上から 2 けたのがい数で求めましょう。

①4.71 ÷ 0.7　②3.5 ÷ 0.9　③7.68 ÷ 2.7　④9.89 ÷ 1.4

● 6.2L の水を 2.3m² の畑にまきました。1m² あたり何 L の水をまいたことになりますか。答えは，上から 2 けたのがい数で求めましょう。

式

答え

分数÷整数 (1)

名前

月　日

2dL でかべを $\frac{3}{5}$ m² ぬれるペンキがあります。
このペンキ IdL では，かべを何 m² ぬれますか。

(1) 式を書きましょう。　（　　　　　　　　　　　　）

(2) $\frac{3}{5} \div 2$ の計算方法を図で考えます。□ にあてはまる数を書きましょう。

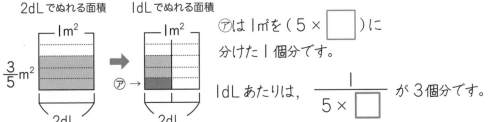

⑦は Im² を（ $5 \times \boxed{}$ ）に
分けた I 個分です。

IdL あたりは，$\dfrac{1}{5 \times \boxed{}}$ が 3 個分です。

だから，$\frac{3}{5} \div 2$ は，$\dfrac{3}{\boxed{} \times \boxed{}}$ になります。

(3) 答えを書きましょう。

（　　　　　　　　　）

復 習

① $\dfrac{1}{3} + \dfrac{1}{4}$ 　　　　　② $\dfrac{3}{4} + \dfrac{1}{8}$

③ $\dfrac{1}{3} + \dfrac{1}{6}$ 　　　　　④ $\dfrac{2}{15} + \dfrac{2}{3}$

● A さんと B さんの水とうには，それぞれ $\frac{1}{6}$ L と $\frac{1}{2}$ L のお茶が入っています。あわせると，何 L になりますか。

式

答え

分数÷整数 (2)

約分なし

名前

月　日

① コップ 3 個に同じ量ずつ，全部で $\frac{5}{6}$ L の水を入れます。
コップ I 個あたり，何 L の水を入れることになりますか。

式

答え

② 次の計算をしましょう。

① $\dfrac{3}{4} \div 4$ 　　② $\dfrac{1}{4} \div 2$ 　　③ $\dfrac{2}{7} \div 3$

④ $\dfrac{4}{11} \div 3$ 　　⑤ $\dfrac{3}{10} \div 2$ 　　⑥ $\dfrac{6}{5} \div 5$

⑦ $\dfrac{3}{2} \div 4$ 　　⑧ $\dfrac{8}{3} \div 7$ 　　⑨ $\dfrac{15}{4} \div 2$

復 習

① $\dfrac{3}{4} + 1\dfrac{1}{6}$ 　　　　　② $1\dfrac{4}{7} + \dfrac{1}{3}$

③ $1\dfrac{4}{5} + \dfrac{2}{3}$ 　　　　　④ $1\dfrac{2}{3} + \dfrac{5}{9}$

● まさきさんは，家から公園まで $2\frac{2}{3}$ km，公園から駅まで $\frac{1}{2}$ km 歩きました。
あわせると，何 km 歩いたことになりますか。

式

答え

分数÷整数（3）

約分あり

① 次の計算をしましょう。

① $\dfrac{6}{7} \div 3$ 　　　　② $\dfrac{3}{5} \div 9$

③ $\dfrac{4}{7} \div 6$ 　　　　④ $\dfrac{4}{9} \div 12$

⑤ $\dfrac{4}{5} \div 8$ 　　　　⑥ $\dfrac{7}{10} \div 21$

⑦ $\dfrac{5}{4} \div 20$ 　　　　⑧ $\dfrac{8}{7} \div 20$

⑨ $\dfrac{14}{5} \div 21$ 　　　　⑩ $\dfrac{16}{5} \div 8$

② 5mの重さが $\dfrac{10}{3}$ kgの鉄の棒があります。この鉄の棒 1mの重さは何kgですか。

　式

　　　　　　　　　　　　　答え _____

③ お茶が $\dfrac{21}{10}$ Lあります。7人で分けると，1人何Lずつになりますか。

　式

　　　　　　　　　　　　　答え _____

分数×分数（1）

①
> 1dL でかべを $\dfrac{2}{5}$ m² ぬれるペンキがあります。
> このペンキ $\dfrac{2}{3}$ dL では，かべを何 m² ぬれますか。

(1) 式を書きましょう。　（　　　　　　　　　）

(2) $\dfrac{2}{5} \times \dfrac{2}{3}$ の計算方法を図で考えます。□にあてはまる数を書きましょう。

1dLでぬれる面積　　　$\dfrac{2}{3}$dLでぬれる面積

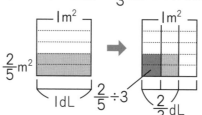

$$\dfrac{2}{5} \times \dfrac{2}{3} = \dfrac{2}{5} \div 3 \times 2$$

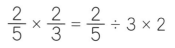

$$= \dfrac{\boxed{}}{5 \times \boxed{}} \times 2$$

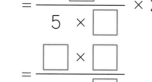

$$= \dfrac{\boxed{} \times \boxed{}}{5 \times \boxed{}}$$

1dLでぬれる面積 $\dfrac{2}{5}$ m² を3等分して，その2個分が答えになります。

(3) 答えを書きましょう。
　　　（　　　　　　　）

$$=\boxed{}$$

> 分母どうし，分子どうしをかけるね。

② □にあてはまる数を書きましょう。

$$\dfrac{3}{7} \times \dfrac{4}{5} = \dfrac{\boxed{} \times \boxed{}}{7 \times \boxed{}}$$

$$=\boxed{}$$

分数×分数（2）

約分なし

名 前

月　日

① 1mの重さが $\frac{4}{5}$ kgの棒があります。
この棒 $\frac{2}{5}$ mの重さは何kgですか。

式

答え _____

② 次の計算をしましょう。

① $\frac{1}{4} \times \frac{5}{6}$

② $\frac{1}{2} \times \frac{5}{7}$

③ $\frac{3}{8} \times \frac{3}{5}$

④ $\frac{4}{9} \times \frac{2}{3}$

⑤ $\frac{5}{7} \times \frac{4}{7}$

⑥ $\frac{5}{4} \times \frac{5}{3}$

⑦ $\frac{4}{3} \times \frac{8}{3}$

⑧ $\frac{8}{7} \times \frac{9}{5}$

復習

● 下の図形の面積を求めましょう。

①
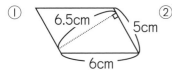
6.5cm　5cm　6cm

式

答え _____

②
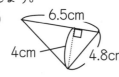
6.5cm　4cm　4.8cm

式

答え _____

③

9.4cm　5cm　6.6cm

式

答え _____

分数×分数（3）

約分あり

名 前

月　日

① 1時間あたり $\frac{5}{6}$ haの畑を耕すトラクターがあります。
$\frac{3}{2}$ 時間では何ha耕すことができますか。

式

答え _____

② 次の計算をしましょう。

① $\frac{4}{5} \times \frac{1}{6}$

② $\frac{7}{12} \times \frac{8}{9}$

③ $\frac{5}{8} \times \frac{4}{15}$

④ $\frac{3}{4} \times \frac{7}{9}$

⑤ $\frac{2}{3} \times \frac{3}{4}$

⑥ $\frac{3}{10} \times \frac{5}{6}$

⑦ $\frac{25}{24} \times \frac{8}{15}$

⑧ $\frac{27}{28} \times \frac{14}{15}$

復習

● 下の立体の体積を求めましょう。

①
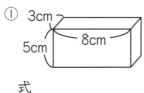
3cm　5cm　8cm

式

答え _____

②
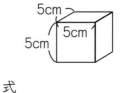
5cm　5cm　5cm

式

答え _____

③
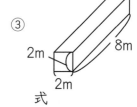
2m　2m　8m

式

答え _____

分数×分数（4）

名 前

整数×分数 ／ 帯分数と真分数

① 1L のペンキで 6m² のかべをぬることができます。
$\frac{5}{8}$ L では，何 m² のかべをぬることができますか。

式

答え _____

② 次の計算をしましょう。

① $1\frac{1}{3} \times \frac{3}{8}$

② $2\frac{1}{3} \times \frac{9}{14}$

③ $\frac{5}{6} \times 1\frac{1}{7}$

④ $2\frac{1}{4} \times 3\frac{1}{3}$

⑤ $2\frac{4}{7} \times 2\frac{1}{3}$

⑥ $4\frac{4}{5} \times 4\frac{1}{6}$

⑦ $6 \times \frac{2}{9}$

⑧ $12 \times \frac{3}{4}$

復習
● 計算のきまりを使って考えましょう。□にあてはまる数を書きましょう。

① $8 \times 7 = 7 \times \boxed{}$

② $(17 \times 5) \times 2 = 17 \times (\boxed{} \times 2)$

③ $(12 + 9) \times 5 = \boxed{} \times 5 + \boxed{} \times 5$

④ $27 \times 6 + 23 \times 6 = (\boxed{} + 23) \times 6$

⑤ $36 \times 7 - 28 \times 7 = (36 - 28) \times \boxed{}$

分数×分数（5）

名 前

積の大きさ／分数と小数と整数

① 次の計算で積が 28 より大きくなるのは，どれですか。
□に記号を書きましょう。

㋐ $28 \times \frac{5}{6}$　　㋑ $28 \times \frac{6}{5}$　　㋒ 28×1

㋓ $28 \times 1\frac{1}{6}$　　㋔ $28 \times \frac{9}{14}$　　$\boxed{}$ $\boxed{}$

② 次の計算をしましょう。

① $1.5 \times \frac{5}{6}$

② $\frac{4}{5} \times 2.5$

③ $\frac{3}{5} \times \frac{10}{9} \times \frac{1}{4}$

④ $4 \times 0.2 \times \frac{15}{16}$

⑤ $\frac{4}{15} \times 1.2 \times \frac{5}{8}$

小数や整数は
分数になおして計算すると
いいね。

復習
● 計算のきまりを使って考えましょう。□にあてはまる数を書きましょう。

① $4.5 + 2.9 + 5.5 = (4.5 + \boxed{}) + 2.9$

② $7.2 \times 4.6 = 4.6 \times \boxed{}$

③ $1.7 \times 2.8 + 8.3 \times 2.8 = (\boxed{} + 8.3) \times 2.8$

④ $9.8 \times 2.5 = 10 \times 2.5 - \boxed{} \times 2.5$

分数×分数 (6)
面積・体積

① 次の図形の面積を求めましょう。

①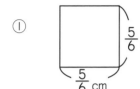
$\frac{5}{6}$ cm

$\frac{5}{6}$ cm

式

答え _____

②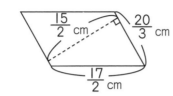
$\frac{15}{2}$ cm　$\frac{20}{3}$ cm

$\frac{17}{2}$ cm

式

答え _____

② 次の立体の体積を求めましょう。

① 立方体

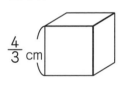
$\frac{4}{3}$ cm

式

答え _____

② 直方体

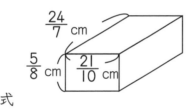
$\frac{24}{7}$ cm

$\frac{5}{8}$ cm　$\frac{21}{10}$ cm

式

答え _____

復習

① $\frac{5}{6} - \frac{3}{4}$

② $\frac{1}{2} - \frac{3}{10}$

③ $\frac{7}{9} - \frac{5}{18}$

④ $\frac{1}{12} - \frac{1}{30}$

● 赤いリボンが $\frac{4}{15}$ m，青いリボンが $\frac{2}{3}$ m あります。ちがいは何 m ですか。

式

答え _____

分数×分数 (7)
計算のきまり／時間

① 計算のきまりを使って，くふうして計算します。□ にあてはまる数を書きましょう。

① $\left(\frac{7}{9} \times \frac{5}{8} \right) \times \frac{8}{5} = \frac{7}{9} \times \left(\boxed{} \times \frac{8}{5} \right) = \boxed{}$

② $\left(\frac{3}{4} + \frac{2}{3} \right) \times 12 = \frac{3}{4} \times 12 + \boxed{} \times 12 = \boxed{}$

③ $\frac{2}{7} \times 6 + \frac{2}{7} \times 8 = \boxed{} \times (6 + 8) = \boxed{}$

④ $\frac{5}{2} \times \frac{5}{17} - \frac{3}{8} \times \frac{5}{17} = \left(\boxed{} - \frac{3}{8} \right) \times \boxed{} = \boxed{}$

② 次の時間を（ ）の中の単位で表しましょう。

① 20分（時間）

② 45分（時間）

③ $\frac{5}{12}$ 時間（分）

④ $1\frac{1}{2}$ 時間（分）

復習

① $1\frac{3}{5} - \frac{1}{6}$

② $2\frac{3}{7} - \frac{2}{3}$

③ $1\frac{1}{4} - \frac{3}{5}$

④ $2\frac{1}{9} - 1\frac{2}{3}$

● 黄色いリボンが $4\frac{1}{2}$ m ありました。何 m か使ったので，残りは $1\frac{2}{3}$ m になりました。何 m 使いましたか。

式

答え _____

分数×分数 (8)
逆数

名前

● 次の数の逆数を書きましょう。

① $\frac{4}{3}$ （　　　）　② $\frac{7}{4}$ （　　　）　③ $\frac{1}{6}$ （　　　）

④ $1\frac{1}{2}$ （　　　）　⑤ 3 （　　　）　⑥ 15 （　　　）

⑦ 0.7 （　　　）　⑧ 0.4 （　　　）　⑨ 0.2 （　　　）

⑩ 1.8 （　　　）　⑪ 0.29 （　　　）　⑫ 0.35 （　　　）

⑬ 1.25 （　　　）　⑭ 0.05 （　　　）　⑮ 0.01 （　　　）

復習

① $\frac{2}{3} + \frac{1}{4} - \frac{1}{2}$　　② $\frac{4}{5} - \frac{1}{2} - \frac{1}{10}$

③ $4.5 - \frac{2}{3} - \frac{1}{6}$　　④ $1 - \frac{3}{4} + \frac{5}{8}$

● リボンを $2\frac{1}{3}$ m 持っていましたが，友だち2人に $\frac{3}{4}$ m と $\frac{5}{6}$ m を
あげました。何m残っていますか。

式

答え ＿＿＿＿＿＿＿

分数×分数
まとめ ①

名前

① 次の計算をしましょう。

① $\frac{2}{7} \times \frac{1}{3}$　　② $\frac{3}{4} \times \frac{2}{3}$

③ $12 \times \frac{5}{18}$　　④ $1\frac{2}{3} \times \frac{9}{10}$

⑤ $\frac{10}{3} \times \frac{6}{5} \times \frac{9}{8}$　　⑥ $1\frac{1}{4} \times 1.6$

② 1m が $2\frac{1}{12}$ kg のパイプがあります。このパイプ $2\frac{2}{5}$ m の重さは何 kg
ですか。

式

答え ＿＿＿＿＿＿＿

③ 1m が 1200 円の布があります。この布を $2\frac{1}{4}$ m 買うと，何円になり
ますか。

式

答え ＿＿＿＿＿＿＿

④ 次の数の逆数を書きましょう。

① $\frac{2}{7}$ （　　　）　　② $\frac{1}{6}$ （　　　）

③ 9 （　　　）　　④ 0.8 （　　　）

分数×分数
まとめ②

名前

① 次の図形の面積を求めましょう。

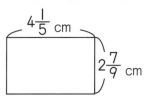

式

答え _____

② 次の立体の体積を求めましょう。

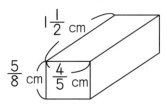

式

答え _____

③ 積が 7 より大きくなるのを選んで，□ に記号を書きましょう。

　⑦　$7 \times \dfrac{8}{9}$　　　　④　$7 \times \dfrac{9}{8}$

　⑦　7×1　　　　④　$7 \times 1\dfrac{1}{11}$

□ □

④ 1 時間で $4\dfrac{1}{5}$ km 歩く人がいます。

　(1) 3 時間 20 分では何 km 歩けますか。

　　式

　　　　　　　　　　答え _____

　(2) 40 分間では何 km 歩けますか。

　　式

　　　　　　　　　　答え _____

分数÷分数（1）

名前

①
> $\dfrac{2}{3}$dL で，かべを $\dfrac{3}{5}$m² ぬれるペンキがあります。
> このペンキ1dL では，かべを何m²ぬれますか。

　(1) 式を書きましょう。　（　　　　　　　　　）

　(2) $\dfrac{3}{5} \div \dfrac{2}{3}$ の計算方法を図で考えます。□ にあてはまる数を書きましょう。

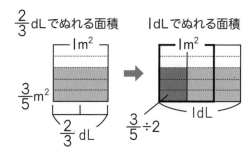

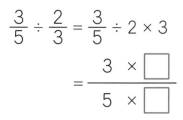

$$\dfrac{3}{5} \div \dfrac{2}{3} = \dfrac{3}{5} \div 2 \times 3$$

$$= \dfrac{3 \times \boxed{}}{5 \times \boxed{}}$$

$$= \boxed{}$$

$\dfrac{2}{3}$ dL でぬれる面積 $\dfrac{3}{5}$m² を 2 等分して，その 3 個分が答えになります。

　(3) 答えを書きましょう。
　　　（　　　　　　　　　）

分数のわり算では，わる数の逆数をかけるよ。

② □ にあてはまる数を書きましょう。

$$\dfrac{2}{5} \div \dfrac{3}{4} = \dfrac{\boxed{} \times \boxed{}}{5 \times \boxed{}}$$

$$= \boxed{}$$

分数÷分数（2）
約分なし

名
前

① $\frac{5}{9}$ m の重さが $\frac{3}{4}$ kg の棒があります。
このこの棒 1m の重さは何 kg ですか。

式

答え _____

② 次の計算をしましょう。

① $\frac{3}{5} \div \frac{1}{2}$ 　　② $\frac{4}{7} \div \frac{3}{5}$

③ $\frac{3}{2} \div \frac{8}{5}$ 　　④ $\frac{2}{9} \div \frac{5}{4}$

⑤ $\frac{16}{3} \div \frac{3}{2}$ 　　⑥ $\frac{5}{2} \div \frac{2}{5}$

⑦ $\frac{1}{25} \div \frac{1}{7}$ 　　⑧ $\frac{25}{4} \div \frac{4}{3}$

復習

① 2.8 ÷ 0.35　② 3.6 ÷ 0.72　③ 1.5 ÷ 0.06　④ 8.1 ÷ 0.54

 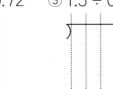 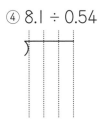 

● 面積が 20.9m² の長方形があります。縦の長さは 0.95m です。
横の長さは何 m ですか。

式

答え _____

分数÷分数（3）
約分あり

名
前

① $\frac{3}{4}$ dL で，かべを $\frac{9}{16}$ m² ぬれるペンキがあります。
このペンキ 1dL では，かべを何 m² ぬれますか。

式

答え _____

② 次の計算をしましょう。

① $\frac{2}{9} \div \frac{4}{5}$ 　　② $\frac{7}{12} \div \frac{3}{4}$

③ $\frac{1}{4} \div \frac{1}{2}$ 　　④ $\frac{4}{9} \div \frac{2}{3}$

⑤ $\frac{7}{8} \div \frac{21}{4}$ 　　⑥ $\frac{18}{5} \div \frac{3}{5}$

⑦ $\frac{15}{16} \div \frac{9}{4}$ 　　⑧ $\frac{21}{32} \div \frac{9}{16}$

復習

● 商を四捨五入して $\frac{1}{10}$ の位までのがい数で表しましょう。

① 2.3 ÷ 0.7　② 7.3 ÷ 2.9　③ 13.4 ÷ 1.6

④ 昨日 5.3cm だったつくしが，今日は 8.2cm になりました。
つくしの今日の長さは昨日の何倍ですか。

式

答え _____

分数÷分数（4）

整数÷分数 ／ 帯分数と真分数

名
前

① 1Lの重さが $\frac{8}{7}$ kgの油があります。
　この油2kgでは，何Lになりますか。

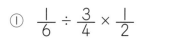

式

答え＿＿＿＿＿＿＿＿＿＿＿

② 次の計算をしましょう。

① $5 \div \frac{3}{4}$

② $12 \div \frac{6}{7}$

③ $14 \div \frac{2}{5}$

④ $8 \div \frac{2}{7}$

⑤ $\frac{7}{15} \div 1\frac{3}{4}$

⑥ $\frac{8}{9} \div 2\frac{2}{3}$

⑦ $2\frac{1}{4} \div 2\frac{2}{5}$

⑧ $2\frac{2}{9} \div 3\frac{1}{3}$

復 習

① $72 \div 0.8$　　② $36 \div 1.2$　　③ $40 \div 0.8$　　④ $450 \div 1.5$

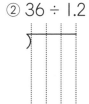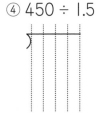

● 1.2mで720円の布があります。この布1mの代金は何円ですか。

式

答え＿＿＿＿＿＿＿＿＿＿＿

分数÷分数（5）

3つの数

名
前

● 次の計算をしましょう。

① $\frac{1}{6} \div \frac{3}{4} \times \frac{1}{2}$

② $\frac{7}{10} \div \frac{2}{3} \times \frac{5}{14}$

③ $\frac{1}{4} \div \frac{5}{8} \times \frac{5}{6}$

④ $\frac{3}{8} \div \frac{3}{10} \times \frac{5}{9}$

⑤ $\frac{2}{7} \div \frac{4}{5} \div \frac{3}{7}$

⑥ $\frac{5}{12} \times \frac{9}{10} \div \frac{3}{4}$

⑦ $\frac{14}{15} \div 7 \times \frac{3}{8}$

⑧ $8 \div \frac{3}{4} \div \frac{2}{9}$

復 習

① $\frac{1}{2} + \frac{1}{4} + \frac{1}{3}$　　② $\frac{2}{5} + \frac{1}{2} + \frac{2}{3}$　　③ $\frac{1}{3} + \frac{3}{4} + \frac{5}{6}$

● 長さが $\frac{3}{4}$ m，$\frac{2}{3}$ m，$\frac{5}{6}$ mの3本のテープをあわせると，何mになりますか。

式

答え＿＿＿＿＿＿＿＿＿＿＿

23　（122％に拡大してご使用ください）

分数÷分数 (6)
商の大きさ／わり算を使って

名　前

1　次のわり算の式で，商とわられる数の大きさの関係は，Ⓐ, Ⓑ, Ⓒ の
　どれにあてはまりますか。□ に記号を書きましょう。

㋐　$32 \div \dfrac{5}{6}$

㋑　$32 \div \dfrac{8}{7}$

㋒　$32 \div 1$

㋓　$32 \div 1\dfrac{3}{4}$

㋔　$32 \div \dfrac{2}{5}$

Ⓐ　商 > 32　□　□

Ⓑ　商 = 32　□

Ⓒ　商 < 32　□　□

2　右の長方形の □ の長さを求めましょう。

式

答え _____

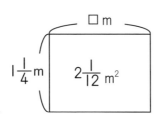

□m

$1\dfrac{1}{4}$ m　　$2\dfrac{1}{12}$ m²

復習

① $\dfrac{7}{8} - \dfrac{1}{4} - \dfrac{1}{2}$

② $\dfrac{4}{5} - \dfrac{3}{10} - \dfrac{1}{3}$

③ $3\dfrac{1}{2} - \dfrac{2}{3} - \dfrac{1}{6}$

④ $\dfrac{3}{4} - \dfrac{1}{3} - \dfrac{1}{6}$

● 長さ $2\dfrac{5}{6}$ mのテープがありましたが，弟に $\dfrac{2}{3}$ m，妹に $\dfrac{1}{4}$ mあげました。
　残りは何mですか。

式

答え _____

分数÷分数 (7)
文章題

名　前

1　$\dfrac{2}{3}$ mの重さが $\dfrac{5}{6}$ kgのパイプがあります。

(1)　このパイプ 1mの重さは何kgですか。

式

答え _____

(2)　このパイプ 1kgの長さは何mですか。

式

答え _____

2　$\dfrac{1}{4}$ dL のペンキで $\dfrac{3}{8}$ m² のかべがぬれます。
　1m² あたり何 dL のペンキでぬったことになりますか。

式

答え _____

復習

① $\dfrac{3}{4} + \dfrac{5}{6} - \dfrac{1}{2}$

② $1\dfrac{1}{5} - \dfrac{3}{4} + \dfrac{1}{2}$

③ $\dfrac{5}{6} + \dfrac{2}{7} - \dfrac{1}{3}$

④ $\dfrac{3}{4} - \dfrac{3}{8} + \dfrac{1}{2}$

● コーヒー $\dfrac{1}{2}$ Lに牛乳 $\dfrac{1}{5}$ Lを入れてカフェオレを作り，$\dfrac{1}{3}$ L飲みました。
　カフェオレは，何L残っていますか。

式

答え _____

分数÷分数 (8)
分数と小数と整数

名前

● 次の計算をしましょう。

① $0.4 \div \dfrac{3}{4}$

② $\dfrac{4}{5} \div 1.2$

③ $0.12 \div \dfrac{7}{10}$

④ $3\dfrac{1}{5} \div 0.8$

⑤ $\dfrac{3}{10} \times \dfrac{5}{9} \div 0.4$

⑥ $2.4 \div \dfrac{3}{5} \times 3$

⑦ $\dfrac{3}{8} \times 3.2 \div \dfrac{9}{10}$

⑧ $1.25 \div 5 \div \dfrac{1}{4}$

復習

● Aのリボンの長さは 6.5m です。Bのリボンの長さは 2.6m です。

(1) Aのリボンの長さは，Bのリボンの長さの何倍ですか。

式

答え ＿＿＿＿＿＿＿＿＿

(2) Bのリボンの長さは，Aのリボンの長さの何倍ですか。

式

答え ＿＿＿＿＿＿＿＿＿

分数÷分数 (9)
分数倍 ①

名前

● 右のようにA，B，Cの長さの 3 本のリボンがあります。

	長さ（m）
A	$\dfrac{2}{3}$
B	$\dfrac{4}{5}$
C	$\dfrac{8}{9}$

(1) Aのリボンの長さをもとにすると，Bのリボンの長さは何倍ですか。

式

答え ＿＿＿＿＿＿＿＿＿

(2) Aのリボンの長さをもとにすると，Cのリボンの長さは何倍ですか。

式

答え ＿＿＿＿＿＿＿＿＿

(3) Cのリボンの長さをもとにすると，Aのリボンの長さは何倍ですか。

式

答え ＿＿＿＿＿＿＿＿＿

復習

● （　）にあてはまる数を求めましょう。

(1) 35kg の 0.8 倍は（　　）kg です。

式

答え ＿＿＿＿＿＿＿＿＿

(2) （　　）L は，7.2L の 0.7 倍です。

式

答え ＿＿＿＿＿＿＿＿＿

分数÷分数（10）
分数倍 ②

名前

分数÷分数（11）
分数倍 ③

名前

1　ハンバーガー A セットの値段は 500 円です。

(1)　ハンバーガー B セットは，A セットの $\frac{3}{4}$ 倍の値段です。
　　B セットの値段は，何円ですか。

　　式

　　　　　　　　　　　　　　　　答え _____

(2)　ハンバーガー C セットは，A セットの $\frac{6}{5}$ 倍の値段です。
　　C セットの値段は，何円ですか。

　　式

　　　　　　　　　　　　　　　　答え _____

2　A さんのロープの長さは，$3\frac{3}{5}$ m です。B さんのロープの長さは
　A さんのロープの $1\frac{7}{8}$ 倍です。B さんのロープの長さは，何 m ですか。

　式

　　　　　　　　　　　　　　　　答え _____

復習 ....

● （　）にあてはまる数を求めましょう。

(1)　（　　）人の 1.5 倍は，750 人です。

　　式

　　　　　　　　　　　　　　　　答え _____

(2)　（　　）L の 0.55 倍は，2.2L です。

　　式

　　　　　　　　　　　　　　　　答え _____

1　A さんのお茶は $\frac{3}{4}$ L あります。これは B さんのお茶の $\frac{9}{8}$ 倍です。
　B さんのお茶は何 L ですか。

　式

　　　　　　　　　　　　　　　　答え _____

2　うどんの値段は 600 円です。これはラーメンの値段の $\frac{3}{5}$ 倍です。
　ラーメンの値段は何円ですか。

　式

　　　　　　　　　　　　　　　　答え _____

3　A さんはジュースを $\frac{1}{5}$ L 飲みました。これは，はじめにあった量の
　$\frac{2}{9}$ にあたります。はじめにあったジュースは何 L ですか。

　式

　　　　　　　　　　　　　　　　答え _____

復習 ....

① $\frac{1}{3} + 0.5$　　　　② $0.75 + \frac{5}{6}$

③ $0.4 + \frac{2}{7}$　　　　④ $\frac{3}{4} + 0.2$

● ハイキングで $4\frac{1}{3}$ km 歩きます。2.5km 歩いたところで休けいしました。
　あと何 km 歩きますか。

　式

　　　　　　　　　　　　　　　　答え _____

分数÷分数
分数倍まとめ

名前

● （ ）にあてはまる数を書きましょう。

(1) 12Lは, 9Lの（　　　）倍です。

式

答え _____

(2) $\frac{3}{4}$ kmは, $1\frac{1}{8}$ kmの（　　　）倍です。

式

答え _____

(3) 24m^{2}の $\frac{5}{8}$ 倍は（　　　）m^{2}です。

式

答え _____

(4) （　　　）人の $\frac{2}{3}$ 倍は150人です。

式

答え _____

(5) （　　　）kgの $\frac{6}{7}$ 倍は $\frac{9}{14}$ kgです。

式

答え _____

(6) $2\frac{1}{4}$ kgは, $\frac{5}{8}$ kgの（　　　）倍です。

式

答え _____

分数÷分数
まとめ ①

名前

① （ ）にあてはまる ＝, ＞, ＜を書きましょう。

㋐ 21（　　） $21 \div \frac{8}{9}$

㋑ 21（　　） $21 \div \frac{9}{8}$

㋒ 21（　　） $21 \div 1$

㋓ 21（　　） $21 \div 1\frac{1}{5}$

② $\frac{9}{10}$ Lの重さが $\frac{4}{5}$ kgの油があります。

(1) この油 1L では, 重さは何 kg ですか。

式

答え _____

(1) この油 1kg では, 何 L になりますか。

式

答え _____

③ $2\frac{5}{8}$ Lの肥料を $1\frac{1}{6}$ aの畑にまきました。
1a あたり何 L の肥料をまいたことになりますか。

式

答え _____

④ $3\frac{1}{3}$ kmの道のりを 40 分で歩きました。時速何 kmで歩きましたか。

式

答え _____

分数÷分数

まとめ ②

名前

① 計算しましょう。

① $2\frac{4}{5} \div \frac{7}{9}$

② $2\frac{1}{2} \div 2\frac{1}{7}$

③ $1.2 \div \frac{8}{5}$

④ $\frac{5}{8} \div \frac{5}{12} \div \frac{3}{4}$

② $\frac{2}{5}$ L のペンキで $\frac{2}{3}$ m² のかべをぬりました。

(1) 1m² あたり何 L のペンキをぬりましたか。

式

答え _____

(2) このペンキ 1L では何 m² のかべをぬることができますか。

式

答え _____

③ $5\frac{1}{3}$ m のロープを $\frac{2}{9}$ m ずつで切ります。
$\frac{2}{9}$ m のロープは何本できますか。

式

答え _____

④ 面積が $\frac{2}{3}$ m² の長方形があります。縦の長さは 0.4m です。
横の長さは何 m ですか。

式

答え _____

分数のかけ算・わり算

まとめ ①

名前

① 砂糖 $\frac{5}{9}$ kg の値段は 400 円です。
この砂糖 1kg の値段は，何円ですか。

式

答え _____

② 1kg の値段が 560 円のみかんがあります。
このみかん $5\frac{1}{4}$ kg の値段は，何円ですか。

式

答え _____

③ $\frac{2}{3}$ L の値段が 320 円のジュースがあります。
このジュース 1L の値段は，何円ですか。

式

答え _____

④ 計算しましょう。

① $\frac{5}{18} \div 0.2 \times \frac{6}{25}$

② $2\frac{1}{16} \div 2\frac{3}{4} \times 0.8$

③ $7.2 \times \frac{3}{4} \div \frac{8}{15}$

④ $\frac{5}{12} \times 0.25 \div \frac{3}{8}$

分数のかけ算・わり算
まとめ ②　名前

① $3\frac{2}{3}$ cm³ の重さが $9\frac{1}{6}$ g の金ぞくがあります。
このの金ぞく 1cm³ の重さは何 g ですか。

式

答え _____

② 1m の重さが 4kg の鉄の棒があります。
この鉄の棒 $\frac{2}{3}$ kg では，何 m になりますか。

式

答え _____

③ 1m の重さが $\frac{4}{5}$ kg のパイプがあります。
このパイプ $3\frac{1}{3}$ m の重さは何 kg ですか。

式

答え _____

④ アルミニウムの重さは 1cm³ あたり $2\frac{7}{10}$ g です。
54g のアルミニウムの体積は何 cm³ ですか。

式

答え _____

分数のかけ算・わり算
まとめ ③　名前

① 自転車に乗って時速 $15\frac{1}{3}$ km で走ります。
1 時間 30 分では何 km 走ることができますか。

式

答え _____

② $1\frac{1}{3}$ km の道のりを 20 分で歩きました。
時速何 km で歩きましたか。

式

答え _____

③ 1 時間で $4\frac{1}{2}$ km の道のりを歩きます。
12km の道のりを歩くには，何時間何分かかりますか。

式

答え _____

④ （　　）にあてはまる数を書きましょう。

(1) （　　　　）km の $\frac{3}{5}$ 倍は 36km です。
式

答え _____

(2) $\frac{1}{3}$ 時間は $\frac{1}{4}$ 時間の（　　　　）倍です。
式

答え _____

(3) 6km は（　　　　）km の $\frac{2}{3}$ 倍です。
式

答え _____

● 4人がめんつゆを作りました。

(1) 水とつゆの割合を比で表しましょう。

ここなさん

ふみやさん
カップ2こを1とみましょう。

しゅんやさん

まさきさん

(2) 同じ味は，だれとだれですか。

と

と

復習..

● 約分しましょう。

① $\dfrac{48}{60}$（　　）　② $\dfrac{18}{72}$（　　）　③ $\dfrac{32}{56}$（　　）　④ $\dfrac{70}{98}$（　　）

⑤ $\dfrac{28}{70}$（　　）　⑥ $\dfrac{125}{100}$（　　）　⑦ $\dfrac{80}{128}$（　　）　⑧ $\dfrac{240}{100}$（　　）

● 次の比の値を求めましょう。

① 3：4　（　　　）　② 5：2　（　　　）

③ 6：8　（　　　）　④ 28：35　（　　　）

⑤ 16：24　（　　　）　⑥ 45：35　（　　　）

⑦ 42：24　（　　　）　⑧ 20：40　（　　　）

⑨ 120：200　（　　　）　⑩ 39：65　（　　　）

⑪ 36：18　（　　　）　⑫ 125：25　（　　　）

復習..

① $0.6 \div \dfrac{3}{4} \times 4\dfrac{2}{7}$

② $\dfrac{5}{9} \times 1.8 \div 3\dfrac{3}{4}$

③ $\dfrac{11}{15} \times \dfrac{3}{4} \div 5.5$

④ $0.75 \div \dfrac{5}{8} \times \dfrac{5}{12}$

比と比の利用（3）　名前

 比と比の利用（4）　名前

1　次の2つの比は等しいですか。

　　等しいときは○を，等しくないときは×を（　）に書きましょう。

　　① 2：3 と 6：4　（　）　　② 5：3 と 15：9　（　）

　　③ 21：14 と 9：6　（　）　　④ 35：10 と 5：2　（　）

2　等しい比を見つけて線で結びましょう。

　49：28　・　　　　　　　・　20：15

　25：15　・　　　　　　　・　35：20

　28：21　・　　　　　　　・　15：9

　42：28　・　　　　　　　・　24：16

● 等しい比にします。□にあてはまる数を書きましょう。

　① 4：3 = □：6　　　　② 3：5 = 6：□

　③ 7：2 = 42：□　　　　④ 18：27 = 2：□

　⑤ 45：10 = □：2　　　⑥ 56：40 = □：5

　⑦ 24：□ = 4：3　　　　⑧ 4：5 = 52：□

　⑨ 6：□ = 42：49　　　⑩ □：5 = 32：20

　⑪ 9：5 = □：25　　　　⑫ 4：3 = □：54

　⑬ 36：□ = 3：5　　　　⑭ 4：□ = 48：84

復習

　① 7.7×3.8　　② 2.78×6.4　　③ 4.26×4.5　　④ 70.5×4.8

● 底辺が5.9m，高さが6.8mの平行四辺形の面積を求めましょう。

　式

　　　　　　　　　　　　　　　　答え＿＿＿＿＿＿

復習

　① 1.7×4.92　　② 7.8×6.04　　③ 4.3×0.3　　④ 6.8×0.5

● 時速4.3kmで歩きます。0.4時間では何km歩きますか。

　式

　　　　　　　　　　　　　　　　答え＿＿＿＿＿＿

比と比の利用 (5)

名前

月　日

● 次の比を簡単にしましょう。

① 12 : 9 （　　　　　）　　② 16 : 8 （　　　　　）

③ 15 : 24 （　　　　　）　　④ 35 : 28 （　　　　　）

⑤ 8 : 40 （　　　　　）　　⑥ 30 : 42 （　　　　　）

⑦ 27 : 36 （　　　　　）　　⑧ 26 : 39 （　　　　　）

⑨ 42 : 70 （　　　　　）　　⑩ 51 : 21 （　　　　　）

⑪ 125 : 100 （　　　　　）　　⑫ 8 : 200 （　　　　　）

⑬ 42 : 60 （　　　　　）　　⑭ 65 : 52 （　　　　　）

復 習

① 17.7 × 0.4　　② 92.3 × 0.8　　③ 1.2 × 0.6　　④ 2.9 × 0.5

● 1mが45円の針金があります。この針金0.8mでは何円ですか。

式

答え _____

比と比の利用 (6)

名前

月　日

● 次の比を簡単にしましょう。

① 1.8 : 0.6 （　　　　　）　　② 0.6 : 0.9 （　　　　　）

③ 1.2 : 0.8 （　　　　　）　　④ 4.9 : 2.8 （　　　　　）

⑤ 4.8 : 2.4 （　　　　　）　　⑥ 5.6 : 4.2 （　　　　　）

⑦ 2.4 : 3 （　　　　　）　　⑧ 4 : 0.8 （　　　　　）

⑨ $\frac{1}{2}$: $\frac{2}{3}$ （　　　　　）　　⑩ $\frac{1}{5}$: $\frac{1}{6}$ （　　　　　）

⑪ $\frac{3}{4}$: $\frac{3}{5}$ （　　　　　）　　⑫ 3 : $\frac{5}{6}$ （　　　　　）

⑬ 1.2 : $\frac{5}{4}$ （　　　　　）　　⑭ $\frac{2}{3}$: 1.5 （　　　　　）

復 習

① 3.87 × 0.6　　② 1.78 × 0.5　　③ 0.7 × 1.7　　④ 0.8 × 6.3

● かべ 1m² あたり 0.9L のペンキを使ってぬります。4.5m² のかべをぬるには何 L のペンキがいりますか。

式

答え _____

比と比の利用（7）

名前

月　日

1 　縦と横の長さの比が 3 : 4 になる長方形を作ります。
縦の長さを 45cm にすると，横の長さは何 cm になりますか。

答え _____

2 　高さ 5m の木があります。この木のかげの長さは 8m です。
かげが 12m の木の高さは何 m ですか。

答え _____

3 　牛乳と紅茶の比を 2 : 7 にして，ミルクティーを作ります。
牛乳を 60mL にすると，紅茶は何 mL 必要ですか。

答え _____

復習 ....

① 0.9 × 2.03　② 0.2 × 1.35　③ 0.25 × 0.48　④ 0.08 × 0.42

  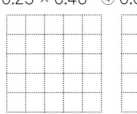 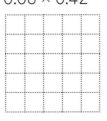

● 　犬とねこをかっています。犬の体重は 16.4kg です。ねこの体重は，犬の
体重の 0.3 倍です。ねこの体重は何 kg ですか。

式

答え _____

比と比の利用（8）

名前

月　日

1 　長さ 320cm のリボンを 2 本に分けます。長さの比を
5 : 3 にするには，何 cm と何 cm にするとよいですか。

式

答え _____

2 　コーヒーとミルクを 3 : 2 の割合で混ぜて，400mL のカフェオレを作り
ます。コーヒーとミルクは，それぞれ何 mL 必要ですか。

式

答え _____

3 　面積が 63m² の畑があります。花畑と野菜畑の面積の比を 4 : 5 にしよう
と思います。花畑は，何 m² になりますか。

式

答え _____

復習 ....

① 32 × 0.7　② 300 × 0.45　③ 260 × 3.4　④ 275 × 2.8

● 　1kg が 880 円のとり肉があります。このとり肉 0.6kg の代金は何円に
なりますか。

式

答え _____

比と比の利用
まとめ①

名
前

① 比の値を求めましょう。

① 2:3　（　　　　）　② 12:30　（　　　　）

③ 49:28　（　　　　）　④ 24:8　（　　　　）

⑤ 2.1:1.5　（　　　　）　⑥ 4:1.2　（　　　　）

② 次の①～⑤の比と等しい比を⑦～⑦の中から見つけて，（　）に記号を書きましょう。

① 4:10　（　　）

② 16:24　（　　）

③ 54:36　（　　）

④ 4:16　（　　）

⑤ 15:6　（　　）

⑦ 10:15
⑦ 20:8
⑦ 10:25
⑦ 18:12
⑦ 9:36

③ 次の比を簡単にしましょう。

① 9:27　（　　　　）　② 1.2:3.2　（　　　　）

③ $\frac{4}{5}:\frac{4}{7}$　（　　　　）　④ $\frac{2}{3}:\frac{5}{6}$　（　　　　）

⑤ 0.8:$\frac{1}{6}$　（　　　　）　⑥ $\frac{2}{5}:2.4$　（　　　　）

比と比の利用
まとめ②

名
前

① 等しい比にします。□にあてはまる数を書きましょう。

① 2:5 = 10:□　② 21:15 = □:5

③ 5:□ = 35:42　④ □:4 = 45:36

⑤ 8:20 = 2:□　⑥ 12:18 = 16:□

② あおいさんは本を90ページ読みました。まだ読んでいないページは105ページです。読んだページと読んでいないページを簡単な整数の比で表しましょう。

答え _____

③ 高さ8mの木があります。この木のかげの長さは6mです。このとき，かげが9mの木の高さは何mですか。

答え _____

④ ジュースが450mLあります。AさんとBさんが，このジュースを5:4の割合で飲みました。AさんとBさんは，それぞれ何mL飲みましたか。

式

答え _____

拡大図と縮図（1）

名前

● 下の図を見て，（　）にあてはまることばや数を下から選んで書きましょう。

（同じことばを2度使ってもよい。）

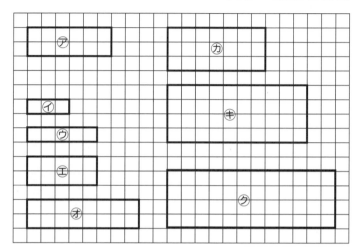

(1) ㋐を形を変えずに大きくした図は，（　　　）です。

対応する辺の長さは（　　）倍です。対応する角の大きさは（　　）です。

このような図を㋐の（　　　　　）といいます。

(2) ㋐を形を変えずに小さくした図は，（　　　）です。

対応する辺の長さは（　　）です。対応する角の大きさは（　　）です。

このような図を㋐の（　　　　　）といいます。

㋑　㋒　㋓　㋔　㋕　㋖　㋗　2　$\frac{1}{2}$　等しい　拡大図　縮図

復習

● 合同な三角形をかきましょう。

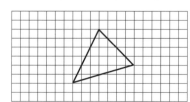

拡大図と縮図（2）

名前

● ㋑は，㋐の2倍の拡大図です。㋒は㋐の$\frac{1}{2}$の縮図です。

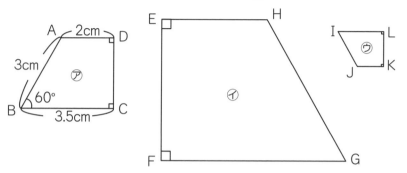

(1) 辺ABに対応する辺は，㋑，㋒ではそれぞれどれですか。

また，何cmですか。

㋑　（　　　　　）　長さ（　　　　　）cm

㋒　（　　　　　）　長さ（　　　　　）cm

(2) 辺ADに対応する辺は，㋑，㋒ではそれぞれどれですか。

また，何cmですか。

㋑　（　　　　　）　長さ（　　　　　）cm

㋒　（　　　　　）　長さ（　　　　　）cm

(3) 角Bに対応する角は，㋑，㋒ではそれぞれどれですか。

また，何度ですか。

㋑　（　　　　　）　角度（　　　　　）°

㋒　（　　　　　）　角度（　　　　　）°

復習

● 合同な四角形をかきましょう。

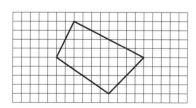
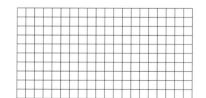

　（122%に拡大してご使用ください）

拡大図と縮図（3）　名前

① 三角形 ABC の 2 倍の拡大図 DEF と，$\frac{1}{2}$ の縮図 GHI をかきましょう。

2 倍の拡大図　　　　　　$\frac{1}{2}$ の縮図

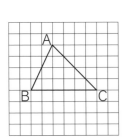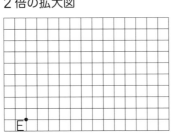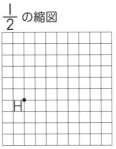

② 長方形 ABCD の 1.5 倍の拡大図 EFGH と，$\frac{1}{2}$ の縮図 IJKL をかきましょう。

1.5 倍の拡大図　　　　　　$\frac{1}{2}$ の縮図

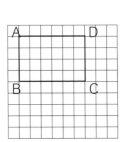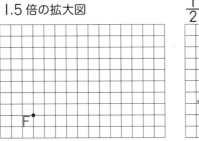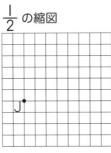

復習

① $9.36 \div 1.3$　② $7.7 \div 2.2$　③ $10.5 \div 2.5$　④ $15.2 \div 1.9$

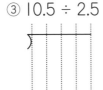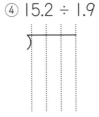

● キリンの子どもの身長は 2.5m，親の身長は 6.5m です。
　キリンの親の身長は子どもの身長の何倍ですか。

　式

　　　　　　　　　　　　　　　　　答え

 拡大図と縮図（4）　名前

① 三角形 ABC の 3 倍の拡大図 DEF をかきましょう。

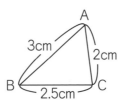

② 三角形 ABC の 2 倍の拡大図 DEF と，$\frac{1}{2}$ の縮図 GHI をかきましょう。

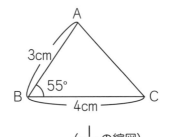

（2 倍の拡大図）

（$\frac{1}{2}$ の縮図）

復習

① $5.36 \div 1.34$　② $7.02 \div 2.34$　③ $6.96 \div 0.8$　④ $2.52 \div 0.21$

● 赤ちゃんのとき 3.2kg だった体重が，小学生になって 25.6kg に増えました。何倍になりましたか。

　式

　　　　　　　　　　　　　　　　　答え

拡大図と縮図（5）

名前

1　三角形 ABC の 1.5 倍の拡大図 DEF と， $\frac{1}{2}$ の縮図 GHI をかきましょう。

（1.5 倍の拡大図）

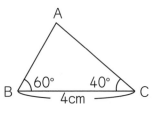

E •

（$\frac{1}{2}$ の縮図）

H •

2　平行四辺形 ABCD の 1.5 倍の拡大図 EFGH と， $\frac{1}{2}$ の縮図 IJKL をかきましょう。

（1.5 倍の拡大図）

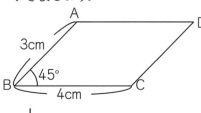

（$\frac{1}{2}$ の縮図）

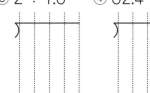

J •　　F •

復習 ....

① 1.8 ÷ 0.05　② 2.7 ÷ 0.45　③ 2 ÷ 1.6　④ 62.4 ÷ 1.5

● 3.8L のペンキで 9.5m² のかべをぬりました。
このペンキ 1L では，何 m² のかべをぬったことになりますか。

式

答え

拡大図と縮図（6）

名前

1　三角形 ABC の頂点 B を中心にして，2 倍と 3 倍の拡大図をかきましょう。

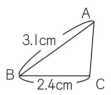

2　三角形 ABC の頂点 B を中心にして， $\frac{1}{2}$ の縮図をかきましょう。

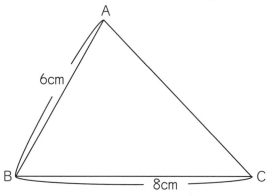

復習 ....

● 商は整数で求めて，あまりも出しましょう。

① 4.7 ÷ 1.5　② 70.6 ÷ 3.9　③ 8 ÷ 0.6

● 8.8m のロープを 1.2m ずつに切ります。
1.2m のロープは何本できて，何 m あまりますか。

式

答え

① 四角形 ABCD の頂点 B を中心にして，1.5倍と2倍の拡大図をかきましょう。

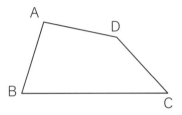

② 四角形 ABCD の頂点 B を中心にして，$\frac{1}{2}$ の縮図をかきましょう。

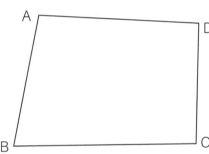

復習 ....

● 商を上から2けたのがい数で求めましょう。

① 7.9 ÷ 2.1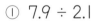

② 35.1 ÷ 7.6

③ 7.2 ÷ 0.29

● A のリボンは 5.2m，B のリボンは 2.7m です。A のリボンの長さは B の
リボンの長さの何倍ですか。上から2けたのがい数で表しましょう。

式

答え ＿＿＿＿＿＿＿＿＿＿＿＿

● 右の図は，K 小学校の校舎を上から見た図です。

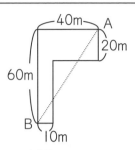

(1) 下の方眼に $\frac{1}{1000}$ の縮図をかきましょう。

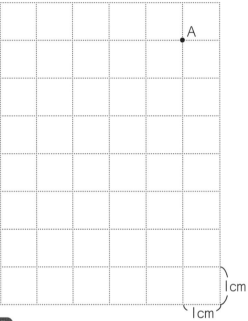

(2) 縮図で頂点 A から頂点 B
までの直線きょりは何 cm
ですか。

（　　　　　）

(3) 点 A から点 B までの
実際の直線きょりは何 m
ですか。

式

答え ＿＿＿＿＿＿＿＿

復習 ....

● 商を $\frac{1}{10}$ の位までのがい数で求めましょう。

① 7.5 ÷ 2.8

② 7.1 ÷ 4.6

③ 5.02 ÷ 1.8

● （　）にあてはまる数を $\frac{1}{10}$ の位までのがい数で求めましょう。

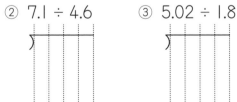

7.26m は 0.8m の約（　　　　）倍です。

拡大図と縮図（9）

名前

● 下の $\frac{1}{10000}$ の縮尺でかかれた地図を見て答えましょう。

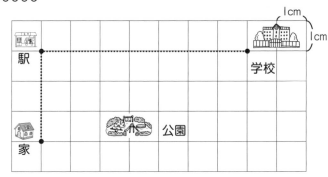

(1) 上の縮図で，家から駅を通って
学校までは何 cm ですか。　　　（　　　　　　　　）

(2) 何倍すれば，実際の長さを
求めることができますか。　　（　　　　　　　　）

(3) 家から駅を通って学校までの実際の道のりは何 m ですか。

式

答え _____

復習 ....

① 60 ÷ 0.4　　② 15 ÷ 0.6　　③ 120 ÷ 1.6　　④ 630 ÷ 1.2

● 0.7m の値段が 560 円のリボンがあります。このリボン 1m の値段は
何円ですか。

式

答え _____

拡大図と縮図（10）

名前

● 下の図で，実際の木の高さを求めましょう。

(1) 三角形 ABC の $\frac{1}{200}$ の
縮図をかきましょう。

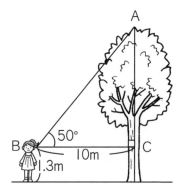

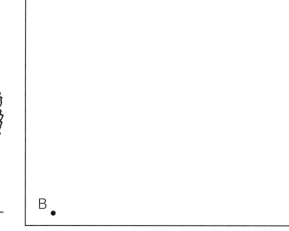

(2) 縮図の辺 AC の長さは何 cm ですか。

（　　　　　　　　　　）

(3) 実際の AC の長さを求めましょう。

式

答え _____

(4) 目の高さ 1.3m をたして，実際の木の高さを求めましょう。

式

答え _____

復習 ....

① 3.5 × 4.2 + 2.3　　　　② 7.2 − 1.5 × 0.8

③ 2 ÷ 8 + 0.3　　　　　④ 7.68 ÷ 4.8 − 0.9

拡大図と縮図
まとめ ①

名前

月　日

1　四角形 EFGH は，四角形 ABCD の拡大図です。

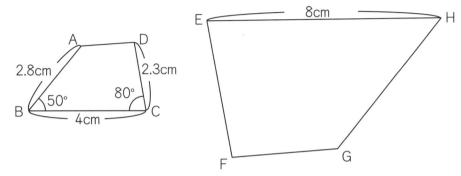

(1)　四角形 EFGH は，四角形 ABCD の何倍の拡大図ですか。

（　　　　　　）

(2)　角 E の角度は何度ですか。

（　　　　　　）

(3)　辺 EF と辺 HG の長さを書きましょう。

辺 EF（　　　　　　）　辺 HG（　　　　　　）

2　下の四角形 ABCD の頂点 B を中心にして 2 倍の拡大図と，$\frac{1}{2}$ の縮図をかきましょう。

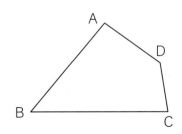

拡大図と縮図
まとめ ②

名前

月　日

横

校舎

1　右の校舎の縮図を見て，答えましょう。

(1)　この縮図では 10m を 1cm で表しています。この縮図は何分の 1 の縮図ですか。

（　　　　　　）

(2)　縮図での校舎の横の長さは 4cm です。実際の長さは何 m ですか。

式

答え　　　　　　　　　

2　B 地点から池の中のカエルまでのきょりを，縮図をかいて求めましょう。

(1)　三角形 ABC の $\frac{1}{500}$ の縮図をかきましょう。

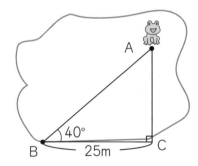

(2)　縮図の辺 AC の長さは何 cm ですか。

（　　　　　　）

(3)　実際の AC の長さは何 m ですか。

式

答え　　　　　　　　　

　（ 122%に拡大してご使用ください ）

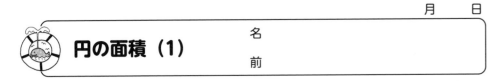 円の面積（1）

名
前

● 下の円の面積を求めましょう。

(1)
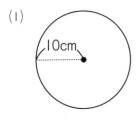
10cm

式

答え _____

(2)

5cm

式

答え _____

(3)
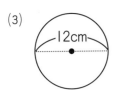
12cm

式

答え _____

(4) 直径8mの円

式

答え _____

 円の面積（2）

名
前

● 下の図形の面積を求めましょう。

(1)
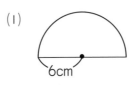
6cm

式

答え _____

(2)

8cm

式

答え _____

(3)
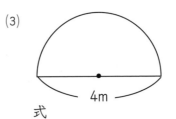
4m

式

答え _____

(4)
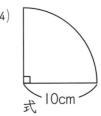
10cm

式

答え _____

復習

● 次の円周の長さを求めましょう。

① 直径10cmの円　　② 直径5cmの円　　③ 半径10cmの円

式　　　　　　　　式　　　　　　　　式

答え _____　　答え _____　　答え _____

復習

● 下の図形の面積を求めましょう。

①
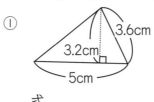
3.6cm
3.2cm
5cm

式

答え _____

②
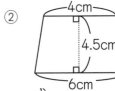
4cm
4.5cm
6cm

式

答え _____

41　（122%に拡大してご使用ください）

● 右の色のついた部分の面積の求め方を考えましょう。AさんとBさんの考え方を使って，面積を求めましょう。

10cm

① Aさんの考え方

 − = 　　 × 2 =

式

答え _____

② Bさんの考え方

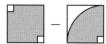 − = 　　 − − =

式

答え _____

復習
① 6.7 × 4.8　② 2.96 × 5.6　③ 7.07 × 4.8　④ 3.9 × 5.74

● 1Lのガソリンで16.4km走る自動車があります。7.5Lのガソリンでは何km走れますか。

式

答え _____

● 次の色のついた部分の面積を求めましょう。

(1) 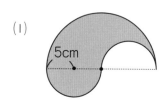5cm

式

答え _____

(2) 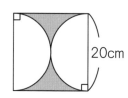20cm

式

答え _____

(3) 20cm

式

答え _____

復習
① 7.9 × 0.8　② 64.8 × 0.5　③ 0.2 × 0.7　④ 3.79 × 0.2

● 1aあたり42.5kgのそばの実がとれました。0.8aでは，何kgのそばの実がとれますか。

式

答え _____

円の面積（5）

● 次の色のついた部分の面積を求めましょう。

(1)

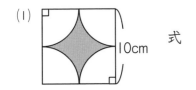

10cm

式

答え ＿＿＿＿＿＿＿＿＿＿＿

(2)

10cm

式

答え ＿＿＿＿＿＿＿＿＿＿＿

(3)

10cm

式

答え ＿＿＿＿＿＿＿＿＿＿＿

復習 ....

① 0.4 × 5.6　② 0.6 × 9.32　③ 0.19 × 0.24　④ 27 × 3.58

● 1mの値段が240円のロープがあります。このロープ12.5mの値段は
何円ですか。

式

答え ＿＿＿＿＿＿＿＿＿＿＿

円の面積

まとめ

● 次の色のついた部分の面積を求めましょう。

(1)

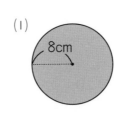

8cm

式

答え ＿＿＿＿＿＿＿＿＿＿＿

(2)

20cm

式

答え ＿＿＿＿＿＿＿＿＿＿＿

(3)

12cm

式

答え ＿＿＿＿＿＿＿＿＿＿＿

(4)

5cm　10cm

式

答え ＿＿＿＿＿＿＿＿＿＿＿

立体の体積 （1）

名
前

● 下の四角柱の体積を求めましょう。

(1)
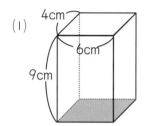
式

答え _____

(2) 1辺が7cmの立方体

式

答え _____

(3)
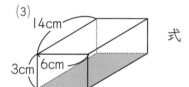
式

答え _____

復習

① 8.64 ÷ 2.4　② 9.28 ÷ 3.2　③ 46.5 ÷ 1.5　④ 66.6 ÷ 1.8

● 面積が8.45m²の長方形の花だんがあります。横の長さは6.5mです。縦の長さは何mですか。

式

答え _____

立体の体積 （2）

名
前

● 下の角柱の体積を求めましょう。

(1)
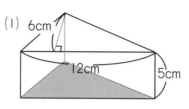
式

答え _____

(2)
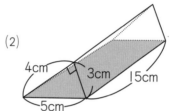
式

答え _____

(3)
式

答え _____

復習

① 9.36 ÷ 2.34　② 1.72 ÷ 4.3　③ 9.66 ÷ 0.7　④ 9.66 ÷ 0.23

● 自転車に乗り，分速0.28kmの速さで8.68kmの道のりを走ります。何分かかりますか。

式

答え _____

立体の体積（3）

名
前

● 下の四角柱の体積を求めましょう。

(1)

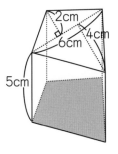

式

答え _____

(2)

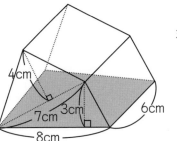

式

答え _____

復習 ....

① $7.6 × 4.8$　② $24.9 × 5.3$　③ $6.78 × 2.5$　④ $9.2 × 14.9$

● 時速 42.5km で走る自動車が 2.4 時間走ると，進む道のりは何 km ですか。

式

答え _____

 ## 立体の体積（4）

名
前

● 下の円柱の体積を求めましょう。

(1)

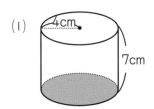

式

答え _____

(2)

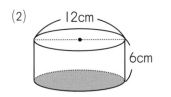

式

答え _____

(3)

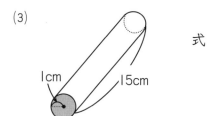

式

答え _____

復習 ....

① $5.6 × 0.7$　② $29.8 × 0.6$　③ $4.5 × 0.8$　④ $6.05 × 0.4$

● $1m^2$ の板を 0.6L のペンキでぬることができました。
$0.85m^2$ の板をぬるには何 L のペンキがあればいいですか。

式

答え _____

立体の体積（5）

名前

● 下の立体の体積を求めましょう。

(1)

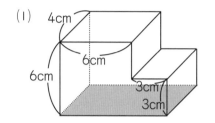

式

答え _____

(2)

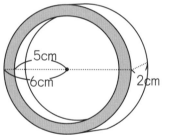

式

答え _____

復習

① $\dfrac{3}{4} \times 6$

② $\dfrac{4}{5} \times \dfrac{2}{3}$

③ $\dfrac{5}{6} \times \dfrac{2}{3}$

④ $\dfrac{8}{5} \times \dfrac{35}{16}$

● 1人に $\dfrac{5}{12}$ L ずつ水とうにお茶を入れます。この水とうを18人分用意するには，全部でお茶を何 L 用意すればいいですか。

式

答え _____

立体の体積（6）

名前

● 下の立体の体積を求めましょう。

(1)

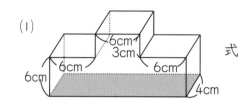

式

答え _____

(2)

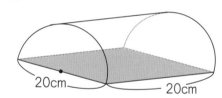

式

答え _____

復習

① $2\dfrac{1}{4} \times \dfrac{2}{3}$

② $\dfrac{6}{7} \times 4\dfrac{2}{3}$

③ $3\dfrac{1}{8} \times 2\dfrac{2}{5}$

④ $15 \times \dfrac{5}{6}$

● 1m の重さが 6kg のパイプがあります。このパイプ $\dfrac{5}{9}$ m の重さは何 kg ですか。

式

答え _____

立体の体積
まとめ

名前

● 下の立体の体積を求めましょう。

(1)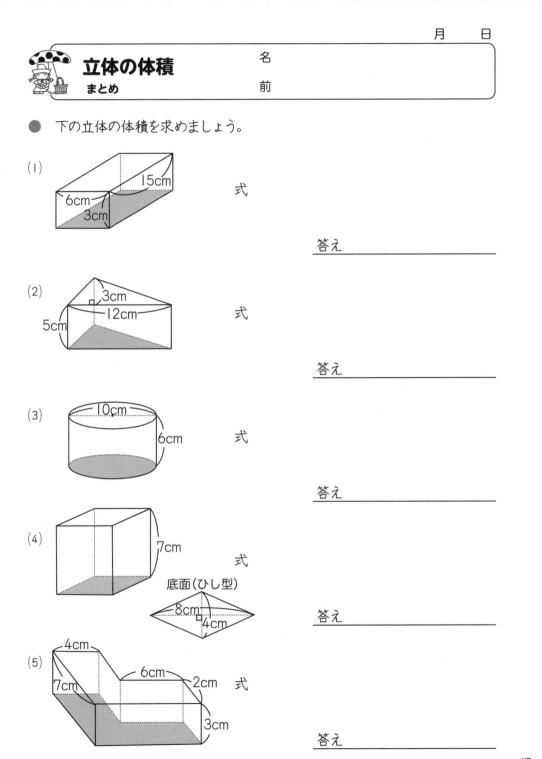

　　15cm
　6cm
　　3cm

式

答え _____

(2)

　　3cm
5cm ─12cm─

式

答え _____

(3)

　─10cm─
　　6cm

式

答え _____

(4)

　　7cm

底面（ひし型）

　─8cm─
　　4cm

式

答え _____

(5)

　4cm
7cm　─6cm─　2cm
　　　　3cm

式

答え _____

およその面積と体積 (1)

名前

● およその面積を求めましょう。

(1)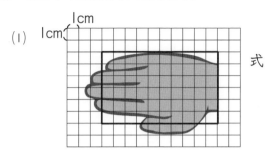

1cm
1cm

式

答え _____

(2)

1cm
1cm

式

答え _____

復習 ....

● 広さの単位としてあてはまるものを右から選んで，（　）に記号を書きましょう。

① 1辺が1cmの正方形の面積　　　（　　）

② 1辺が10mの正方形の面積　　　（　　）

③ 1辺が1kmの正方形の面積　　　（　　）

④ 1辺が1mの正方形の面積　　　（　　）

⑤ 1辺が100mの正方形の面積　　　（　　）

ア	1cm²
イ	1m²
ウ	1a
エ	1ha
オ	1km²

　（122%に拡大してご使用ください）

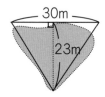

およその面積と体積 (2)

名前

● およその面積を求めましょう。

(1) 池をおよそ三角形と考えて

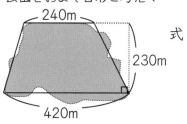
30m
23m

式

答え _____

(2) 公園をおよそ台形と考えて

240m
230m
420m

式

答え _____

(3) 福岡県をおよそ 2 つの三角形と考えて

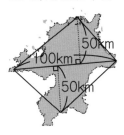
50km
100km
50km

式

答え _____

復習

● 体積の単位としてあてはまるものを右から 2 つずつ選んで, ( )に記号を書きましょう。

① 1 辺が 1cm の立方体の体積　（　）（　）

② 1 辺が 10cm の立方体の体積　（　）（　）

③ 1 辺が 1m の立方体の体積　（　）（　）

ア 1cm³	イ 1m³
ウ 1000cm³	
エ 1000000cm³	
オ 1L	カ 1mL

およその面積と体積 (3)

名前

● およその容積や体積を求めましょう。

(1) ジュースパックをおよそ四角柱と考えて

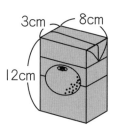
3cm　8cm
12cm

式

答え _____

(2) ポットをおよそ円柱と考えて

16cm
25cm

式

答え _____

復習

① $5 \div \dfrac{2}{3}$　　　② $8 \div \dfrac{6}{7}$

③ $\dfrac{3}{4} \div \dfrac{2}{3}$　　　④ $\dfrac{8}{15} \div \dfrac{24}{25}$

● ( )にあてはまる数を求めましょう。

（　）mを $\dfrac{5}{6}$ 倍すると $\dfrac{3}{4}$ mです。

式

答え _____

およその面積と体積 (4)

名
前

① コーヒーカップをおよそ円柱と考えて容積を求めましょう。

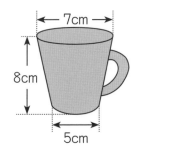

式

答え _____

② ペットボトルをおよそ四角柱と考えると，容積は何 cm³ ですか。
また，それは何 L ですか。

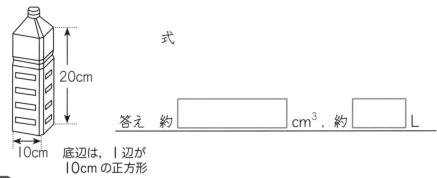

式

答え　約 [   ] cm³, 約 [   ] L

10cm　底辺は，1 辺が
10cm の正方形

復 習

① $\dfrac{9}{8} \div \dfrac{15}{4}$

② $3\dfrac{3}{4} \div \dfrac{5}{6}$

③ $\dfrac{5}{12} \div 4\dfrac{1}{6}$

④ $7\dfrac{1}{3} \div 4\dfrac{8}{9}$

● 面積が $7\dfrac{1}{5}$ m² の花だんがあります。縦の長さは $\dfrac{6}{5}$ m です。
横の長さは何 m ですか。

式

答え _____

およその面積と体積

まとめ

名
前

① ある公園の図です。およそ平行四辺形とみて面積を求めましょう。

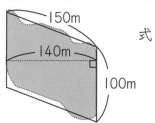

式

答え _____

② 岡山県の地図です。およそ台形とみて面積を求めましょう。

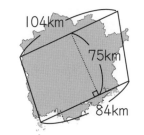

式

答え _____

③ トートバッグをおよそ四角柱とみて容積を求めましょう。

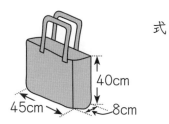

式

答え _____

④ ビンをおよそ円柱とみて容積を求めましょう。

式

答え _____

49　　(122%に拡大してご使用ください)

比例と反比例 （1）

比例

名
前

● 1分間に3cmの深さの水を入れます。
水を入れる時間を x 分，深さを y cm として，
2つの量の関係を表を使って調べましょう。

(1) 表を完成させましょう。

時間 x (分)	1	2	3	4	5	6
深さ y (cm)	3					

(2) （　）にあてはまる数を書きましょう。

① 時間が2倍，3倍になると，深さも（　　　　）倍，（　　　　）倍になります。

② 時間が $\frac{1}{2}$，$\frac{1}{3}$ になると，深さも（　　　），（　　　）になります。

③ y の値を x の値でわると，いつも（　　　　）になります。

④ x の値が1増えると，y の値が増える数はいつも（　　　　）です。

(3) 深さ y は，時間 x に比例していますか。正しい方に○をつけましょう。

（　比例している　・　比例していない　）

復習

● 速さを求めましょう。

(1) 180kmの道のりを4時間で走る自動車があります。
この自動車の時速は何 km ですか。

式

答え＿＿＿＿＿＿＿＿＿

(2) 1200mを15分で歩いたとき，分速は何mですか。

式

答え＿＿＿＿＿＿＿＿＿

比例と反比例 （2）

比例

名
前

● 底面積が $8cm^2$ の四角柱の高さを x cm，体積を y cm^3 として，2つの量の関係を表を使って調べましょう。

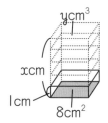

(1) 表を完成させましょう。

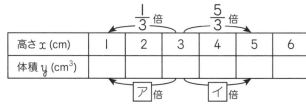

高さ x (cm)	1	2	3	4	5	6
体積 y (cm^3)						

(2) ア，イにあてはまる数を書きましょう。

ア（　　　　　）　　　　イ（　　　　　）

(3) （　）にあてはまる数を書きましょう。

① 高さ x が2cmから8cmになると，体積 y cm^3 は（　　　　）倍になる。

② 高さ x が2cmから9cmになると，体積 y cm^3 は（　　　　）倍になる。

(4) 四角柱の体積は高さに比例していますか。

（　　　　　　　　　　）

復習

● 道のりを求めましょう。

(1) 秒速14mで走る自動車が25秒間で走る道のりは何mですか。

式

答え＿＿＿＿＿＿＿＿＿

(2) 時速4.6kmで歩く人が1.5時間で進む道のりは何 km ですか。

式

答え＿＿＿＿＿＿＿＿＿

比例と反比例（3）
比例　　名前

● 底辺が 4cm の平行四辺形の高さを x cm，面積を y cm² として，2つの
量の関係を表を使って
調べましょう。

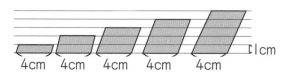

4cm　4cm　4cm　4cm　4cm　　1cm

(1)　表を完成させましょう。

高さ x (cm)	1	2	3	4	5	6
面積 y (cm²)						

(2)　（　）にあてはまる数を書きましょう。

①　$y \div x$ の商はいつも（　　　）になります。

②　x の値が 1 増えると，y の値は（　　　）ずつ増えます。

③　x と y の関係を式に表しましょう。

$y = （　　　）\times x$

(3)　高さが 11cm のとき，面積は何 cm² ですか。

式

答え＿＿＿＿＿＿＿＿＿

復習 ....

● 時間を求めましょう。

(1)　時速 42km で走る自動車が 105km の道のりを進むには何時間
かかりますか。

式

答え＿＿＿＿＿＿＿＿＿

(2)　分速 80m で歩きます。700m の道のりを歩くには何分かかりますか。

式

答え＿＿＿＿＿＿＿＿＿

比例と反比例（4）
比例　　名前

① 縦の長さが 3cm の長方形の横の長さを x cm，面積を y cm² として，
x と y の関係を調べましょう。

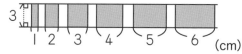

3　　　1　2　3　4　5　6　(cm)

(1)　表を完成させましょう。

横の長さ x (cm)	1	2	3	4	5	6
面積 y (cm²)	3	6				

(2)　x と y の関係を式に表しましょう。

$y = （　　　）\times x$

② 底面積が 9cm² の三角柱の高さを x cm，
体積を y cm³ として，x と y の関係を調べましょう。

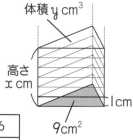

体積 y cm³
高さ x cm
1cm
9cm²

(1)　表を完成させましょう。

高さ x (cm)	1	2	3	4	5	6
体積 y (cm³)	9	18				

(2)　x と y の関係を式に表しましょう。

$y = $ ☐

復習 ....

● （　）にあてはまる数を書きましょう。

(1)　秒速 7.5m で走る自転車が 12 秒間で走る道のりは（　　　）m です。

(2)　100km の道のりを 2.5 時間で走る自動車の時速は（　　　）km
です。

(3)　510m はなれた目的地まで，分速 85m で歩くと（　　　）分
かかります。

比例と反比例（5）

比例

名前

● 時速40kmで走る自動車の走った時間 x 時間と道のり y km の関係を調べましょう。

(1) 表を完成させましょう。

時間 x（時間）	1	2	3	4	5	6
道のり y（km）						

(2) 時間 x 時間と道のり y km の関係をグラフに表しましょう。

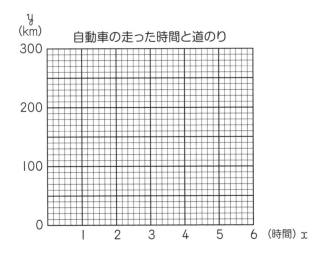

自動車の走った時間と道のり

(3) 3.5時間では何km進みますか。

答え _____

復習 ....

● 長さの単位の関係です。（　）にあてはまる数を書きましょう。

① 1cm = （　　　）mm
② 5mm = （　　　）cm
③ 1m = （　　　）cm
④ 0.7m = （　　　）cm
⑤ 85cm = （　　　）m
⑥ 1km = （　　　）m
⑦ 1200m = （　　　）km
⑧ 720m = （　　　）km
⑨ 1.4km = （　　　）m
⑩ 0.6km = （　　　）m

km	・	・	m	・	cm	mm

比例と反比例（6）

比例

名前

● 右のグラフは針金（はりがね）の長さ x m と重さ y g の関係を表したものです。

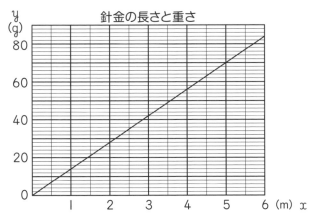

針金の長さと重さ

(1) グラフを見て、表を完成させましょう。

長さ x（m）	1	2	3	4	5	6
重さ y（g）						

(2) x と y の関係を式に表しましょう。

$y = $ _____

(3) 4.5mの重さは何gですか。

式

答え _____

復習 ....

● 重さの単位の関係です。（　）にあてはまる数を書きましょう。

① 1g = （　　　）mg
② 1kg = （　　　）g
③ 2kg = （　　　）g
④ 1.8kg = （　　　）g
⑤ 0.9kg = （　　　）g
⑥ 1400g = （　　　）kg
⑦ 750g = （　　　）kg
⑧ 60g = （　　　）kg
⑨ 1t = （　　　）kg
⑩ 1.5t = （　　　）kg

t	・	・	kg	・	・	g	・	・	mg

比例と反比例（7）

比例

名前

● 下の表は分速 0.8km で走る自動車の走った時間 x 分と道のり y km の
関係を表したものです。

時間 x（分）	1	2	3	4	5	6
道のり y（km）	0.8	1.6	2.4	3.2	4.0	4.8

(1) y を x の式で表しましょう。

$y = $ ［　　　　　　］

(2) x と y の関係を右のグラフに
表しましょう。

(3) 3.5 分では何 km 進みますか。

式

答え _____

(4) 4km 進むには，何分かかり
ますか。

式

答え _____

自動車の走った時間と道のり

（グラフ：縦軸 y（km）0〜5，横軸 1〜6（分）x）

● 面積の単位の関係です。（　）にあてはまる数を書きましょう。

① 1cm^2 =（　　　　）mm^2　　② 1m^2 =（　　　　　　）cm^2

③ 1a =（　　　　）m^2

④ 1ha =（　　　　　）m^2　　⑤ 1ha =（　　　　）a

⑥ 1km^2 =（　　　　　　）m^2　　⑦ 1km^2 =（　　　　）ha

km^2	·	ha	·	a	·	m^2	·	·	·	cm^2	·	mm^2

比例と反比例（8）

比例

名前

● 下のグラフは，針金ⒶとⒷの長さと重さを表しています。

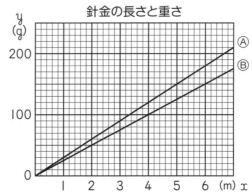

針金の長さと重さ

（グラフ：縦軸 y（g）0〜200，横軸 1〜6（m）x，直線ⒶとⒷ）

(1) 針金ⒶとⒷでは，どちらの
方が重いですか。

（　　　　　　　　）

(2) Ⓐ，Ⓑの針金の長さが 4m の
とき，重さはそれぞれ何 g ですか。

針金Ⓐ（　　　　　　　）

針金Ⓑ（　　　　　　　）

(3) Ⓐ，Ⓑの針金の重さが 150g のとき，長さはそれぞれ何 m ですか。

針金Ⓐ（　　　　　　）　　　　針金Ⓑ（　　　　　）

(4) 針金ⒶとⒷの x と y の関係を式に表しましょう。

針金Ⓐ　　　　　　　　　　針金Ⓑ

$y = $ ［　　　　　　　］　　$y = $ ［　　　　　　　］

● 体積の単位の関係です。（　）にあてはまる数を書きましょう。

① 1cm^3 =（　　　）mL　　② 1m^3 =（　　　　　　）cm^3

③ 1dL =（　　　）mL =（　　　）cm^3

④ 1L =（　　　）mL =（　　　）cm^3

⑤ 1kL =（　　　）L　　⑥ 1m^3 =（　　　　）L

m^3	·	·	·	·	·	cm^3
kL	·	·	L	dL	·	mL

比例と反比例（9）
比例

名
前

● 下のグラフは，AさんとBさんが同じコースをジョギングしたときの，走った時間 x 分と道のり y m の関係を表したものです。

(1) AさんとBさんでは
どちらの方が速いですか。

（　　　　　　　）

(2) AさんとBさんの x と y の
関係を式に表しましょう。

Aさん　$y =$ ［　　　　　　　］

Bさん　$y =$ ［　　　　　　　］

(3) 出発して3分では，AさんとBさんは何m進んでいますか。

Aさん　式

答え＿＿＿＿＿

Bさん　式

答え＿＿＿＿＿

ジョギングをした時間と道のり

（グラフ：縦軸 y (m)，横軸 x (分)，Aさん・Bさんの直線）

(4) 1200m進むのに，AさんとBさんは何分かかりますか。

Aさん　式

答え＿＿＿＿＿

Bさん　式

答え＿＿＿＿＿

復習

① $\dfrac{5}{6} \div 0.4$　　　② $\dfrac{3}{5} \div 0.25$

③ $2.4 \div \dfrac{2}{5}$　　　④ $2.8 \div 3\dfrac{1}{2}$

● 2.8kmの道のりを $\dfrac{2}{3}$ 時間で歩きました。時速何kmで歩いたことになりますか。

式

答え＿＿＿＿＿＿＿＿＿＿

比例と反比例（10）
比例

名
前

① 同じ重さのくぎ10本の重さをはかったら，25gでした。
これをもとにして，下の問いに答えましょう。

(1) くぎ500本の重さは何gですか。

式

答え＿＿＿＿＿

くぎの本数と重さ

本数 x（本）	10	500
重さ y（g）	25	?

(2) このくぎ2kgでは何本ですか。

式

答え＿＿＿＿＿

くぎの本数と重さ

本数 x（本）	10	?
重さ y（g）	25	2000

② 1mの木の棒のかげの長さは80cmでした。
同じ時刻に，かげの長さが300cmの木の高さは何mですか。

式

答え＿＿＿＿＿

高さとかげの長さ

高さ x（m）	1	?
かげの長さ y（cm）	80	300

復習

① $\dfrac{5}{6} \times \dfrac{1}{6} \div \dfrac{25}{24}$　　　② $\dfrac{5}{3} \div \dfrac{3}{2} \times \dfrac{3}{4}$

③ $10 \div \dfrac{2}{5} \times 1.2$　　　④ $4.2 \times \dfrac{20}{21} \div \dfrac{5}{8}$

　（122%に拡大してご使用ください）

比例と反比例（11）
反比例　　　名　前

● 面積が $36cm^2$ の長方形の，縦の長さ x cm と横の長さ y cm の関係を調べましょう。

(1) 表を完成させましょう。

縦の長さ x (cm)	1	2	3	4	5	6	9	12	18	36
横の長さ y (cm)	36	18				6				

(2) ㋐, ㋑, ㋒, ㋓ にあてはまる数を書きましょう。

㋐（　　　）倍　㋑（　　　）倍　㋒（　　　）倍　㋓（　　　）倍

(3) （　）にあてはまることばや数を下の □ から選んで書きましょう。

　縦の長さ x cm が 2 倍になると，横の長さ y cm は（　　　）になります。縦の長さ x cm が 3 倍になると，横の長さ y cm は（　　　）になります。このようになるとき，y は x に（　　　）するといいます。
　また，縦の長さ x cm と横の長さ y cm をかけると，必ず（　　　）になります。

2倍　　3倍　　$\frac{1}{2}$　　$\frac{1}{3}$　　決まった数　　比例　　反比例

復習

① $\frac{3}{5} + \frac{1}{8}$　　　　　② $\frac{2}{7} + \frac{2}{3}$

③ $\frac{2}{5} + \frac{4}{15}$　　　　④ $\frac{5}{18} + \frac{1}{6}$

比例と反比例（12）
反比例　　　名　前

● 12km の道のりを進むときの時速 x km と，かかる時間 y 時間の関係を調べましょう。

(1) 表を完成させましょう。

時速 x (km)	1	2	3	4	5	6	8	10	12
かかる時間 y（時間）	12	6	4	3					

(2) ㋐, ㋑, ㋒, ㋓ にあてはまる数を書きましょう。

㋐（　　　）倍　㋑（　　　）倍　㋒（　　　）倍　㋓（　　　）倍

(3) （　）にあてはまることばや数を書きましょう。

　時速 x km が 3 倍になると，かかる時間 y 時間は（　　　）になります。
　時速 x km が 4 倍になると，かかる時間 y 時間は（　　　）になります。
　このようになるとき，y は x に（　　　）するといいます。
　また，時速 x km とかかる時間 y 時間をかけると，必ず決まった数の（　　　）になります。

復習

① $3\frac{1}{2} + \frac{2}{5}$　　　　② $2\frac{1}{5} + 1\frac{1}{4}$

③ $1\frac{1}{3} + \frac{5}{6}$　　　　④ $2\frac{5}{7} + 1\frac{1}{2}$

比例と反比例（13）
反比例　　名前

● 下の表は，36cm の深さの水そうに水を入れるときの，1分あたりに入る水の深さ x cm と水を入れる時間 y 分の関係を表したものです。

1分あたりに入る水の深さ x (cm)	1	2	3	4	5	6
水を入れる時間 y（分）	36	18	12	9	7.2	6

(1) x と y の関係を式で表します。（ ）にあてはまる数を書きましょう。

$$x \times y = (\qquad)$$
$$y = (\qquad) \div x$$

(2) x の値が次の数のときの y の値を求めましょう。

① x の値が 1.5 のとき

式

答え _____

② x の値が 8 のとき

式

答え _____

③ x の値が 10 のとき

式

答え _____

復習

① $\dfrac{6}{7} - \dfrac{2}{5}$　　② $\dfrac{5}{9} - \dfrac{1}{3}$

③ $\dfrac{5}{6} - \dfrac{5}{10}$　　④ $\dfrac{8}{9} - \dfrac{7}{18}$

比例と反比例（14）
反比例　　名前

1 下の表は，12km の道のりを進むときの時速 x km と，かかる時間 y 時間の関係を表したものです。

時速 x (km)	1	2	3	4	5	6
かかる時間 y（時間）	12	6	4	3	2.4	2

(1) （ ）にあてはまる数を書き，y を x の式で表しましょう。

$$y = (\qquad) \div x$$

(2) x の値が 2.5 のときの y の値を求めましょう。

式

答え _____

2 下の表は，面積が 18cm² の長方形の縦の長さ x cm と，横の長さ y cm の関係を表したものです。

縦の長さ x (cm)	1	2	3	4	5	6
横の長さ y (cm)	18	9	6	4.5	3.6	3

(1) y を x の式で表しましょう。

$$y = \boxed{}$$

(2) x の値が 1.5 のときの y の値を求めましょう。

式

答え _____

復習

① $1\dfrac{3}{4} - \dfrac{2}{3}$　　② $2\dfrac{5}{6} - 1\dfrac{1}{3}$

③ $1\dfrac{1}{2} - \dfrac{3}{4}$　　④ $3\dfrac{2}{5} - 1\dfrac{1}{2}$

比例と反比例（15）
反比例

名前

● 面積が24cm²の長方形の縦の長さ x cm と横の長さ y cm の関係を表とグラフに表しましょう。

(1) 表を完成させましょう。

縦の長さx (cm)	1	2	3	4	5	6	8	10	12	24
横の長さy (cm)	24	12							2	1

(2) 表をグラフに表しましょう。

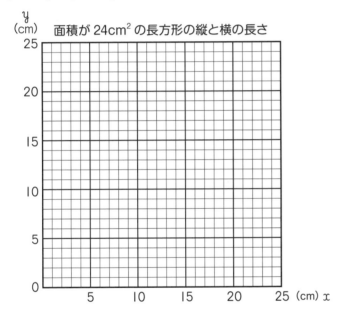

面積が 24cm² の長方形の縦と横の長さ

復習

① $\dfrac{6}{7} + \dfrac{2}{5} + \dfrac{2}{5}$

② $\dfrac{5}{6} - \dfrac{3}{8} + \dfrac{1}{4}$

③ $\dfrac{5}{12} + \dfrac{5}{8} - \dfrac{2}{3}$

④ $\dfrac{4}{5} - \dfrac{1}{3} + \dfrac{5}{6}$

比例と反比例（16）

名前

● 次の中で，x と y が比例の関係にあるものには⊙，反比例の関係にあるものには⊕，どちらでもないものには×を □ に書きましょう。また，比例と反比例の関係にあるものは，x と y の関係を式に表しましょう。

① □ 時速4kmで歩く人の時間 x 時間と道のり y km

$y =$

② □ 道のり12kmを歩く人の時速 x km と時間 y 時間

$y =$

③ □ 面積が60cm²の長方形の縦の長さ x cm と横の長さ y cm

$y =$

④ □ 縦の長さが17cmの長方形の横の長さ x cm と面積 y cm²

$y =$

⑤ □ 底面積が20cm²の四角柱の高さ x cm と体積 y cm³

$y =$

⑥ □ 正方形の1辺の長さ x cm と面積 y cm²

$y =$

復習

① $\dfrac{1}{6} + 0.4$

② $2.1 + \dfrac{3}{5} - 1.5$

③ $4.2 - 3\dfrac{1}{3} + \dfrac{4}{5}$

比例と反比例
まとめ ①

名
前

比例と反比例
まとめ ②

名
前

---

① 時速 40km で走る自動車の走る時間 x 時間と進む道のり y km の関係を調べましょう。

(1) 時間 x 時間と道のり y km の関係を表に表しましょう。

時間 x (時間)	1	2	3	4	5	6
道のり y (km)						

(2) 表を右のグラフに表しましょう。

(3) y を x の式で表しましょう。

y = [　　　　　]

(4) 2.5 時間では何 km 進みますか。
式

答え _____

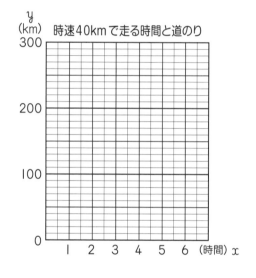

y
(km)　時速40kmで走る時間と道のり
300

200

100

0
　　1 2 3 4 5 6 (時間)x

---

② 15km の道のりを進むときの，時速 x km と時間 y 時間の関係を調べましょう。

(1) 時速 x km と時間 y 時間の関係を表に表しましょう。

時速 x (km)	1	2	3	5	10	15
時間 y (時間)	15	7.5				

(2) y を x の式で表しましょう。

y = [　　　　　]

---

① 下のグラフは，Ⓐ と Ⓑ の 2 本の針金の長さ x m と重さ y g の関係を表したものです。グラフを見て答えましょう。

(1) 針金Ⓐ と Ⓑ では，どちらの方が重いですか。

（　　　　　）

(2) 針金Ⓐ と Ⓑ の x と y の関係を式に表しましょう。

針金Ⓐ

y = [　　　　　]

針金Ⓑ

y = [　　　　　]

(3) Ⓐ，Ⓑ の針金の長さが 4.5m のとき，重さはそれぞれ何 g ですか。

針金Ⓐ　式

答え _____

針金Ⓑ　式

答え _____

y
(g)　　　針金の長さと重さ
100　　　　　　　　　　　　　　Ⓐ

80　　　　　　　　　　　　　　Ⓑ

60

40

20

0
　1　2　3　4　5　6
　　　　　　　　　(m) x

---

② 次の x と y の 2 つの量の関係は，比例，反比例のどちらですか。どちらかに○をつけましょう。
また，x と y の関係を式に表しましょう。

(1) 面積が 24cm² になる平行四辺形の底辺の長さ x cm と高さ y cm

（ 比例 ・ 反比例 ）　y = [　　　　　]

(2) 1 本が 6 g のくぎの本数 x 本と重さ y g

（ 比例 ・ 反比例 ）　y = [　　　　　]

月　日

 並べ方と組み合わせ方 (1)　名前

● 動物園で，キリン，ゾウ，サル，ライオンの 4 種類の動物を 1 回ずつ
見て回ります。見て回る順番は，何通りありますか。

(1) 1 番めに，キリンを見る場合を
考えます。図を完成させましょう。

記号に置きかえて書きましょう。
キリン　………………　㋕
ゾウ　………………　㋛
サル　………………　㋚
ライオン　………………　㋵

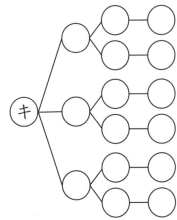

(2) 1 番めにキリンを見る場合，見て回る順番は何通りありますか。

（　　　　　）通り

(3) 1 番めにゾウを見る場合，見て回る順番は何通りありますか。

（　　　　　）通り

(3) 4 種類の動物を見て回る順番は，全部で何通りありますか。

（　　　　　）通り

復 習 ……………………………………………………………

① $\dfrac{3}{4} - \dfrac{1}{5} - \dfrac{1}{2}$　　　② $\dfrac{4}{5} - \dfrac{1}{3} - \dfrac{1}{6}$

③ $\dfrac{13}{12} - \dfrac{3}{4} - \dfrac{1}{6}$　　　④ $\dfrac{3}{2} - \dfrac{5}{7} - \dfrac{3}{4}$

月　日

並べ方と組み合わせ方 (2)　名前

● ④，⑤，⑥，⑦の 4 枚のカードがあります。

(1) 4 枚のカードから 2 枚を選んでできる 2 けたの整数は，全部で何通り
ありますか。

① ④を十の位にした場合，何通り
ありますか。図を使って調べましょう。

十の位　一の位

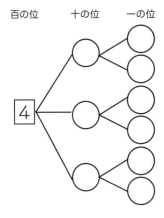

（　　　　　）通り

② 全部で何通りありますか。

（　　　　　）通り

(2) 4 枚のカードから 3 枚を選んでできる
3 けたの整数は，全部で何通りありますか。

① ④を百の位にした場合，何通り
ありますか。図を使って調べましょう。

（　　　　　）通り

② 全部で何通りありますか。

（　　　　　）通り

百の位　十の位　一の位

復 習 ……………………………………………………………

① $1.4 - \dfrac{4}{5}$　　　② $\dfrac{5}{8} - 0.4$

③ $4.2 - 2\dfrac{5}{6}$　　　④ $\dfrac{8}{9} - 0.75$

並べ方と組み合わせ方 (3)

名前

● 箱の中に青玉と赤玉がたくさん入っています。

そこから3個玉を取り出します。取り出した玉の色の出方は全部で何通りありますか。

(1) 1回目に青玉を取った場合，何通りありますか。
図を使って調べましょう。

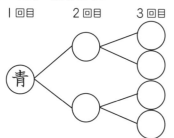

（　　　）通り

(2) 1回目に赤玉を取った場合も同じように図を使って調べましょう。

（　　　）通り

(3) 全部で何通りありますか。　　　　　　　（　　　）通り

復習

① $\dfrac{3}{4} + \dfrac{1}{5} - \dfrac{1}{2}$　　② $\dfrac{3}{8} - \dfrac{1}{6} + \dfrac{3}{4}$

③ $0.7 + \dfrac{2}{3} - \dfrac{5}{6}$　　④ $\dfrac{4}{5} - 0.6 - \dfrac{1}{9}$

並べ方と組み合わせ方 (4)

名前

● A，B，C，D の4チームで野球の試合をします。
どのチームとも1回ずつ対戦します。
どんな試合の組み合わせがあって，全部で何試合ありますか。

(1) 下の表を使って，試合の組み合わせを調べましょう。

	A	B	C	D
A				
B				
C				
D				

※ 同じチーム同士で試合をすることはありません。

※ A対BとB対Aは，同じ試合です。

(2) 全部で何試合ありますか。　（　　　）試合

(3) A，B，C，D，E の5チームになると，全部で何試合になりますか。

	A	B	C	D	E
A					
B					
C					
D					
E					

（　　　）試合

復習

① $\dfrac{5}{7} - \dfrac{1}{2} + 0.25$　　② $2.5 - \dfrac{5}{6} - 1.2$

③ $1\dfrac{1}{3} - 0.8 + \dfrac{1}{2}$　　④ $\dfrac{2}{3} - 0.6 + \dfrac{4}{15}$

並べ方と組み合わせ方 (5)

● 次の5種類の野菜の中からいくつか選んで買い物をします。

キャベツ　　きゅうり　　なす　　ピーマン　　にんじん

(1) ちがう種類の野菜3つを選ぶ方法は, 全部で何通りありますか。
　　表を使って, 野菜の組み合わせを調べましょう。

キャベツ	きゅうり	なす	ピーマン	にんじん

（　　　）通り

(2) ちがう種類の野菜2つを選ぶ方法は, 全部で何通りありますか。

（　　　）通り

復習

① $\dfrac{5}{12} \times 0.8$

② $2.4 \times \dfrac{5}{16}$

③ $\dfrac{4}{15} \times 0.45$

④ $1.44 \times \dfrac{5}{18}$

並べ方と組み合わせ方 (6)

● 右の5種類のお金が1枚ずつあります。
このうち2枚を組み合わせると, どんな
金額ができますか。

(1) 表や図を使って, 考えましょう。

	500	100	50	10	1
500					
100					
50					
10					
1					

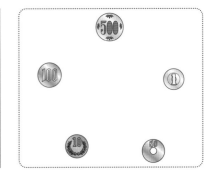

(2) できる金額をすべて書き出しましょう。

復習

① $\dfrac{5}{6} \div 0.8$

② $\dfrac{3}{8} \div 1.2$

③ $1.35 \div \dfrac{9}{10}$

④ $\dfrac{24}{25} \div 1.68$

並べ方と組み合わせ方
まとめ

名前

① A, B, C, D の 4 人がリレーのチームで走ります。
4 人の走る順番は, 全部で何通りありますか。

(1) 第 1 走者が A の場合, 走る順番は何通りありますか。
図の続きをかいて答えましょう。

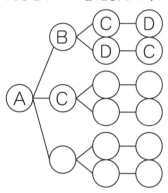

（　　　）通り

(2) 4 人で走る順番は, 全部で何通りありますか。　　（　　　）通り

② A, B, C, D の 4 人でボートに乗ります。

(1) 3 人ずつ乗ると, 組み合わせは
全部で何通りありますか。
右の表を使って調べましょう。

（　　　）通り

A				
B				
C				
D				

(2) 2 人ずつ乗ると, 組み合わせは
全部で何通りありますか。
右の表を使って調べましょう。

（　　　）通り

A				
B				
C				
D				

データの調べ方（1）

名前

● 下の表は, A と B の 2 つのにわとり小屋からとれた
たまごの重さをまとめたものです。

A の小屋のたまごの重さ (g)			
① 64		⑥ 66	
② 66		⑦ 68	
③ 70		⑧ 71	
④ 70		⑨ 68	
⑤ 70		⑩ 67	

B の小屋のたまごの重さ (g)			
① 65		⑦ 65	
② 67		⑧ 69	
③ 66		⑨ 65	
④ 69		⑩ 66	
⑤ 68		⑪ 70	
⑥ 65		⑫ 63	

(1) A と B のにわとり小屋それぞれのたまごの重さの平均値を求めましょう。

A の小屋
式

答え（　　　　　　　）g

B の小屋
式

答え（　　　　　　　）g

(2) 平均値で比べると, A と B のどちらの小屋のたまごの方が重いですか。

（　　　　　）

復習

① $\dfrac{3}{7} \times 1.5 \div \dfrac{3}{4}$

② $\dfrac{7}{8} \times 2.1 \div \dfrac{9}{20}$

③ $1.8 \times \dfrac{5}{9} \div 0.45$

④ $0.32 \div 0.4 \div \dfrac{2}{5}$

データの調べ方（2）

名前

● ＡとＢのにわとり小屋のたまごの重さを，それぞれドットプロットに表して答えましょう。

Ａの小屋のたまごの重さ (g)

① 64	⑥ 66
② 66	⑦ 68
③ 70	⑧ 71
④ 70	⑨ 68
⑤ 70	⑩ 67

平均値　68

Ｂの小屋のたまごの重さ (g)

① 65	⑦ 65
② 67	⑧ 69
③ 66	⑨ 65
④ 69	⑩ 66
⑤ 68	⑪ 70
⑥ 65	⑫ 63

平均値　66.5

Ａの小屋

Ｂの小屋

(1)　ＡとＢのにわとり小屋それぞれの平均値を表すところに↑をかきましょう。

(2)　ＡとＢのにわとり小屋それぞれの最頻値は何ｇですか。

　　Ａの小屋（　　　　　）g　　　Ｂの小屋（　　　　　）g

復習

①　$2.4 \times \dfrac{5}{8} - 0.5$

②　$\left(1.6 - \dfrac{2}{3}\right) \div \dfrac{4}{3}$

③　$0.25 \div 0.8 - \dfrac{1}{4}$

データの調べ方（3）

名前

● 6年生のソフトボール投げの結果について，ドットプロットを見て答えましょう。

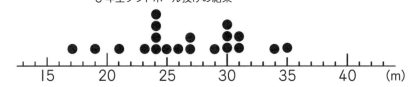

6年生ソフトボール投げの結果

(1)　ドットプロットを度数分布表に表しましょう。

6年生のソフトボール投げの結果

きょり (m)	人数（人）
15 以上 ～ 20 未満	
20　　～25	
25　　～30	
30　　～35	
35　　～40	
合　計	

(2)　度数分布表から読み取りましょう。

①　15m 以上 20m 未満の階級の度数を書きましょう。

答え＿＿＿＿＿＿＿

②　30m 以上の度数を書きましょう。

答え＿＿＿＿＿＿＿

復習

①　$2.8 - 0.8 \times \dfrac{5}{2}$

②　$1.5 \div 0.42 - 3$

③　$1.2 \times \dfrac{5}{6} + 2.5$

データの調べ方（4）

名前

月　日

● 下の度数分布表は，AとBの畑からとれたきゅうりの重さのちらばりの様子を整理したものです。

Aの畑からとれたきゅうりの重さ

重さ(g)	個数（本）
85以上～90未満	3
90　～95	4
95　～100	5
100　～105	4
105　～110	2
110　～115	1
115　～120	0
120　～125	1
合計	20

Bの畑からとれたきゅうりの重さ

重さ(g)	個数（本）
85以上～90未満	2
90　～95	5
95　～100	7
100　～105	3
105　～110	4
110　～115	1
115　～120	2
120　～125	1
合計	25

(1) 100g以上105g未満の階級のきゅうりは，それぞれ何本ありますか。

Aの畑（　　　）本　　　　Bの畑（　　　）本

(2) 110g以上のきゅうりは，それぞれ何本ありますか。
また，その割合は全体の本数の何%ですか。

Aの畑（　　　）本　　　　Bの畑（　　　）本
（　　　）%　　　　　　（　　　）%

復習

● 長さの単位の関係です。（ ）にあてはまる数を書きましょう。

① 1m＝（　　　）cm　　② 1.4m＝（　　　）cm

③ 52cm＝（　　　）m　　④ 2km＝（　　　）m

⑤ 0.7km＝（　　　）m　　⑥ 2865m＝（　　　）km

⑦ 195m＝（　　　）km　　⑧ 80m＝（　　　）km

データの調べ方（5）

名前

月　日

● 下の度数分布表は，AとBの木からとれたりんごの重さのちらばりの様子を整理したものです。それぞれをヒストグラムに表しましょう。

Aの木のりんごの重さ

重さ(g)	個数（個）
275以上～280未満	1
280　～285	2
285　～290	2
290　～295	3
295　～300	6
300　～305	4
305　～310	2
合計	20

Bの木のりんごの重さ

重さ(g)	個数（個）
275以上～280未満	2
280　～285	0
285　～290	3
290　～295	5
295　～300	7
300　～305	0
305　～310	3
合計	20

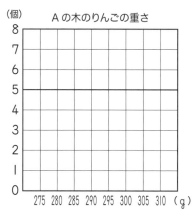

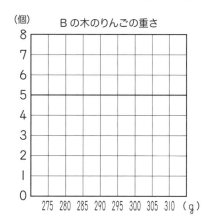

復習

● 重さの単位の関係です。（ ）にあてはまる数を書きましょう。

① 3g＝（　　　）mg　　② 2kg＝（　　　）g

③ 2t＝（　　　）kg　　④ 1.5kg＝（　　　）g

⑤ 650g＝（　　　）kg

64　（122%に拡大してご使用ください）

データの調べ方（6）

名前

月　日

● A組とB組のソフトボール投げの記録をヒストグラムに表しました。

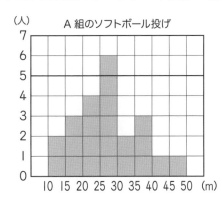

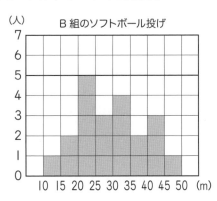

(1) 30m以上35m未満の階級の人数は，それぞれ何人ですか。

A組（　　　　）人　　　　　　B組（　　　　）人

(2) 最も度数の多い階級は，それぞれ何m以上何m未満ですか。

A組（　　　　　　　　　　　　　　）

B組（　　　　　　　　　　　　　　）

(3) 20m未満の人数は，それぞれ何人ですか。

A組（　　　　）人　　　　　　B組（　　　　）人

復習
・・

● 面積の単位の関係です。（ ）にあてはまる数を書きましょう。

① $2cm^2 =$（　　　　）mm^2　　② $3m^2 =$（　　　　）cm^2

③ $2a =$（　　　　）m^2

④ $4ha =$（　　　　）$m^2 =$（　　　　）a

⑤ $3km^2 =$（　　　　）$m^2 =$（　　　　）ha

データの調べ方（7）

名前

月　日

● AとBの木からとれたみかんの重さの記録をヒストグラムに表しました。

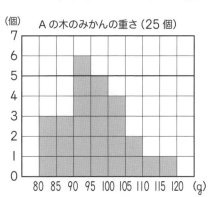

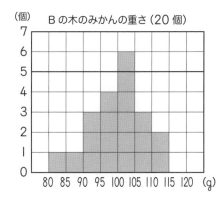

(1) 重い方から5番目のみかんは，それぞれどの階級にありますか。

A（　　　　　　　　　　　　　　　　）

B（　　　　　　　　　　　　　　　　）

(2) 中央値は，それぞれどの階級にありますか。

A（　　　　　　　　　　　　　　　　）

B（　　　　　　　　　　　　　　　　）

(3) いちばん度数の多い階級は，それぞれどの階級ですか。
また，それは全体の何％にあたりますか。

A（　　　　　　　　　　　　　　）（　　　　％）

B（　　　　　　　　　　　　　　）（　　　　％）

復習
・・

● 体積の単位の関係です。（ ）にあてはまる数を書きましょう。

① $4cm^3 =$（　　　　）mL　　② $3dL =$（　　　　）mL

③ $5L =$（　　　　）$mL =$（　　　　）cm^3

④ $2kL =$（　　　　）$m^3 =$（　　　　）L

データの調べ方（8）

名前

月　日

● A組とB組のシャトルランの記録をヒストグラムに表しました。

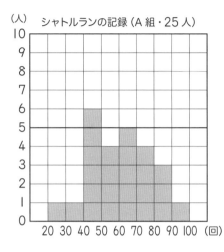

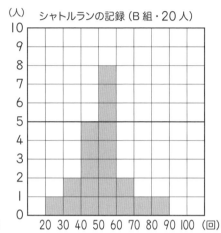

(1) 中央値はそれぞれどの階級にありますか。

A組　（　　　　　　　　　　　　　　　）

B組　（　　　　　　　　　　　　　　　）

(2) 最も度数の多い階級は，それぞれ何回以上何回未満ですか。
　また，それは全体の何％にあたりますか。

A組　（　　　　　　　　　　　　　）　（　　　　％）

B組　（　　　　　　　　　　　　　）　（　　　　％）

(3) 70回以上の人数は，それぞれ何人ですか。
　また，それは全体の何％にあたりますか。

A組　（　　　　人）　（　　　　％）

B組　（　　　　人）　（　　　　％）

データの調べ方（9）

名前

月　日

● 下のグラフは，日本の年れい別人口を表しています。
　1970年と2020年の2つのグラフを見て答えましょう。

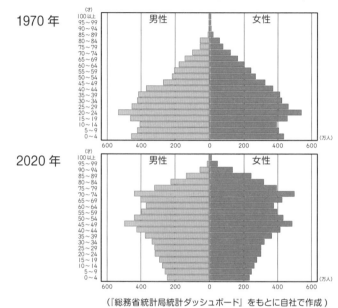

（『総務省統計局統計ダッシュボード』をもとに自社で作成）

(1) 男女でいちばん人数が多いのは，それぞれどの階級ですか。

1970年　男　（　　　　　　　　　　　　　　）

　　　　　女　（　　　　　　　　　　　　　　）

2020年　男　（　　　　　　　　　　　　　　）

　　　　　女　（　　　　　　　　　　　　　　）

(2) 1970年と2020年を比べて，日本の年れい別人口について
　少子化と高れい化という2つのことばを使って説明しましょう。

データの調べ方
まとめ ①

名
前

● 下の表は，A組のソフトボール投げの記録を整理したものです。

A組のソフトボール投げの記録 (m)

①	18	⑤	33	⑨	30	⑬	31	⑰	30
②	17	⑥	27	⑩	24	⑭	24	⑱	26
③	21	⑦	36	⑪	24	⑮	16	⑲	20
④	25	⑧	39	⑫	27	⑯	35	⑳	24

(1) 上の記録を度数分布表に表しましょう。

A組のソフトボール投げの記録

きょり (m)	人数 (人)
15 以上 ～ 20 未満	
20 　～25	
25 　～30	
30 　～35	
35 　～40	
合　計	

(2) 上の度数分布表をヒストグラムに表しましょう。

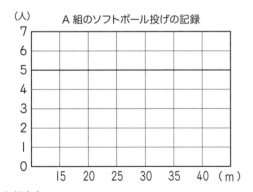

(人) A組のソフトボール投げの記録

(3) 中央値はどの階級にありますか。

（　　　　　　　　　　　　）

(4) 人数がいちばん多いのはどの階級ですか。
また，それは全体の何％にあたりますか。

（　　　　　　　　　　　　）（　　　　　％）

データの調べ方
まとめ ②

名
前

● 下の度数分布表は，畑からとれたトマトの重さのちらばりの様子を整理したものです。ヒストグラムに表し，問いに答えましょう。

(1) ヒストグラムに表しましょう。

トマトの重さ

重さ (g)	個数 (個)
155 以上 ～ 160 未満	1
160 　～165	1
165 　～170	3
170 　～175	7
175 　～180	6
180 　～185	5
185 　～190	2
合　計	25

(個) トマトの重さ

155 160 165 170 175 180 185 190 (g)

(2) 5番目に重いトマトは，どの階級にありますか。

（　　　　　　　　　　　　）

(3) 5番目に軽いトマトは，どの階級にありますか。

（　　　　　　　　　　　　）

(4) 中央値は，どの階級にありますか。

（　　　　　　　　　　　　）

(5) いちばん多い階級はどの階級ですか。
また，その割合は全体の個数の何％ですか。

（　　　　　　　）（　　　　％）

(6) 175g以上のトマトは何個ですか。
また，その割合は全体の個数の何％ですか。

（　　　　個）（　　　　％）

算数のまとめ ①
数の表し方としくみ

名
前

算数のまとめ ②
数の表し方としくみ

名
前

1　次の数を書きましょう。

① 10億を3こ，100万を7こ合わせた数
（　　　　　　　　　　）

② 10を6こ，0.01を3こ，0.001を1こ合わせた数
（　　　　　　　　　　）

③ 0.1を381こ集めた数　（　　　　　　　　　）

④ 0.01を183こ集めた数　（　　　　　　　　　）

⑤ 780万を100倍した数　（　　　　　　　　　）

⑥ 3兆を $\frac{1}{100}$ にした数　（　　　　　　　　　）

⑦ 5.2を100倍した数　（　　　　　　　　　）

⑧ 5.2を $\frac{1}{100}$ にした数　（　　　　　　　　　）

⑨ $\frac{1}{6}$ を18こ集めた数　（　　　　　　　）

⑩ $\frac{1}{10}$ を50こ集めた数　（　　　　　　　）

2　分数は小数で，小数は分数で表しましょう。

① $\frac{3}{8}$ （　　　　　　）　② $\frac{7}{4}$ （　　　　　　）

③ 0.9 （　　　　　　）　④ 2.45 （　　　　　）

3　次の数の大小を，等号や不等号を使って表しましょう。

① 2.2 （　） $\frac{13}{6}$ 　② 1.25 （　） $\frac{5}{4}$

③ 1.4 （　） $\frac{8}{5}$ 　④ 2.5 （　） $\frac{20}{8}$

● 下の数直線を見て答えましょう。

(1) あ，い，う，えにあたる数を書きましょう。

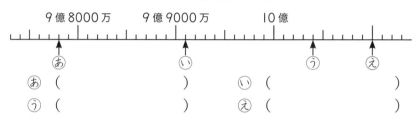

あ（　　　　　　　　）　い（　　　　　　　　）

う（　　　　　　　　）　え（　　　　　　　　）

(2) か，き，く，けにあたる数を書きましょう。

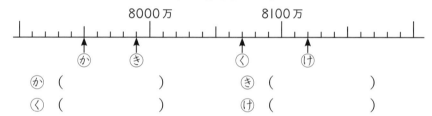

か（　　　　　　　　）　き（　　　　　　　　）

く（　　　　　　　　）　け（　　　　　　　　）

(3) 次の数を数直線に↑で表しましょう。

$\frac{3}{10}$ 　0.8　1.7　$\frac{7}{5}$ 　$\frac{13}{5}$

(4) さ，し，す，せにあたる分数を書きましょう。

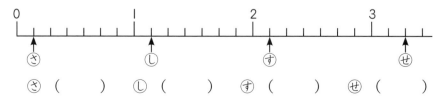

さ（　　　　　）　し（　　　　　）　す（　　　　　）　せ（　　　　　）

算数のまとめ ③

たし算とひき算

名
前

① 整数のたし算やひき算をしましょう。

① 7億4000万＋6000万
② 8600億＋1400億

③ 74000＋2600
④ 734＋266

⑤ 1億2000万－8000万
⑥ 4520－675

⑦ 802－48
⑧ 2000－793

② 小数のたし算やひき算をしましょう。

① 5.3＋3.8
② 27.7＋2.3

③ 14.3＋2.96
④ 0.93＋9.1

⑤ 4.2－2.7
⑥ 5.6－3

⑦ 7.141－6.9
⑧ 3.2－1.78

③ □ にあてはまる数を書きましょう。

① $7290 + 4196 = \boxed{} + 7290$

② $(5.9 + 8.6) + 4.1 = 8.6 + (\boxed{} + 4.1)$

算数のまとめ ④

たし算とひき算

名
前

① 分数のたし算やひき算をしましょう。

① $\dfrac{2}{5} + \dfrac{2}{3}$
② $\dfrac{5}{12} + \dfrac{1}{4}$

③ $\dfrac{1}{6} + \dfrac{8}{15}$
④ $3\dfrac{1}{6} + 1\dfrac{2}{9}$

⑤ $1\dfrac{7}{10} + 2\dfrac{1}{2}$
⑥ $\dfrac{5}{6} - \dfrac{3}{4}$

⑦ $\dfrac{8}{9} - \dfrac{7}{18}$
⑧ $\dfrac{4}{5} - \dfrac{3}{15}$

⑨ $2\dfrac{5}{6} - 1\dfrac{3}{10}$
⑩ $1\dfrac{1}{4} - \dfrac{1}{3}$

② 次の計算をしましょう。

① $\dfrac{1}{2} - \dfrac{1}{4} + \dfrac{1}{3}$
② $\dfrac{7}{8} + \dfrac{3}{4} - \dfrac{2}{3}$

③ $\dfrac{11}{12} - \left(\dfrac{1}{2} + \dfrac{1}{3}\right)$
④ $\dfrac{5}{6} - \left(\dfrac{2}{3} - \dfrac{3}{8}\right)$

算数のまとめ ⑤
かけ算とわり算

名
前

① 整数のかけ算やわり算をしましょう。

① 77 × 87
② 764 × 87
③ 357 × 289

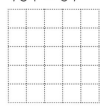
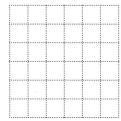

④ 936 ÷ 6
⑤ 675 ÷ 27
⑥ 4928 ÷ 16

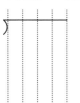

② 小数のかけ算やわり算をしましょう。

① 36.8 × 7.2
② 7.04 × 6.5
③ 9.81 × 0.34

④ 8.1 ÷ 2.7
⑤ 26.6 ÷ 3.8
⑥ 1.74 ÷ 2.9

算数のまとめ ⑥
かけ算とわり算

名
前

① わりきれるまで計算をしましょう。

① 1.69 ÷ 5.2
② 1.5 ÷ 0.4
③ 9.05 ÷ 2.5

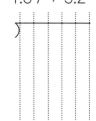

② 商は整数で求めて, あまりも出しましょう。

① 9.8 ÷ 0.8
② 6.7 ÷ 1.6
③ 70.3 ÷ 3.5

③ 分数のかけ算やわり算をしましょう。

① $\frac{5}{6} \times 4$
② $\frac{5}{9} \times \frac{3}{10}$
③ $2\frac{1}{3} \times \frac{9}{14}$

④ $\frac{9}{8} \div 3$
⑤ $\frac{3}{5} \div \frac{2}{3}$
⑥ $3\frac{1}{3} \div 4\frac{1}{6}$

④ 次の計算をしましょう。

① $3\frac{3}{4} \div 0.48 \times \frac{8}{15}$
② $1.25 \times \frac{3}{4} \div \frac{5}{8}$

算数のまとめ ⑦
数の性質

名前

1　( ) の中の数の, 最小公倍数を求めましょう。

①（3と9）　②（5と7）　③（8と12）　④（2と3と5）

2　( ) の中の数の, 最大公約数を求めましょう。

①（12と18）　②（18と36）　③（28と42）

3　四捨五入して ( ) の中の位までのがい数にしましょう。

①　4729（千の位）　②　73460（千の位）

③　462789（一万の位）　④　96501（一万の位）

4　四捨五入して一万の位までのがい数にして, 和や差を求めましょう。

①　74568 + 45092

②　573498 − 97546

5　四捨五入して上から1けたのがい数にして, 積や商を求めましょう。

①　582 × 7326

②　3.48 × 7.62

③　77042 ÷ 207

算数のまとめ ⑧
図形の性質

名前

1　次の図の㋐～㋓の角度を, 計算で求めましょう。

①　45°　70°　㋐　式　答え

②　80°　115°　80°　㋑　式　答え

③　正五角形　㋒　式　答え　㋓　式　答え　㋓　㋒

2　次の性質にあてはまる四角形を, 下から選んで記号で書きましょう。

①　向かい合った2組の辺が平行　（　　）

②　4つの辺の長さがすべて等しい　（　　）

③　2本の対角線の長さが等しい　（　　）

④　2本の対角線が垂直に交わる四角形　（　　）

台形 ㋐　平行四辺形 ㋑　長方形 ㋒　ひし形 ㋓　正方形 ㋔

3　次の対称な図形をかきましょう。

①　直線アイを対称の軸とした線対称な図形

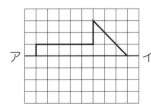

②　点Oを対称の中心とした点対称な図形

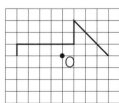

算数のまとめ ⑨
図形の性質

名
前

1　垂直や平行な直線をかきましょう。

(1)　点 A を通り，直線⑦に平行な
直線⑧をかきましょう。

(2)　点 A を通り，直線①に垂直な
直線①をかきましょう。

2　立方体の展開図を見て答えましょう。

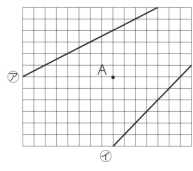

(1)　面⑧と垂直になる面をすべて
書きましょう。

（　　　　　　　　　　）

(2)　次の辺と重なる辺を書きま
しょう。

辺スシ（　　　　　　）

辺オカ（　　　　　　）

(3)　次の点と重なる点をすべて書きましょう。

点イ（　　　　　　　　）　　　点コ（　　　　　　　　　）

3　頂点 B を中心にして，三角形 ABC の 2 倍の拡大図 DBE と，3 倍の
拡大図 FBG をかきましょう。また，三角形 FBG は，三角形 DBE の何倍の
拡大図ですか。

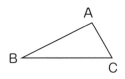

（　　　）倍

算数のまとめ ⑩
面積と体積

名
前

1　次の図形の面積を求めましょう。

①

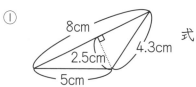

8cm
2.5cm
4.3cm
5cm

式

答え _____

②

6.5cm
9.5cm
4cm

式

答え _____

③

7cm
5cm
3.4cm
5.5cm

式

答え _____

2　半径 10cm の円の円周の長さと面積を
求めましょう。

10cm

①　円周

式

答え _____

②　面積

式

答え _____

3　次の円柱の体積を求めましょう。

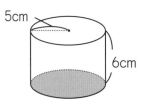

5cm
6cm

式

答え _____

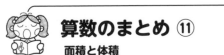 算数のまとめ ⑪
面積と体積

名
前

1　次の色のついた部分の面積を求めましょう。

①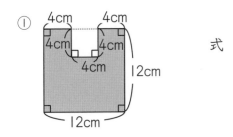

式

答え _____

②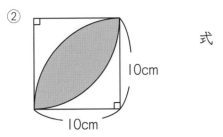

式

答え _____

2　次の立体の体積を求めましょう。

①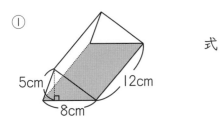

式

答え _____

②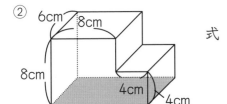

式

答え _____

 算数のまとめ ⑫
比例と反比例

名
前

1　下のグラフは，AとBの2種類の針金の長さ x m と重さ y g の関係を表したものです。

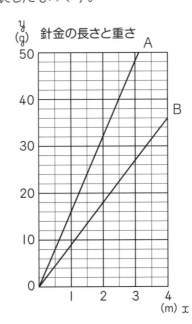

針金の長さと重さ

(1)　針金AとBが同じ長さのとき，どちらの方が重いですか。（　　　　）

(2)　針金AとBの x と y の関係を式に表しましょう。

A　 $y =$ ［　　　　　　］

B　 $y =$ ［　　　　　　］

(3)　針金AとBが3.5mのときの重さは何gですか。

A 式　　　　　　B 式

答え _____　　答え _____

2　表を完成させて，比例しているか，反比例しているか，どちらかに○をつけましょう。また，x と y の関係を式に表しましょう。

(1)　1時間で40km進む自動車の進む時間 x 時間と道のり y km

（　比例　・　反比例　）

時速40kmの自動車の進む時間と道のり

時間 x（時間）	1	2	3	4	5	6
道のり y（km）						

$y =$ ［　　　　　　　］

(2)　面積が 24cm² になる長方形の縦の長さ x cm と横の長さ y cm

（　比例　・　反比例　）

面積 24cm² の長方形の縦と横の長さ

縦の長さ x（cm）	1	2	4	6	12	24
横の長さ y（cm）						

$y =$ ［　　　　　　　］

算数のまとめ ⑬

単位量あたりの大きさ

名
前

1　快速電車は 8 両に 600 人乗っています。急行電車は 10 両に 800 人乗っています。どちらの方が混んでいますか。

式

答え＿＿＿＿＿＿＿＿＿＿

2　赤いリボンは 12m で 1020 円です。青いリボンは 15m で 1260 円です。どちらの方が高いですか。

式

答え＿＿＿＿＿＿＿＿＿＿

3　A の自動車はガソリン 20L で 290km 走れます。B の自動車はガソリン 25L で 405km 走れます。

(1)　1L あたりに走れる道のりが長いのは，どちらですか。

式

答え＿＿＿＿＿＿＿＿＿＿

(2)　A の自動車は 32L で何 km 走ることができますか。

式

答え＿＿＿＿＿＿＿＿＿＿

(3)　B の自動車が 810km 走るには，何 L のガソリンが必要ですか。

式

答え＿＿＿＿＿＿＿＿＿＿

算数のまとめ ⑭

速さ

名
前

1　右の表は，A と B の自動車が走った時間と道のりを表したものです。

走った時間と道のり

	時間（時間）	道のり（km）
A	5	280
B	6	330

(1)　A と B，どちらの自動車の方が速いですか。

式

答え＿＿＿＿＿＿＿＿＿＿

(2)　A の自動車が 3 時間 15 分走ったとき，進む道のりは何 km ですか。

式

答え＿＿＿＿＿＿＿＿＿＿

(3)　B の自動車が 506km の道のりを走るには，何時間かかりますか。

式

答え＿＿＿＿＿＿＿＿＿＿

2　音は，秒速約 340m で進みます。

(1)　音の分速は，約何 km ですか。

式

答え＿＿＿＿＿＿＿＿＿＿

(2)　音の時速は，約何 km ですか。

式

答え＿＿＿＿＿＿＿＿＿＿

算数のまとめ ⑮

割合

① 次の □ にあてはまる数を書きましょう。

① 180cm は，5m の [　　　] ％ です。

② 7kg の 30％ は，[　　　] g です。

③ [　　　] L の 15％ は 150mL です。

② 次の比を簡単な整数の比にしましょう。また，比の値も求めましょう。

① 54：36　　　簡単な比 （　　　）　　　比の値 （　　　）

② 2.1：4.9　　簡単な比 （　　　）　　　比の値 （　　　）

③ $\frac{3}{5}:\frac{3}{7}$　　　簡単な比 （　　　）　　　比の値 （　　　）

③ ねだんが 1200 円の牛肉を 20％引きで買います。
この牛肉の代金は，何円になりましたか。

式

答え ＿＿＿＿＿＿＿＿＿＿

④ A さんの家のしき地の面積は，200m² です。そのうちの 20％ が畑です。
その畑の 25％ が花畑です。花畑は何 m² ですか。

式

答え ＿＿＿＿＿＿＿＿＿＿

算数のまとめ ⑯

割合とグラフ ／ データの調べ方

① 下の表は，東と西の 2 つの小学校で，好きな本の種類を調べたものです。

好きな本の種類（東小学校）

本の種類	人数（人）	割合（％）
物　語	42	
絵　本	36	
図かん	24	
伝　記	18	
合　計	120	100

好きな本の種類（西小学校）

本の種類	人数（人）	割合（％）
物　語	42	
絵　本	28	
図かん	15	
伝　記	11	
合　計	96	100

それぞれの学校で，その種類の本が好きな人の割合（％）を求めて表に書き，
下の帯グラフに表しましょう。

（わりきれない場合は，小数第三位を四捨五入して ％ で表しましょう。）

好きな本の種類（東小学校）

好きな本の種類（西小学校）

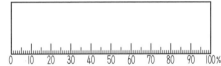

② ソフトボール投げの記録のヒストグラムを見て答えましょう。

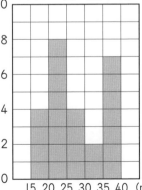

(1) 中央値は，どの階級にありますか。
また，その階級の人数は，全体の何 ％ ですか。
（　　　　　　　　）
（　　　　　　　　）％

(2) いちばん人数が多いのは，どの階級ですか。
また，その人数は，全体の何 ％ ですか。
（　　　　　　　　）
（　　　　　　　　）％

(3) 30m 以上投げる人数は，全体の何 ％ ですか。
（　　　　　　　　）％

楽しみ考える算数 ①

● 魔法陣の観覧車を 3 つ作ってみよう。

> ルール　下の 9 この○の中に 1 ～ 9 の数を 1 つずつ入れます。縦，横，ななめの
> どの直線の 3 つの数をたしても同じ数になるようにします。
> ※ 真ん中に入る数は 3 通りあります。

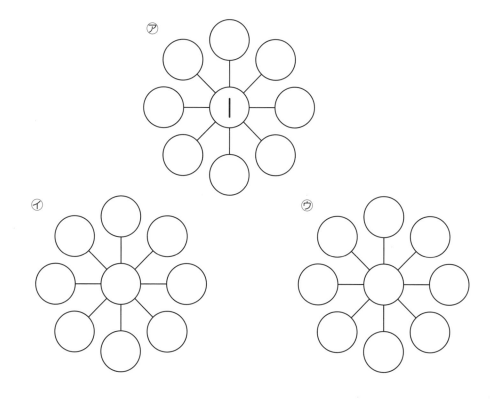

ヒント

直線で結ばれた 3 つの数のうち，真ん中の数以外の 2 つの数の和は，どの直線
も等しい。また，この 2 つの数の組み合わせは，1 つの観覧車に 4 組あるので，
真ん中以外の数を全部たすと，4 の倍数になる。例えば，㋐の場合，1 から 9 ま
での数を全部たすと 45。真ん中に 1 を入れると，45 - 1 = 44　　44 は 4 の倍
数なので，残りの 2 つの○の和が 44 ÷ 4 = 11 の 11 になるようにすれば，できる。

楽しみ考える算数 ②

● ひと筆書きにちょう戦しよう。

次の形はひと筆書きができますか。できる場合は○を，できない場合は×を，
（　）に書きましょう。

①　
（　　　）

②　
（　　　）

③　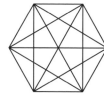
（　　　）

④　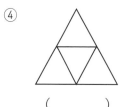
（　　　）

⑤　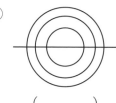
（　　　）

⑥　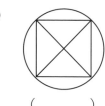
（　　　）

⑦　
（　　　）

⑧　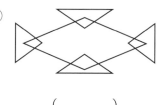
（　　　）

楽しみ考える算数 ③

名前

● 紙を1億枚積んだ高さを考えよう。

1000枚積み重ねると，高さが5cmになる紙があります。この紙を1億枚積むと，どのぐらいの高さになりますか。

① 計算する前に予想を立ててみましょう。

⑦〜⑰の中から1つに〇をつけましょう。

　⑦　教室の天じょう（3m）ぐらい

　⑦　3階建ての建物（10m）ぐらい

　⑦　20階建てのビル（60m）ぐらい

　⑦　東京スカイツリー（634m）ぐらい

　⑦　富士山（3776m）ぐらい

　⑦　エベレスト（8848m）ぐらい

② 自分の考えで計算してみましょう。

（ヒント）　順番に考えてみましょう。

```
        1000枚…… 5cm
10倍 ⤵   1万枚……（      ）cm        ⤷10倍
10倍 ⤵   10万枚……（      ）cm ＝（   ）m  ⤷10倍
10倍 ⤵   100万枚……（      ）m        ⤷10倍
10倍 ⤵  1000万枚……（      ）m        ⤷10倍
10倍 ⤵   1億枚……（      ）m        ⤷10倍
```

楽しみ考える算数 ④

名前

● 「あなたが思った数をあてようゲーム」にちょう戦しよう。

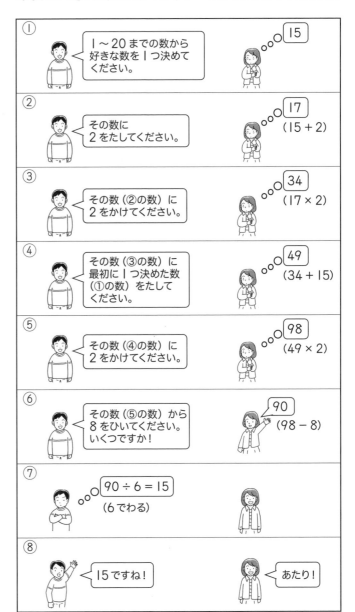

① 1〜20までの数から好きな数を1つ決めてください。　15

② その数に2をたしてください。　17（15＋2）

③ その数（②の数）に2をかけてください。　34（17×2）

④ その数（③の数）に最初に1つ決めた数（①の数）をたしてください。　49（34＋15）

⑤ その数（④の数）に2をかけてください。　98（49×2）

⑥ その数（⑤の数）から8をひいてください。いくつですか！　90（98－8）

⑦ 90÷6＝15（6でわる）

⑧ 15ですね！　あたり！

まずは，自分で数を決めて練習してみよう。

おうちの人や友だちとペアでやってみよう！

漢字の形と音・意味 (1)
同じ部分で同じ音
名前

次の音をもつ漢字を □ に書き、それらの漢字に共通した部分を □ に書きましょう。

① キュウ
野□の試合をする。
水分を要□する。
□急車が来る。

② カ
□物列車が走る。
桜が開□する。
色が変□する。

③ ソク
箱の□面
身体□定をする。
規□を守る。

④ セキ
花だんの面□
□任をもつ。
成□表をもらう。

⑤ ハン
朝ご□を食べる。
□画を楽しむ。
対□意見を言う。

⑥ コウ
小学□に行く。
通□ルールを守る。
□果的な方法

漢字の形と音・意味 (2)
同じ部分で同じ音
名前

次の①～④の □ には、それぞれ同じ読み方の漢字が入ります。あてはまる漢字を下の □ から選んで書き、読み方を（ ）に書きましょう。

① 戦国時代の武□
週刊□を読む。
強い意□をもつ。
読み方（　　）

誌・士・志

② 今日は□天だ。
ノートを□書する。
冷□に判断する。
次代をになうのは□年だ。
□神をきたえる。
読み方（　　）

清・青・晴・精・静

③ □数を数える。
□中品を買う。
□事にあう。
ネジで□定する。
読み方（　　）

古・固・故・個

④ 二十一世□
□立する。
□日を読む。
読み方（　　）

記・紀・起

漢字の形と音・意味 (3)　名前
同じ部分と意味

次の □ に合う漢字を書き、それらの漢字に共通の部分は何に関係があるかを □ から選んで（ ）に記号を書きましょう。

①
□し を音□どく する。
国□ご の授業
漢字の音と□くん
電□わ で□はな す。
（　）

②
□のう をきたえる。
心□ぞう がドキドキする。
□はい の病気
□い □ちょう 薬を飲む。
（　）

③
□じょう 熱をもつ。
□かい 適に過ごす。
やさしい □せい 格
（　）

④
□わざ をみがく。
ボールを □な げる。
バットで □う つ。
かばんを □も つ。
（　）

⑦ 心の様子　④ 体　⑦ 言葉・表現　① 手

漢字の形と音・意味 (4)　名前
同じ部分と意味

次の①〜⑥で、それぞれ三つの □ に共通して入る漢字の部分と、その部分が表す意味を □ から選んで（ ）に記号を書きましょう。

① □売　□寺　□吾　　部分（　）　意味（　）

② □青　□生　□夬　　部分（　）　意味（　）

③ □寺　□役　□支　　部分（　）　意味（　）

④ □也　□皮　□毎　　部分（　）　意味（　）

⑤ □走　□主　□复　　部分（　）　意味（　）

⑥ □艮　□支　□公　　部分（　）　意味（　）

（部分）
⑦ 扌　④ 忄　⑦ 言　① シ　⑦ 彳　⑦ 木

（意味）
あ 心の様子を表す
い 言葉に関係がある
う 水に関係がある
え 手に関係がある
お 木に関係がある
か 「行く」や「道」などの意味

79　（122％に拡大してご使用ください）

文の組み立て

1 次の①と②の文には、主語と述語の関係が二つずつあります。主語には ―― を、述語には ＝＝ を引きましょう。また、二組の主語、述語の関係について、⑦、⑦のどちらかあてはまる方の記号を（　）に書きましょう。

⑦ 一組の主語と述語が、この文の中心となる主語を修飾している。

⑦ 二つの主語と述語の関係が対等にならんでいる。

① 父は、会社に行き、母は、買い物に行く。（　）

② 兄がかいた絵が、コンクールで選ばれた。（　）

2 例のように、次の文を、同じ内容を表す二つの文に分けましょう。

(例) 母が作った料理は、とてもおいしい。
　　（　母が料理を作った。　）
　　（　その料理は、とてもおいしい。　）

① 姉が読んでいる本は、難しい。
　　（　　　　　　　　　　　　　）
　　（　　　　　　　　　　　　　）

② 有名なデザイナーが作った服を着たモデルが、ショーに出演する。
　　（　　　　　　　　　　　　　）
　　（　　　　　　　　　　　　　）

熟語の成り立ち（1）
漢字二字

1 次の熟語の成り立ちを □ から選んで（　）に⑦〜⑦の記号を書きましょう。

① 曲線（　）　　② 強弱（　）　　③ 読書（　）　　④ 高温（　）

⑤ 乗馬（　）　　⑥ 岩石（　）　　⑦ 善悪（　）　　⑧ 豊富（　）

⑦ 似た意味の漢字の組み合わせ

⑦ 意味が対になる漢字の組み合わせ

⑦ 上の漢字が下の漢字を修飾する関係にある組み合わせ

⑦ 「〜を」「〜に」に当たる意味の漢字が下に来る組み合わせ

2 次の意味を表すように、二字の熟語を作りましょう。

① 文を作る
⬚⬚

② 山に登る
⬚⬚

③ 青い空
⬚⬚

④ 大きい声
⬚⬚

熟語の成り立ち（2）
漢字二字　名前

1　次の①～④の成り立ちに合う熟語を下の □ から選んで書きましょう。

① 似た意味の漢字の組み合わせ

② 意味が対になる漢字の組み合わせ

③ 上の漢字が下の漢字を修飾する関係にある組み合わせ

④ 「～を」「～に」に当たる意味の漢字が下に来る組み合わせ

> 海底・帰国
> 公私・幸福
> 上陸・急流
> 防火・寒暖
> 願望・父母
> 投球・単独
> 苦楽・高山
> 白紙・良好

2　次の熟語と同じ成り立ちのものを □ から選んで、記号を書きましょう。

① 永久（　）

② 強風（　）

③ 往復（　）

④ 消火（　）

> ⑦ 遠近
> ① 救助
> ⑦ 開店
> ① 白線

熟語の成り立ち（3）
漢字二字　名前

1　□ から漢字を選んで、似た意味の漢字を組み合わせた二字熟語を五つ作りましょう。

> 寒・画・習・学・道・冷・絵・収・路・納

2　□ から漢字を選んで、意味が対になる漢字を組み合わせた二字熟語を五つ作りましょう。

> 左・上・女・負・下・勝・売・右・買・男

3　意味を打ち消す漢字「不」「未」「無」「非」のうち、合うものを □ に入れて熟語を作りましょう。

□ 罪

□ 番

□ 快

□ 来

熟語の成り立ち（4）
漢字三字　　名前

1 次の三字熟語は、□のア〜ウのどれにあてはまりますか。一つ選んで、□に記号で書きましょう。

> ア 二字の語の頭に一字を加えた熟語
> イ 二字の語の後ろに一字を加えた熟語
> ウ 一字の語の集まりから成る熟語

① 市町村 □　　② 高学年 □　　③ 消防署 □　　④ 県大会 □

⑤ 衣食住 □　　⑥ 植物園 □　　⑦ 運動場 □　　⑧ 松竹梅 □

⑨ 区役所 □　　⑩ 天地人 □　　⑪ 短時間 □　　⑫ 典型的 □

2 次の漢字三字の熟語の成り立ちが同じものを線で結びましょう。

①
低学年・　　・音楽家
警察署・　　・新記録
心技体・　　・上中下

②
近代化・　　・音楽室
陸海空・　　・好景気
新学期・　　・和洋中

熟語の成り立ち（5）
漢字三字　　名前

1 意味を打ち消す漢字「不」「未」「無」「非」のうち、合うものを□に書きましょう。

① □ 常識　　② □ 解決　　③ □ 完成　　④ □ 意識

⑤ □ 安定　　⑥ □ 完全　　⑦ □ 気力　　⑧ □ 公式

2 上と下を線で結んで、三字熟語を作りましょう。

①
準・　　・気圧　　・作用
副・　　・対面　　・博物　　・館
高・　　・発売　　・新年　　・庁
初・　　・決勝　　・積極　　・語
新・　　・作用　　・気象　　・会

②
共通・　　・館
博物・　　・的
新年・　　・庁
積極・　　・語
気象・　　・会

熟語の成り立ち（6）　名前
漢字四字以上

１ 次の熟語は、どのように成り立っていますか。⑦、⑦から選んで、（　）に記号を書きましょう。

（box）
⑦ 一字の語の集まりから成る熟語
⑦ いくつかの語の集まりから成る熟語

① 都道府県（　）
② 道路標識（　）
③ 花鳥風月（　）
④ 交通安全週間（　）
⑤ 天気予報（　）
⑥ 東西南北（　）
⑦ 臨時列車（　）
⑧ 国民体育大会（　）

２ 次の熟語を、例のように、一つ一つの語に分けましょう。

（例）入学試験（　入学　＋　試験　）

① 地球温暖化（　）
② 春夏秋冬（　）
③ 納税義務（　）
④ 日本新記録（　）

熟語の成り立ち（7）　名前
四字熟語

● □の中に入る漢字を□から選んで書き、四字熟語を作りましょう。（同じ漢字を二度以上使ってもよい。）また、その意味に当たる文を下から選び、線で結びましょう。

① 人□・□色
② □寒・□温
③ 弱□・強□
④ 耕□・□読
⑤ □機・□転
⑥ □転・□起
⑦ 苦□・苦□

（漢字の箱）
一　三　四　七　八　十　晴　雨　肉　心　食

・弱い者が強い者のえじきになること
・何かをきっかけにして、気持ちがいい方向に変化すること
・人によって、考えや好み、性格がちがっていること
・何度失敗しても、立ち上がって努力すること
・寒い日が三日続いた後に、暖かい日が四日続くように、気候がだんだん暖かくなること
・苦労すること
・心静かにのんびりとした生活を送ること

送り仮名

名前

1　送り仮名に気をつけて、——線の言葉を、漢字で書きましょう。

① 仕事をこころよく引き受ける。（　）
② 人数がふえる。（　）
③ 忘れ物がないか、たしかめる。（　）
④ 道にまよう。（　）
⑤ 原因があきらかになる。（　）
⑥ 車からおりる。（　）
⑦ すこやかな毎日を過ごす。（　）
⑧ 今日は、あたたかい。（　）
⑨ 道路の飛び出しは、あぶない。（　）
⑩ 山が夕日にはえる。（　）
⑪ おさない妹の世話をする。（　）
⑫ ごみをすてる。（　）

2　次の言葉の書き表し方で、正しい方の（　）に○をつけましょう。

(1) あたり
①（　）辺り
②（　）辺

(2) うしろ
①（　）後ろ
②（　）後

(3) はなし
①（　）話し
②（　）話

(4) たより
①（　）便り
②（　）便

複数の音訓をもつ漢字

名前

1　——線の漢字が、次の読み方をする方の（　）に○をつけましょう。

① ギョウ
（　）行進
（　）行列

② ニチ
（　）毎日
（　）休日
（　）夕日

③ サ
（　）作文
（　）作業

④ キン
（　）金曜日
（　）金棒
（　）お金

⑤ カ
（　）家来
（　）家路
（　）家庭
（　）家主

⑥ ナン
（　）男子
（　）長男
（　）山男

2　——線の漢字の中で、上の熟語の＝＝線部分と同じ読み方をするのは、どれですか。（　）に○をつけましょう。

① 点火
（　）聖火
（　）花火
（　）火花

② 不便
（　）便り
（　）便利
（　）郵便

③ 音声
（　）音楽
（　）雨音
（　）母音

④ 下降
（　）下車
（　）川下
（　）以下

⑤ 背後
（　）背比べ
（　）背景
（　）背中

⑥ 形式
（　）正方形
（　）形見
（　）人形

同訓異義語（1）

名前

次の（　）には、同じ読みの漢字が入ります。意味に合う漢字を下の□の中から選んで（　）に書きましょう。

① 子どもが（　）。
　鳥が（　）。

　| 鳴く | 泣く |

② 記念写真を（　）。
　机をとなりの部屋に（　）。
　鏡に姿を（　）。

　| 映す | 写す | 移す |

③ ノートが（　）。
　試合に（　）。

　| 破れる | 敗れる |

④ 夜が（　）。
　ふたを（　）。
　席を（　）。

　| 明ける | 空ける | 開ける |

⑤ 税金を（　）。
　成功を（　）。
　国を（　）。
　学業を（　）。

　| 収める | 治める | 納める | 修める |

⑥ 時間を（　）。
　角度を（　）。
　体重を（　）。

　| 測る | 量る | 計る |

同訓異義語（2）

名前

1　次の言葉に続く言葉を──線で結びましょう。

① 目が・　　・冷める
　お湯が・　　・覚める

② お茶が・　　・厚い
　本が・　　・暑い
　夏は・　　・熱い

③ 委員長を・　　・勤める
　会社に・　　・努める
　勉強に・　　・務める

2　──線の言葉が上の漢字と合うものを選んで、（　）に○をつけましょう。

① 表す
　（　）姿をあらわす。
　（　）言葉にあらわす。

② 合う
　（　）話があう。
　（　）友だちにあう。

③ 降りる
　（　）車からおりる。
　（　）階段をおりる。

④ 取る
　（　）山菜をとる。
　（　）手にとる。

同訓異義語（3）

名前

同訓異義語（4）

名前

（左ページ）同訓異義語（3）

1 次の文で、──線の漢字が正しく使われている場合は、（　）に〇を、まちがっている場合は、正しい漢字を（　）に書きましょう。

① 池の回りを一周する。（　）

② 新しいビルが立つ。（　）

③ 病気が直る。（　）

④ 問題を説く。（　）

⑤ 王様に仕える。（　）

⑥ 虫を負う。（　）

2 次の──線に合う漢字は、㋐、㋑のどちらですか。（　）に記号を書きましょう。

(1)㋐ 暖かい　㋑ 温かい

① （　）手が、あたたかい。

② （　）あたたかいスープを飲む。

③ （　）気候が、あたたかい。

④ （　）日ざしが、あたたかい。

(2)㋐ 差す　㋑ 指す

① （　）刀をさす。

② （　）北をさす。

③ （　）指でさす。

④ （　）かさをさす。

（右ページ）同訓異義語（4）

● 次の文の意味に合うように、上の読み方の漢字を（　）に書きましょう。

① はやい

　走るのが（　）。

　起きるのが（　）。

② つくる

　料理を（　）。

　船を（　）。

③ そなえる

　仏だんに水を（　）。

　地しんに（　）。

④ おる

　枝を（　）。

　糸で布を（　）。

⑤ かわる

　季節が（　）。

　ピッチャーが（　）。

⑥ かえる

　家に（　）。

　落とし物が（　）。

⑦ のぼる

　階段を（　）。

　山に（　）。

⑧ うつす

　ノートを（　）。

　荷物を（　）。

同音異義語（1）

名前

次の□に入る漢字を下の□から選んで書きましょう。

① せい
- □服を着る。
- 一年□が入学する。
- □座を見る。
- 自動車を□造する。
- 病気で安□にする。

星　静　制　製　生

② かい
- 機□を動かす。
- 音読□を開く。
- □がらを集める。
- □水浴に行く。
- 何□も計算する。

会　械　海　貝　回

③ かく
- □正に漢字を書く。
- □内総理大臣
- 大図を□く。
- □度を測る。
- 自□でゴミを持ち帰る。

角　確　各　拡　閣

④ き
- □日をつける。
- □本問題を解く。
- 夏□講習に参加する。
- □則を守る。
- 楽□の演奏をきく。

期　器　記　基　規

（右ページ）

同音異義語（2）

名前

1 次の□に入る言葉を□から選んで書きましょう。

①
- □密度が高い。
- □衛星を打ち上げる。

人工　人口

②
- □意見を尊重する。
- □のわり算をする。

小数　少数

③
- 休日に校庭を□する。
- 苦痛から□される。

開放　解放

④
- ミュージカルの□に行く。
- かん境問題の□を聞きに行く。

公演　講演

2 次の文には漢字のまちがいがあります。まちがっている漢字の横に──線を引き、下の（ ）に正しい漢字を書きましょう。

① 最近、異状気象が増えている。（　）
② 図書官に行く。（　）
③ 理科で熱の伝道を習う。（　）
④ 国語事典で調べる。（　）

同音異義語（3）

名前

次の □ に、上の読み方の漢字を書きましょう。

① えいせい
　[　] 放送を見る。
　歯科 [　] 士を目指す。

② そうぞう
　昔の生活を [　] する。
　神は天地を [　] した。

③ せいかく
　やさしい [　]
　[　] に計算する。

④ しょうめい
　[　] 写真をとる。
　[　] が明るい。

⑤ さいかい
　友だちと [　] する。
　習い事を [　] する。

⑥ しゅうかん
　早起きの [　] をつける。
　一 [　] 休む。

⑦ かんしん
　外国に [　] がある。
　きれいな字を見て [　] する。

いろいろな表現（1）

比喩

名前

① 次の文には、どんな比喩の技法が使われていますか。 □ の㋐〜㋓から選んで、（　）に記号を書きましょう。

① おぼんのような月が出た。（　）
② 雪がしんしんと降る。（　）
③ 妹は家族の太陽だ。（　）
④ チューリップが笑う。（　）
⑤ 今日の練習は地ごくだった。（　）
⑥ せみがミンミン鳴いている。（　）
⑦ はだが、おもちのようにやわらかい。（　）
⑧ 鳥が歌っている。（　）

㋐ 人間以外のものを人間にたとえて言い表す。（擬人法）
㋑ 「〜のような」などの言葉を使ってたとえる。（直喩法）
㋒ 「〜のような」などの言葉を使わずにたとえる。（暗喩法・隠喩法）
㋓ 音や状態などを「擬声語」や「擬態語」を使って表す。（音喩法）

② 文の意味が成り立つように、上と下を線で結びましょう。

① わたがしのような ・ ・赤ちゃんの手
② バケツの水をひっくり返したような ・ ・大雨
③ もやしのような ・ ・雲
④ もみじのような ・ ・細い体

いろいろな表現（2）
比喩

名前

1　文中の――線の言葉を何にたとえていますか。（　）に文中の言葉を書きぬきましょう。

① 先生が顔を真っ赤にして、おにのようにおこった。
（　　　）

② 雨で散った桜が、じゅうたんのようだ。
（　　　）

③ 女の子の目がダイヤモンドのようにかがやいている。
（　　　）

④ 高いビルの上から見た車は米つぶだ。
（　　　）

⑤ おこった弟のほおは、風船のようにふくらんでいる。
（　　　）

⑥ 汗が玉のようにふき出す。
（　　　）

2　次の文に合う擬声語や擬態語を　□　から選んで書きましょう。

① カラスが（　　　）鳴く。

② ドアを（　　　）と閉める。

③ 雨が（　　　）降る。

④ 一年生が教室で（　　　）さわいでいる。

⑤ 犬が（　　　）鳴く。

⑥ 男の子が、つかれて、（　　　）歩いている。

カーカー　わいわい　ワンワン　ふらふら　バタン　ザーザー

いろいろな表現（3）
表現のくふう

名前

次の文には、　□　の㋐～㋒のどの技法が使われていますか。（　）に記号を書きましょう。

① （　）大きな大きなケーキを食べました。

② （　）できた、夏休みの宿題が。

③ （　）朝、目が覚めたら、もう8時。

④ （　）弟のかくしたおもちゃを、ついに発見。

⑤ （　）いつもいつも、やさしくしてくれてありがとう。

⑥ （　）飛びはねた、ぼくがつった魚が。

⑦ （　）妹が小さい小さい手を広げていました。

⑧ （　）これは、父に買ってもらった時計。

⑨ （　）どこまでもどこまでも歩いていきました。

㋐ 文の終わりを体言（名詞）で止めて、余いんを残す効果を出すもの。

㋑ 文の中で、言葉の順をふつうとは逆にして、印象を強める。

㋒ 同じ言葉や文をくり返して、リズムを生んだり、意味や印象を強めたりする。

和語・漢語・外来語 (1)

名前

1

□ の言葉を、和語・漢語・外来語に分けて書きましょう。

① 和語　（　　　　　　　）
② 漢語　（　　　　　　　）
③ 外来語（　　　　　　　）

| パン　スカート　食べ物　山　昼食　スプーン　遊ぶ　学問　会話　青空　ピアノ　旅館 |

2

——線の和語を、意味の似た漢語に書き直しましょう。

① 薬の効き目が切れた。（　　　）
② 先生に許しをもらう。（　　　）
③ 事故の原因を調べる。（　　　）
④ 生き物を観察する。（　　　）
⑤ クラス委員を決める。（　　　）
⑥ 家族で山登りをする。（　　　）

和語・漢語・外来語 (2)

名前

1

和語には「ワ」、漢語には「カ」を、□に書き、読み方を（　）に書きましょう。

①　⑦ 年長　□　（　）　　⑦ 長年　□　（　）
②　⑦ 原野　□　（　）　　⑦ 野原　□　（　）
③　⑦ 品物　□　（　）　　⑦ 物品　□　（　）
④　⑦ 音波　□　（　）　　⑦ 波音　□　（　）

2

次の言葉を外来語に直しましょう。

① 試験（　　　）
② 水泳（　　　）
③ 学級（　　　）
④ 百貨店（　　　）
⑤ 首かざり（　　　）
⑥ 食堂（　　　）
⑦ 速さ（　　　）
⑧ くだもの（　　　）
⑨ 牛乳（　　　）
⑩ 音楽（　　　）
⑪ ご飯（　　　）
⑫ 帳面（　　　）

和語・漢語・外来語（3）

名前

月　日

1

次の外来語は、どの言語が元になっていますか。⑦～⑤から選んで、（　）に記号を書きましょう。

① オペラ・ソプラノ・パスタ・ピザ（　）

② クレヨン・デッサン・アトリエ・オムレツ（　）

③ ガーゼ・カルテ・ワクチン（　）

④ ペンキ・ガス・エキス・ゴム・レンズ（　）

⑦ フランス語　⑦ オランダ語　⑦ イタリア語　⑦ ドイツ語

ヒント

美術や料理に関係あるものは、フランス語、化学に関する言葉は、オランダ語が多いよ。

病気に関係ある言葉は、ドイツ語、音楽に関係あるものは、イタリア語が多いよ。

2

次の言葉の組み立てを⑦～⑦から選んで、（　）に記号を書きましょう。

① 学校（　）
② プレゼント（　）
③ ペン先（　）
④ 小型車（　）
⑤ 赤い（　）
⑥ アルカリ性（　）
⑦ 夕飯（　）
⑧ メモ帳（　）
⑨ 手紙（　）
⑩ スープ皿（　）
⑪ 海外（　）
⑫ ゲーム（　）

⑦ 和語　⑦ 漢語　⑦ 外来語　⑦ 和語と漢語　⑦ 外来語と和語　⑦ 外来語と漢語

和語・漢語・外来語（4）

名前

月　日

次の組み立てに合う言葉を □ から選んで書きましょう。

① 和語　（　）（　）（　）
② 漢語　（　）（　）（　）
③ 外来語　（　）（　）（　）
④ 和語と漢語　（　）（　）（　）
⑤ 和語と外来語　（　）（　）
⑥ 漢語と外来語　（　）（　）

急ブレーキ　夕食　スポーツ　森林　消しゴム　ダンス　非常ベル　森　オルガン
大きい　紙コップ　本読み　読書　大型車　窓ガラス　合唱　道　道路　コーラス
音読カード　自動ドア　粉ミルク　花火大会　赤えんぴつ

敬語（1）

名前　　　　月　日

1　次の言葉の尊敬語を下から選んで、線で結びましょう。

① くれる　　　・　　　・いらっしゃる
② 言う　　　　・　　　・くださる
③ 帰る　　　　・　　　・おっしゃる
④ 書く　　　　・　　　・お書きになる
⑤ 来る　　　　・　　　・帰られる

2　次の言葉の謙譲語を下から選んで、線で結びましょう。

① 食べる　　　・　　　・いただく
② 行く　　　　・　　　・お見送りする
③ 見送る　　　・　　　・うかがう

敬語（2）

名前　　　　月　日

1　次の――線の言い方で、尊敬語には「そ」、謙譲語には「け」、ていねい語には「て」を（ ）の中に書きましょう。

① 先生をご案内します。（ ）
② この本をお読みになりましたか。（ ）
③ ご卒業おめでとうございます。（ ）
④ おいしいケーキをいただきました。（ ）
⑤ ありがとうございます。（ ）
⑥ 明日、そちらにうかがいます。（ ）

2　次の文で、ア、イのどちらか敬語の使い方が正しい方を選び、（ ）に○をつけましょう。

① 父は、　ア（ ）出かけております。
　　　　　イ（ ）お出かけになっています。

② 先生が、家に　ア（ ）いらっしゃいました。
　　　　　　　　イ（ ）うかがいました。

③ 校長先生が、給食を　ア（ ）いただく。
　　　　　　　　　　　イ（ ）めしあがる。

④ 先生が、メダルを　ア（ ）くれた。
　　　　　　　　　　イ（ ）くださった。

⑤ もしもし、
　　ア（ ）田中と申しますが、けんとさんはおられますか。
　　イ（ ）田中だけど、けんとさんはいるの。

⑥ どうぞ、自由に
　　ア（ ）ご覧になってください。
　　イ（ ）拝見してください。

ことわざ (1)

名前

１　（　）に漢数字を入れて、ことわざを完成させましょう。

① 石の上にも（　）年
② （　）死に（　）生を得る
③ （　）人寄れば文殊(もんじゅ)のちえ
④ つるは（　）年、かめは（　）年
⑤ （　）転び（　）起き
⑥ ローマは（　）日にしてならず
⑦ ももくり（　）年かき（　）年
⑧ （　）つ子のたましい（　）まで
⑨ （　）階から目薬
⑩ （　）寸(すん)の虫にも（　）分のたましい

２　（　）の中に、体に関係がある言葉を下の□から選んで書き入れ、ことわざを完成させましょう。

① 馬の（　）に念仏
② おにの（　）にもなみだ
③ 仏の（　）も三度
④ （　）は災いの元
⑤ 能あるたかは（　）をかくす
⑥ ぬれ（　）であわ

> 目・顔・口・手
> つめ・耳

３　（　）にあてはまる言葉を下の□から選んで、ことわざを完成させましょう。

① （　）も鳴かずばうたれまい
② （　）もと暗し
③ 立つ（　）あとをにごさず
④ （　）も積もれば山となる
⑤ （　）にうでおし
⑥ 帯に短し、（　）に長し

> のれん・鳥
> たすき・灯台
> きじ・ちり

ことわざ (2)

名前

１　次の①〜⑤のことわざと似た意味のことわざを、下の㋐〜㋔から選んで、——線で結びましょう。

① ねこに小判　・　　・㋐ 弘法(こうぼう)も筆の誤り
② さるも木から落ちる　・　　・㋑ ぬかにくぎ
③ あとは野となれ山となれ　・　　・㋒ 絵にかいたもち
④ とらぬたぬきの皮算用　・　　・㋓ 旅のはじはかき捨て
⑤ のれんにうでおし　・　　・㋔ ぶたに真じゅ

２　次の①〜④のことわざの意味を下の㋐〜㋔から選んで、——線で結びましょう。

① もちはもち屋　・　　・㋐ 予想もしていなかった幸運がまいこむこと
② おにに金棒　・　　・㋑ 失敗しないように前もって用心しておくこと
③ 転ばぬ先のつえ　・　　・㋒ 強い者が何かを得て、さらに強くなること
④ たなからぼたもち　・　　・㋓ 物事は専門家に任せるのがいちばんいいということ

特別な読み方の言葉

名前

②

次の読み方をする言葉を、漢字に直しましょう。

① きょう

② へた

③ はつか

④ ようか

⑤ つゆ

⑥ しみず

⑦ じょうず

⑧ きのう

⑨ くだもの

⑩ とおか

⑪ とけい

⑫ ひとり

⑬ まいご

⑭ しわす

⑮ はかせ

①

次の言葉は、特別な読み方をする言葉です。その読み方を（　）に書きましょう。

① 七夕（　）

② 今朝（　）

③ 大人（　）

④ 八百屋（　）

⑤ 二日（　）

⑥ 小豆（　）

⑦ 田舎（　）

⑧ 景色（　）

⑨ 工夫（　）

⑩ 素人（　）

⑪ 布団（　）

⑫ 障子（　）

⑬ 川原（　）

⑭ 納屋（　）

⑮ 真面目（　）

⑯ 土産（　）

⑰ 一日（　）

⑱ 屋上（　）

名詞・動詞・形容詞（1）

名前

● 次の①〜④の言葉の説明を⑦〜⓪から選んで□の中に書きましょう。また、下の▢の言葉は、上の①〜④のどれですか。（　）の中に書きましょう。

① 名詞 …… □

（　）（　）（　）（　）

② 動詞 …… □

（　）（　）（　）

③ 形容詞 …… □

（　）（　）（　）

④ 助詞 …… □

（　）

⑦ 動作や状態を表す言葉

⑦ 物の名前や事がらを表す言葉

⑦ 様子や性質を表す言葉

⓪ ほかの言葉につき、言葉の続きをはっきりさせたり、意味をそろえたりする言葉

歩く　明るい

湖　　楽しい

教科書　飛ぶ

正しい　屋根

トンボ　開く

太い　　立つ

名詞・動詞・形容詞 (2)

名前

—線の言葉を①～④に分けて書きましょう。動詞・形容詞は言い切りの形で書きましょう。

私は、夏休みに、飛行機で、沖縄に行きました。朝早く起きて、家族で空港に向かいました。

一日目は、美しい海で泳いだり、浜辺で走ったりしました。妹と弟と三人で、貝がらも拾いました。赤いバケツが貝がらでいっぱいになりました。

二日目は、水族館に行きました。たくさんの魚を見ました。大きい魚が泳いでいました。水族館の中は、広くてつかれたので、いすに座って、クッキーを三枚ほど食べました。

① 名詞　（　）　（　）　（　）

② 動詞　（　）　（　）　（　）

③ 形容詞　（　）　（　）　（　）

④ 助詞　（　）　（　）　（　）

名詞・動詞・形容詞 (3)

名前

① 下の □ の中の名詞は、普通名詞、固有名詞、数詞、代名詞のどれですか。（　）の中に記号を書きましょう。

① 普通名詞　（　）　（　）　（　）

② 固有名詞　（　）　（　）　（　）

③ 数詞　（　）　（　）　（　）

④ 代名詞　（　）　（　）　（　）

⑦ だれ	⑨ くつ
⑨ 京都	⑩ 百人
⑩ 日本	⑪ 五円
⑪ 三分	⑫ 写真
⑬ そこ	⑭ 富士山
⑭ 月	⑯ 私
⑯ これ	⑱ 筆箱
⑱ 山田さん	⑳ 四月
㉑ ここ	㉒ 二時間
㉔ 聖徳太子	㉕ 男

② 次の二つの言葉を合わせて、一つの名詞にしましょう。

① 分かれる ＋ 道　（　）

② とぶ ＋ 箱　（　）

③ 手 ＋ 遊ぶ　（　）

④ 紙 ＋ 風船　（　）

日本国憲法と国民主権・平和主義

名前

● 日本国憲法の前文を読んで答えましょう。

> Ａ　日本 □ は，正当に選挙された国会における代表者を通じて行動し，われらとわれらの子孫のために，諸 □ との協和による成果と，わが国全土にわたって自由のもたらす恵沢を確保し，政府の行為によって再び戦争の惨禍が起こることのないようにすることを決意し，ここに主権が □ に存することを宣言し，この憲法を確定する。そもそも国政は，□ の厳粛な信託によるものであって，その権威は □ に由来し，その権力は □ の代表者がこれを行使し，その福利は □ がこれを享受する。（略）
>
> Ｂ　日本 □ は，恒久の平和を念願し，人間相互の関係を支配する崇高な理想を深く自覚するのであって，平和を愛する諸 □ の公正と信義に信頼して，われらの安全と生存を保持しようと決意した。われらは，平和を維持し，専制と隷従，圧迫と偏狭を地上から永遠に除去しようと努めている国際社会において，名誉ある地位を占めたいと思う。（略）

① □ の中は，すべて同じことばが入ります。〔　〕から選んで○をつけましょう。

〔　天皇　　住民　　国民　　社会　　人々　〕

② Ａ の部分には，だれが国の中心であるかということが書かれています。国の中心はだれで，それを何というか，〔　〕から選んで○をつけましょう。

国の中心は（　　　　）で，〔　国民主権　三権分立　天皇主権　〕という。

③ Ｂ の部分には，日本が国として何を最も大切に考えるかということが書かれています。それを〔　〕から選んで，○をつけましょう。

〔　国民主権　　三権分立　　平和主義　〕

基本的人権の尊重

名前

● 国民の権利は，基本的人権の代表的なものです。また，憲法は３つの国民の義務も定めています。

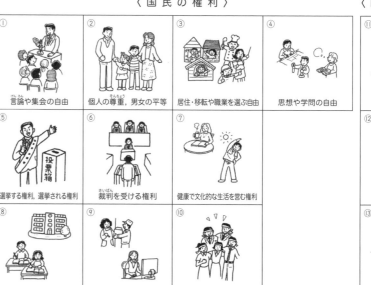

〈 国民の権利 〉

① 言論や集会の自由
② 個人の尊重，男女の平等
③ 居住・移転や職業を選ぶ自由
④ 思想や学問の自由
⑤ 選挙する権利，選挙される権利
⑥ 裁判を受ける権利
⑦ 健康で文化的な生活を営む権利
⑧ 教育を受ける権利
⑨ 働く権利
⑩ 団結する権利

〈 国民の義務 〉

⑪ 税金を納める義務
⑫ 働く義務
⑬ 子どもに教育を受けさせる義務

下の㋐〜㋖は，上のイラストのどの権利や義務にあてはまりますか。イラストの番号を（　）に書き入れましょう。

㋐（　　）わたしは，小学校や中学校で勉強することができる。

㋑（　　）友だちは，他の県に引っこした。

㋒（　　）18才になったので，選挙で投票する。

㋓（　　）本を買ったので，消費税をはらった。

㋔（　　）自分の好きな学問を研究し，発表する。

㋕（　　）自分の子どもが幼ち園を卒園したので，小学校へ通わせなければならない。

㋖（　　）労働組合を作って，給料を上げてもらうために会社と話し合う。

① 国会について調べましょう。

① 国会の最も大切な仕事は，法律（国のきまり）を決めたり，改正したり
すること，国の予算を決めることなどです。これらから，国会は国の唯一の
何であるといわれていますか。〔　〕から選んで○をつけましょう。

〔　行政機関　　立法機関　　司法機関　〕

② 国会には二つの話し
合いの場があります。
何といいますか。

（　　　　　）院

（　　　　　）院

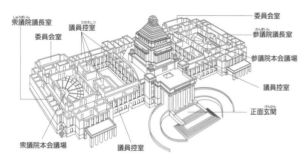

委員会室
衆議院議長室
議員控室
委員会室
参議院議長室
参議院本会議場
議員控室
正面玄関
衆議院本会議場
議員控室

② 下の表から衆議院と参議院のちがいを見つけましょう。

衆議院と参議院のちがい
（2022年の通常選挙以降の選挙区，議員数）

衆議院		参議院	
小選挙区 289，比例代表区 11	選挙区	選挙区 47，比例代表区 1（100人）	
465人 小選挙区 289人 比例代表 176人	議員数	248人	選挙区 148人 比例代表 100人
満18才以上	選挙権	満18才以上	
満25才以上	被選挙権	満30才以上	
4年	任期	6年（3年ごとに半数改選）	
ある	解散	なし	

※衆議院の場合，小選挙区で落選しても，比例代表区で当選する場合があります。
※2022年の通常選挙までは議員数245人（選挙区 147人，比例代表区 98人）
　選挙区45区となっています。

① 議員の数は何人ですか。

衆議院（　　　　　）人

参議院（　　　　　）人

② 任期は何年ですか。

衆議院（　　　　　）年

参議院（　　　　　）年

③ 投票して選挙に参加できるのは何才からですか。

衆議院（　　　　）才以上　　　参議院（　　　　）才以上

---

① 内閣は，国会が決めた法律や予算にもとづいて政治を行います。

① 内閣の最高責任者を何といいますか。

（　　　　　　　　　　　　　　）

② （　）にあてはまることばを □ から選んで記号で書きましょう。

内閣の最高責任者は，（　　　）指名される。

⑦ 国民に　　⑦ 国務大臣に　　⑦ 国会で　　⑦ 裁判所で　　⑦ 住民投票で

② 内閣には，専門的な仕事をする省や庁があります。
内閣の最高責任者は国務大臣を任命し，国務大臣の多くは担当する省や
庁の責任者として国の仕事を進めます。次の仕事はどの省や庁の仕事なのか，
□ から選んで（　）に記号を書きましょう。

① 国民の健康や労働（　　　　）　② 教育・科学やスポーツ（　　　　）

③ 法律を広める（　　　　）　④ 公害問題（　　　　）

⑦ 文部科学省　　⑦ 外務省　　⑦ 法務省　　⑦ 厚生労働省　　⑦ 環境省

③ 裁判所について，正しいものには○を，まちがっているものには×を
つけましょう。

（　　　）子どもが起こした事件は，家庭裁判所であつかわれる。

（　　　）大きな事件は，まず最高裁判所で裁判を受ける。

（　　　）裁判の判決に不満がある場合は，3回まで裁判を受けることが
できる。

（　　　）国民はだれでも裁判を受ける権利をもっている。

縄文人のくらし

名前

月　日

● 下の絵を見て，（　）にあてはまることばを，□ から選んで書きましょう。

　縄文時代の人々は，（　　　　）や（　　　　）を使って（　　　）や
（　　　）をしたり，（　　　　）をとったりして，くらしていました。
ねんどを焼いて作った（　　　　　　　　　　）で貝や木の実などをにて，食べて
いました。住まいは，地面にほった穴に柱を立て，草や木の枝などで屋根をふいた
（　　　　　　　　　　）でした。日本各地で発見される（　　　　）を調べると，
当時の様子がわかります。

たて穴住居　　狩り　　漁　　遺跡　　土器 (縄文土器)
石やり　　弓矢　　木の実

弥生人のくらし

名前

月　日

● 下の絵を見て，（　）にあてはまることばを，□ から選んで書きましょう。

米作りが広がったころのくらし（想像図）

　村の男たちが（　　　　　　　　　）をつくって水を引き，田を（　　　　　　　），
ならしたりしています。
　女の人たちは，（　　　　　　　　　）をしています。村の人たちが（　　　　　　　）
して米づくりをしています。

田植え　　いねかり　　用水路　　競争　　分担　　耕したり

古墳と大和政権

名前

● 下の大きな古墳の分布図を見て答えましょう。

古墳の大きさベスト100分布図

・数字は各府県のベスト100に入る古墳の数

・（　）内は全長200m以上の古墳の数

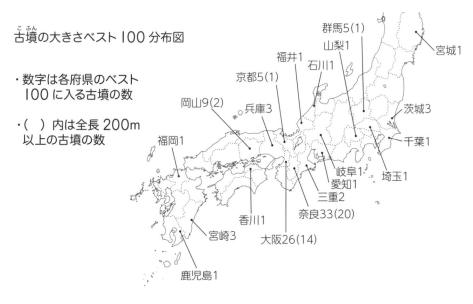

群馬5(1)
山梨1
福井1
石川1
宮城1
京都5(1)
岡山9(2)
兵庫3
茨城3
福岡1
千葉1
岐阜1
埼玉1
愛知1
三重2
奈良33(20)
香川1
宮崎3
大阪26(14)
鹿児島1

① 大きな古墳が特に多い府県を2つ書きましょう。

（　　　　　　　　　）　（　　　　　　　　　）

② ①のことから，この地域の豪族たちについて，どのようなことがわかりますか。正しいものに○をつけましょう。

（　　　）他の地域の豪族と仲良くしていた。

（　　　）他の地域より大きな勢力をもっていた。

（　　　）他の地域から，絶えずせめられていた。

③ この豪族たちがつくった政権を何とよびますか。

（　　　　　　　　　　　　　　　）

天皇中心の国づくり
聖徳太子と大化の改新

名前

① 右の寺は，聖徳太子が命じ建てさせた世界最古の木造建築です。この寺の名前を書きましょう。

（　　　　　　　　　　　　　　）

② 何のためにこの寺を建てましたか。（　）にあてはまることばを書きましょう。

（　　　　　　　　）を治めるために（　　　　　　　　　）を広めようとして建てた。

③ 聖徳太子の行った政治とその説明を線でつなぎましょう。

十七条の憲法　・　　　　・ 家柄に関係なく，能力や功績で役人を取り立てた。

冠位十二階　・　　　　・ 中国に使いを送り，進んだ政治のしくみや文化・学問を取り入れようとした。

遣隋使　・　　　　・ 政治を行う役人の心構えを示した。

④ 聖徳太子の死後，強い勢力をもつようになった蘇我氏がたおされた事件について，問いに答えましょう。

① 蘇我氏をたおしたのはだれとだれですか。（　）に○をつけましょう。

（　　　）中大兄皇子　（　　　）推古天皇　（　　　）中臣鎌足

② この事件の後，行われた政治の改革を何といいますか。

（　　　　　　　　）の（　　　　　　　　）

⑤ 左の文と，それにあう右のことばを線でつなぎましょう。

すべての土地と人民を治める権力をもつ　・　　　・ 留学生・留学僧

農民が稲や織物，特産物などを国に納める　・　　　・ 天皇

力の強かった豪族が位の高い役人となる　・　　　・ 貴族

中国に渡って学問を学んだ学生や僧　・　　　・ 税

奈良の都（平城京）

名前

1　下の奈良の都の絵を見て，正しい文には○を，まちがっている文には×をつけましょう。

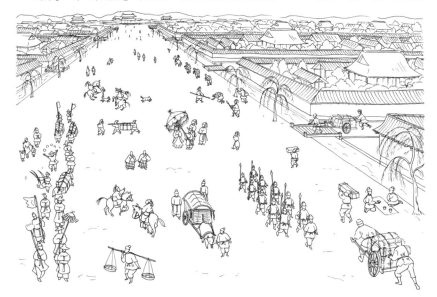

（　　）　広い道がまっすぐのびている。

（　　）　歩いているのはおぼうさん
　　　　　ばかりである。

（　　）　牛車が通っている。

（　　）　広い屋しきがならんでいる。

2　右上の地図を見て，平城京（奈良の都）に
ついて答えましょう。

①　お寺の名前を書きましょう。　（　　　　　　　）（　　　　　　　）

②　この都は何年にできましたか。　　③　どこの国の，何という都を
　　　　　　　　　　　　　　　　　　　　　まねたのですか。

（　　　　　　　）年　　　（　　　　　　　）の（　　　　　　　）

貴族のくらしと文化（平安京）

名前

1　下の絵は，平安京で有力な貴族が住んでいたやかたのようすです。

①　このような建物の造りを何といいますか。　（　　　　　　　　　　　　　）

②　⑦〜⑤のイラストにあう
　ことばを □ から選んで
　（　）に書きましょう。

⑦（　　　　　　　　　）

④（　　　　　　　　　）

⑦（　　　　　　　　　）

⑤（　　　　　　　　　）

寝殿　牛車　舟遊び　けまり

2　奈良時代から平安時代になると，朝廷の政治は，だれが動かすように
なっていきましたか。（　）にあてはまることばを書きましょう

一部の有力な（　　　　　　　）

3　2で答えた人の中でも，特に大きな力をもったのは何氏ですか。

（　　　　　　　）氏

4　右の歌をよんだのはだれですか。

（　　　　　　　　）

この世をば
わが世とぞ思う
もち月の
かけたることも
なしと思えば

5　右の歌の意味を下から選んで，（　）に○をつけましょう。

（　　）　この世の中は満月のようにうつくしい。

（　　）　世の中のすべてが自分の思い通りになっている。

（　　）　この世の中も自分も月のようにはかないものだ。

武士のやかた

名前

● 鎌倉時代の武士のやかたの絵を見て，（　）にあてはまることばを，下の□から選んで書きましょう。

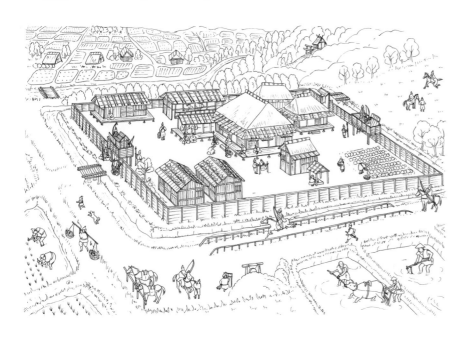

やかたは，へいや土るい，（　　　　　　　）で守られている。

入り口には（　　　　　　　）があり，武器を持った家来が見はりをしている。

へいの中には，主人のいる母屋や，家来のひかえるところや，大事な（　　　　　　　）がある。

やかたの外では，乗馬や弓矢など（　　　　　　　）の訓練をしている。

やかたのまわりの田では，（　　　　　）や（　　　　　　）などの農作業をしている。

> 馬小屋　武芸　しろかき　田植え　やぐら　堀

鎌倉幕府

名前

① 鎌倉幕府について答えましょう。

①　幕府を開いたのはだれですか。

（　　　　　　　　　）

②　どこに開いたのですか。

現在の（　　　　）県（　　　　）市

③　幕府の政治の中心になる最高の位を何といいますか。

（　　　　　　　　　）

④　①が幕府の最高の位になったのは何年ですか。

（　　　　　　　）年

⑤　国ごとにおかれ，軍事・警察の仕事にあたった役は何といいますか。

（　　　　　　　　　）

⑥　村で，年貢の取り立てや犯罪の取りしまりをした役は何といいますか。

（　　　　　　　　　）

⑦　源氏の将軍が３代でとだえたあと，幕府の中心になって政治をしたのは何氏ですか。

（　　　　　　　）氏

② 元との戦いについて，（　）にあてはまることばや数を下の□から選んで書きましょう。

元の大軍は，（　　　　）年と（　　　　）年の２回，（　　　　）にせめてきました。鎌倉幕府の執権（　　　　　　　　）は，元の要求を退け，九州の守りを固めました。武士たちは，元軍の集団戦法や（　　　　　　　）を使った兵器に苦しみながらも戦いぬきました。

> | 794 | 1274 | 1281 | 北条時宗 |
> |---|---|---|---|
> | 源頼朝 | 火薬 | 鎌倉 | 北九州 |

室町時代の文化

名前

● 室町時代には，今の日本の 生活のもとになったものが たくさんあります。

① 右の絵は，銀閣の近くにある 東求堂の部屋です。部屋には 何があるか，□□□から選んで 書きましょう。

㋐ ゆかは（　　　　　）が敷いてある。

㋑ 戸は（　　　　　）や（　　　　　　）がはめてある。

㋒ 正面には（　　　　　）だなと，付け（　　　　　　）がある。

㋓ 書院の床には（　　　　　　）などが置かれている。

> 障子　たたみ　書院　花　ふすま　ちがい

② 上の絵のような，現在の和室に似たつくりを 何といいますか。　（　　　　　　　　　）造

③ 室町時代から伝えられている３つのおとぎ話に○をつけましょう。

（　　）一寸ぼうし　　（　　）源氏物語　　（　　）竹取物語

（　　）ものぐさ太郎　（　　）浦島太郎　（　　）平家物語

④ 次の人物と関係の深い言葉を，線でつなぎましょう。

足利尊氏　・　　　　　　　　　・　金閣寺

足利義満　・　　　　　　　　　・　銀閣寺

足利義政　・　　　　　　　　　・　水墨画（すみ絵）

雪舟　　　・　　　　　　　　　・　室町幕府を開く

信長と秀吉 天下統一へ

名前

① 天下統一に向けて織田信長が築いた城について答えましょう。

① どこに築きましたか。（　）に○をつけましょう。

（　　）自分の本拠地の尾張国（今の愛知県）

（　　）天皇が住んでいる京都

（　　）京都に近い琵琶湖のある近江国（今の滋賀県）

② 城の名前は何といいますか。　（　　　　　　　　　　　　）

③ この城の城下町で定められた楽市・楽座のきまりには，どんなことが 定められているか，正しい文に○をつけましょう。

（　　）商売には税をかけない。

（　　）行き来する商人は必ずここで宿泊しなければならない。

（　　）よその国から移り住んできた人は特別な税金をはらわなければならない。

② 織田信長の死後，あとをついで天下を 統一した豊臣秀吉は，全国の検地を行い ました。

① （　）にあてはまることばを□□□から 選んで書きましょう。

全国の領地を，秀吉に命じられた （　　　　　　）が回り，１枚ずつ，田の （　　　　　　）や等級（よしあし），米の （　　　　　　），その田を（　　　　　）いる人の名前を（　　　　　）に記入してい きました。

> 検地帳　大名　役人　広さ　耕作して　収かく量

② 秀吉は何のために検地を行いましたか。

毎年決まった量の（　　　　　　　　）を確実に取り立てるため。

家康と江戸幕府の政治

名前

● 江戸幕府（えどばくふ）の成立について，右のマンガを読んで答えましょう。

① 関ヶ原（せきがはら）の合戦（かっせん）で，徳川方は，いつ，だれ（相手方の中心人物）と戦いましたか。

いつ（　　　　　）年

相手方
の中心（　　　　　　　）

② ①の戦いは何といわれましたか。

天下（　　　　　）の戦い

③ 徳川家康（とくがわいえやす）は，いつ，どこに幕府を開きましたか。

いつ（　　　　　）年

どこに（　　　　　）

① 関ヶ原の合戦　徳川方の勝ちじゃ！

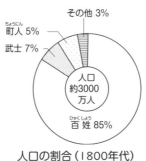
② 家康を征夷大将軍に任命する　江戸に幕府を開きます　朝廷の使い

③ 今度は名古屋城を築く　ハハ，普請役を勤めます　大名

④ 重要な港や都市も幕府が治める　主な金銀山は幕府領とする

⑤ 大坂城　これでやっと豊臣を滅ぼせたぞ！　大坂冬の陣・夏の陣

⑥ 勝手に城を築くな　勝手に結婚するな……　厳しいなぁ…　武家諸法度　幕府の役人

④ 家康は，味方についた大名（だいみょう）に領地を支配させ，幕府に従（したが）わせました。その大名の領地と領地を治めるしくみを何といいますか。漢字一字で答えましょう。□

⑤ 幕府は，堺（さかい）などの商業都市や，佐渡金山（さどきんざん）・石見銀山（いわみぎんざん）などを幕府の領地としました。その理由に○をつけましょう。

（　　）幕府に反対する人が多くいる。

（　　）金銀や商業都市の経済（けいざい）は，幕府の財政を豊かにできる。

人々のくらしと身分

名前

① 下のグラフを見て，身分・割合（わりあい）・人口を多い順に表に書きましょう。

その他 3%
町人（ちょうにん）5%
武士 7%
人口約3000万人
百姓（ひゃくしょう）85%

人口の割合（1800年代）

	身分	割合	人口（計算してみよう）
1		％	約　　　万人
2		％	約　　　万人
3		％	約　　　万人
4		％	約　　　万人

② 町人は，都市に住んで，物をつくったり，売ったりする仕事をしていました。その人たちをそれぞれ何といいますか。

・物をつくる人々（　　　　　　）　・物を売る人々（　　　　　　）

③ 下の絵を見て，（　）にあてはまることばを，□から選んで書きましょう。

年貢を納める村人

左の絵は，主に（　　　　　）に住んでいる（　　　　　）が，（　　　　）や（　　　　）の前で（　　　　）米を納めているところです。

藩の役人（はん）　百姓　名主（なぬし）　年貢（ねんぐ）　農村

④ 正しい文には○を，まちがっている文には×をつけましょう。

（　　）江戸時代の税は米だけだった。

（　　）江戸時代の人々は，さまざまな身分に分かれていた。

（　　）百姓が納める年貢米は，収（しゅう）かくの4〜5割くらいであった。

キリスト教の 禁止と鎖国

名
前

① （　）にあてはまることばや数を，下の □ から選んで書きましょう。

徳川家康は，外国との（　　　　　　　）を進めたので，（　　　　　　　　）や
（　　　　　　　　　　　）などの船がさかんに日本に来ました。大名や商人たちに
許可状をあたえて，これを保護しました。多くの貿易船が（　　　　　　　　　）に
出かけ，各地に（　　　　　　　　　　）ができました。　しかし，貿易船に
乗ってきた宣教師が，（　　　　　　　　　　）を広めると，信者が団結して幕府に
従わなくなることををおそれて，キリスト教を禁止しました。（　　　　　）年に，
キリスト教の信者を中心に３万人以上の人が（　　　　　　　　　）で，重い年貢の
取り立てに反対する（　　　　　　　）を起こしました。これ以後，幕府は，
（　　　　　　　）年に貿易の相手国を（　　　　　　　　）と
（　　　　　　　　）だけに限り，貿易地も（　　　　　　　　　）だけにしました。
これを（　　　　　　　）といいます。

キリスト教　貿易　中国（清）　オランダ　ポルトガル　スペイン　1639
東南アジア　鎖国　長崎　一揆　島原・天草　日本町　1637

---

② 右の絵は，絵踏みをしているところです。
何のためにしたのですか。
正しい方に○をつけましょう。

（　　）年貢を取り立てるため。

（　　）信者を発見して，キリスト
　　　教を取りしまるため。

農業や商業の発展

名
前

● 右のグラフを見て，問いに答えましょう。

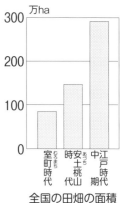

300 万ha

200

100

0

室町時代　時安土桃山代　中江戸時期代

全国の田畑の面積

① 各時代の全国のおよその田畑の面積を
書きましょう。

室町時代	約	万ha
安土桃山時代	約	万ha
江戸時代中期	約	万ha

② 安土桃山時代と江戸時代中期の面積を
比べると，約何万ha 増えて，約何倍になったでしょう。

約（　　　　　　　）万ha　　約（　　　　　　）倍

③ 新しく田畑を増やすことを何といいますか。下から選んで○を
つけましょう。

（　　）干拓　　（　　）新田開発　　（　　）班田収受

④ なぜ，江戸時代になって田畑の面積を大きく増やせたのか，２つ選び
○をつけましょう。

（　　）新しい農具を使うことで田畑にできる土地が増えた。

（　　）武士が村に帰ってきて田畑の開拓をすすめた。

（　　）いくさの恩賞でたくさんの土地がもらえた。

（　　）肥料の改良が進み，新田開発で耕地が拡大した。

江戸時代の文化と学問

名前

ペリー来航と開国

名前

左ページ

① 江戸時代の文化や学問について，何を説明したものか ▭ から選んで（　）に書きましょう。

① 町人の生活をえがいた芝居が盛んになり，人々の楽しみになった。

（　　　　　　　　　）

② 芝居の役者や風景をえがく日本独特の絵で，世界の絵画にもえいきょうをあたえた。

（　　　　　　　　　）

③ 三味線と語りに合わせて，人形師が人形をあやつる劇。

（　　　　　　　　　）

④ 武士や僧，医者などが先生になって，農民や町人の子どもに読み書き，そろばんを教えた。

（　　　　　　　　　）

┌──────────────────────────┐
人形浄瑠璃　歌舞伎　寺子屋　浮世絵
└──────────────────────────┘

② 次の①～⑤と関係の深いものを，線でつなぎましょう。

① オランダ語を通して，医学，地理学，天文学などを学ぶ，ヨーロッパの学問　・

・国学

② 「古事記」「万葉集」などから，古くからの日本人の考え方を研究する学問　・

・蘭学

③ 医学を学び，オランダ語をほん訳して「解体新書」を出した。　・

・伊能忠敬

④ 天文学や測量を学び，日本各地を歩いて，正確な日本地図を完成させた。　・

・本居宣長

⑤ 国学を研究し，「古事記伝」を書いた　・

・杉田玄白

右ページ

① 右の絵を見て答えましょう。

① ⑦の大きな船は何とよばれましたか。また，その船に乗ってきた④の人物はだれですか。

船（　　　　　　　）

人物（　　　　　　　）

② この船は何のために日本まで来ましたか。（　）にあてはまることばを ▭ から選んで書きましょう。

（　　　　　　　）をしている漁船や，清国（中国）との（　　　　　　　）をする船への（　　　　　　）や（　　　　　　）の補給と，難破船の乗組員の（　　　　　　　）のために開港をもとめました。

┌──────────────────────────────────┐
燃料　船員　貿易　クジラ漁　観光　保護　食料　サンマ漁
└──────────────────────────────────┘

② 幕府が結んだ2つの条約について，問いに答えましょう。

① 2つの条約の名前を書きましょう。

A 1854年（　　　　　　　　　　）

B 1858年（　　　　　　　　　　）

② Bの条約で開港した5つの港を○でかこみましょう。

函館　釧路　石巻　新潟　横浜
静岡　神戸　広島　長崎　鹿児島

③ Bと同じような条約をアメリカのほかに，どこの国と結びましたか。

（　ロシア　）（　　　　　）（　　　　　）（　　　　　）

文明開化

● 明治になって，新しく入ってきたり，変わったりしたものは，（　）の中の
2つのうちどちらですか。○をつけましょう。

① 着るもの
（　着物　・　洋服　）

② 髪型
（　ちょんまげ　・　ザンギリ頭　）

③ 持ち物
（　刀　・　こうもりがさ　）

④ 食べ物
（　牛なべ　・　うどん　）

⑤ 飲み物
（　ワイン　・　お茶　）

⑥ 建物
（　レンガ造り　・　木造　）

⑦ 照明
（　ろうそく　・　ガス灯　）

⑧ 乗り物
（　かご　・　馬車鉄道　）

⑨ 教育
（　寺子屋　・　学校　）

富国強兵

● 絵を見て，（　）にあてはまることばを □ から選んで書きましょう。

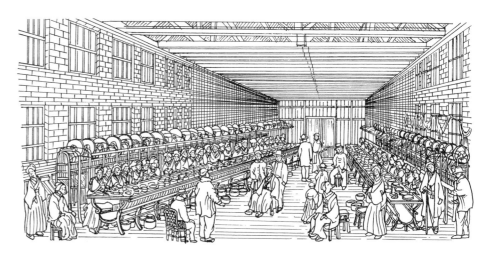

　政府は，国内の（　　　　　　　　）をさかんにするために（　　　　　　　　）から
技師をまねき，群馬県の富岡に（　　　　　　　　）をつくりました。
　（　　　　　　　　）の力で動く最新式の糸繰り機を300台設置した，世界でも
最大規模の工場でした。全国から（　　　　　　　　）が集められ，ここで機械
製糸の技術をおぼえ，各地に伝えていきました。
　これ以後，日本の製糸業は発展し，明治の終わりごろには，（　　　　）
の輸出量が（　　　　　　　　）になりました。富岡製糸場のような
（　　　　　　　　）は，その後，民間にはらい下げられ，日本の産業が発展して
いく基礎になりました。

蒸気　水車　産業　官営工場　外国　世界一
製糸場　製鉄所　生糸　工女

自由民権運動

● 右の絵について，問いに答えましょう。

① 羽織はかまでひげをはやしている人は，何を主張しているのですか。2つ選んで○をつけましょう。

（　　）国会を開け
（　　）失業者をすくえ
（　　）憲法を作ろう
（　　）政府をたおせ

② 洋服を着てぼうしをかぶっている人は，だれですか。

（　　　　　　　　　　　　）

③ ②の人は何をしていますか。1つ選んで○をつけましょう。

（　　）羽織はかまの人を護衛している。
（　　）まわりの人たちと一しょに応えんしている。
（　　）演説をやめさせようとしている。

④ 飛んでいる物は，だれが，だれに投げているのですか。

（　　　　　　　　　）が（　　　　　　　　　）に投げている。

⑤ 自由民権運動でかつやくした人物を1人選んで○をつけましょう。

（　　）西郷隆盛　　（　　）板垣退助　　（　　）伊藤博文

⑥ 自由民権運動が高まり，人々の声を無視できなくなった政府は，どんなことを約束しましたか。（　）にあてはまることばや数を書きましょう。

（　　　　　　）年に（　　　　　　）を開く。

大日本帝国憲法

● 右の絵は，大日本帝国憲法発布（ていこくけんぽうはっぷ）の式典の様子です。絵や教科書などを見て答えましょう。

① 憲法を手渡しているのはだれですか。

（　　　　　　　　　　　　）

② この憲法は，だれを中心にして作られましたか。

（　　　　　　　　　　　　）

③ この憲法はどこの国の憲法を参考にしたのですか。（　　　　　　　）

④ なぜ③の国の憲法を参考にしたのですか。下から選んで○をつけましょう。

（　　）国民の自由や権利（けんり）が十分認（みと）められている国だから。
（　　）皇帝（こうてい）の権力（けんりょく）が強い国だから。
（　　）日本と特につながりの深い国だから。

⑤ この憲法は,どのような形で発布されましたか。下から選んで○をつけましょう。

（　　）天皇（てんのう）が国民にあたえる。　　（　　）議会が国民に知らせる。
（　　）国民が天皇に差し上げる。

⑥ 大日本帝国憲法では，天皇はどのように定められ，また，どんな権限（けんげん）をもっていますか。（　）にあてはまることばを□□から選んで書きましょう。

天皇は（　　　　　　）のように（　　　　　　）存在であり，けがしてはならない。（　　　　　　）の意見を聞きながら（　　　　　　）を定める権利をもっている。（　　　　　　）を統率（とうそつ）する総司令官（そうしれいかん）である。

> 帝国議会　　尊い　　法律　　陸海軍　　神

日清・日露戦争

名前

① 日清戦争では，日本と清はおもにどこで戦いましたか。地図を見て答えましょう。

（　　　　　　　）半島とその周辺

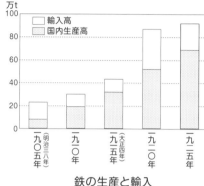

清（中国）

日本海

リアオトン半島　ピョンヤン（平壌）

ソウル（漢城）　ハンソン（漢城）

朝鮮

黄海

0　200km

日本

→　日本軍の進路
✕　おもな戦場

日清戦争のおもな戦場

② 日清戦争に勝った日本が，清にはらわせた賠償金について，下のグラフを見て答えましょう。

① 賠償金の額はいくらですか。下から選んで○をつけましょう。

（　　）5千万円　　（　　）3億6千万円

（　　）100億円

② 日本はこの賠償金をおもに何に使いましたか。○をつけましょう。

（　　）軍備を増強するため（軍事費）

（　　）国民のくらしをよくするための費用

（　　）農業や漁業を発展させるため

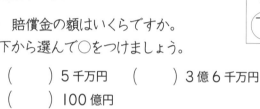

（億円）
4
3
2
1
0

賠償金　日本の戦費　一八九五年の日本の国の歳入額

賠償金と日本の戦費

③ 日清戦争の後に，朝鮮の支配をめぐって戦ったのは，どの国とどの国で，何戦争ですか。

（　　　　　　）と（　　　　　　），（　　　　　）戦争

④ 次の文の（　）にあてはまる数を書きましょう。

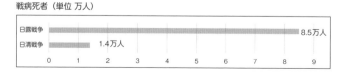

戦病死者（単位 万人）

日露戦争　　　　　　　　　　8.5万人
日清戦争　1.4万人
　　　0　1　2　3　4　5　6　7　8　9

日露戦争の戦病死者は約（　　）万（　　）千人で，日清戦争の約（　　）倍です。

産業の発展と民衆運動の高まり

名前

① 日清戦争の賠償金の一部を使って，政府は八幡製鉄所をつくりました。グラフを見て，問いに答えましょう。

① 鉄の国内生産が輸入を上回るのはいつからですか。（　　　　）年

② 政府はなぜ国内で鉄を生産しようとしたのですか。1つ選んで○をつけましょう。

（　　）いろいろな鉄製品をつくり国民のくらしをよくする。

（　　）鉄を大量につくって輸出し大もうけをする。

（　　）産業をさかんにして軍備を増強する。

万t
100
80
60
40
20
0

□ 輸入高
▨ 国内生産高

一九〇五年（明治三八年）　一九一〇年　一九一五年（大正四年）　一九二〇年　一九二五年

鉄の生産と輸入

② 大正のころのさまざまな民衆運動の要求や主張について，（　）にあてはまることばを □ から選んで書きましょう。

米そうどう　〈おもな要求〉　・米の（　　　　　　　）
女性の運動　〈おもな主張〉 ・女性にも（　　　　　　　）をあたえる ・女性の（　　　　）と（　　　　）の拡大
差別をなくすことをめざす運動　〈おもな主張〉 ・（　　　　）の力で（　　　　）をなくす
工場で働く人の運動　〈おもな要求〉　・（　　　　　）の引き上げ ・（　　　　　）を短くする。

選挙権　労働時間　自由　安売り
自分たち　権利　差別　賃金

中国との戦争

名前

月　日

① 右の地図に，次の場所を（　）の色でぬりましょう。

・1931 年の日本領（赤色）
・満州国（黄色）
・日本軍の最大占領地域（水色）
・日本軍の侵攻 ⇦（赤色）

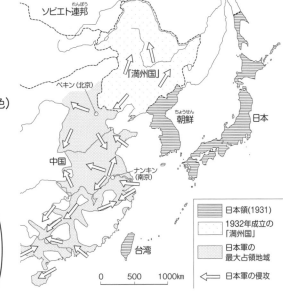

ソビエト連邦
「満州国」
ペキン（北京）
ちょうせん
朝鮮
日本
中国
ナンキン（南京）
台湾

▤	日本領（1931）
▥	1932年成立の「満州国」
▦	日本軍の最大占領地域
⇦	日本軍の侵攻

0　500　1000km

② 日本軍の侵攻について，気づいたことを書きましょう。

（　　　　　　　　　　　　　）

③ 次の年表の（　）にあてはまることばを，□□から選んで書きましょう。

1931（昭和6）年　　（　　　　　　　　　　　）が始まる。

1932（昭和7）年　　中国から北東部を切りはなし，（　　　　　　　　　）をつくる。

1933（昭和8）年　　日本が（　　　　　　　　　　）から脱退する。

1937（昭和12）年　　（　　　　　　　　　）が始まる。
　　　　　　　　　　中国の首都を占領し，（　　　　　　　　　）が起きる。

1939（昭和14）年　　第2次世界大戦が起こる。

1940（昭和15）年　　日本が（　　　　　　　），（　　　　　　　　）と三国同盟を結ぶ。

> ナンキン（南京）事件　　イタリア　　満州事変
> 日中戦争　　国際連盟　　ドイツ　　満州国

第2次世界大戦と太平洋戦争

名前

月　日

① 1941 年，日本軍はアメリカの海軍基地を攻撃し，太平洋戦争が始まりました。問いの答えを □□ から選んで書きましょう。

① 何月何日にアメリカのどこを攻撃しましたか。

（　　　）月（　　　）日　　　場所（

② ①とほぼ同時に日本はどこにあるどこの国の軍隊を攻撃しましたか。

場所（　　　　　　　　　　）　　国名（　　　　　　　　　　）軍

③ このあと，中国大陸からどこへ戦場が広がっていきましたか。

（　　　　　　　　　）や（　　　　　　　　　）

> 8　12　15　イギリス　マレー半島　東南アジア
> 太平洋地域　ヨーロッパ　パールハーバー（真珠湾）

② 右の地図を見て，死者数の多い順に3つ国名を書きましょう。

① （　　　　　　　　　）
② （　　　　　　　　　）
③ （　　　　　　　　　）

韓国・北朝鮮　約20万人
日本　約310万人
中国　約1000万人
インド　約350万人
ビルマ　約5万人
台湾　約3万人
ベトナム　約200万人
フィリピン　約100万人
シンガポール　約5万人
インドネシア　約200万人
オーストラリア　1万7744人

死者
※数字は各国政府の公式発表したもの推計によるものもある。

※ 第2次世界大戦でなくなった人々

③ （　）にあてはまることばを，□□ から選んで書きましょう。

1945（昭和20）年 3月〜　　アメリカ軍が（　　　　　　　）に上陸

8月6日　　（　　　　　　　）に原子爆弾が落とされる。

8月9日　　（　　　　　　　）に原子爆弾が落とされる。

8月15日　　日本が（　　　　　　　）を受け入れて降伏する。

> 長崎　広島　沖縄　ポツダム宣言

平和で民主主義の国へ

名前

● 戦後のおもな改革（かいかく）について，下の絵にあてはまる内容を㋐〜㋗から選び，記号で答えましょう。

（　　　）　（　　　）　（　　　）　（　　　）

（　　　）　（　　　）　（　　　）　（　　　）

㋐　経済（けいざい）を独占（どくせん）していた大会社が解体された。

㋑　軍隊を解散させた。

㋒　20才以上の男女が選挙権（せんきょけん）をもつようになった。

㋓　男女共学になるなど教育制度が変わった。

㋔　言論（げんろん）・思想の自由が認（みと）められた。

㋕　労働組合をつくるなどの労働者の権利が認められた。

㋖　男女が平等になった。

㋗　農地改革で自分の農地を持てる農家が増えた。

高度経済成長

名前

1　1955（昭和30）年ごろから，人々のくらしは，大きく変わってきました。
生活用品の変化について，（　）にあてはまることばを □ から選んで
書きましょう。

洗濯（せんたく）（　　　　　）　➡　（　　　　　）

放送　　　（　　　　　）　➡　（　　　　　）

冷蔵（れいぞう）（　　　　　）　➡　（　　　　　）

テレビ　　洗濯板とたらい　　電気冷蔵庫　　電気洗濯機　　氷で冷やす木製冷蔵庫　　ラジオ

2　下のグラフの①〜③の電化製品は何とよばれましたか。
下から1つ選んで○をつけましょう。

①電気洗濯機
②白黒テレビ
③電気冷蔵庫
④カラーテレビ
⑤乗用車（カー）
⑥クーラー

（　　　）電化新製品　（　　　）三種（さんしゅ）の神器（じんぎ）　（　　　）三大便利器

日本とつながりの深い国～アメリカ～

名前

[1] アメリカは，現在，日本とのかかわりが深い国です。身近なところに
アメリカからもたらされたものや，文化が多く見られます。次のもののうち，
アメリカからきたものや文化に〇をつけましょう。

（　　　）野球　　　　（　　　）コンビニエンスストア　　　（　　　）ジーンズ

（　　　）ラーメン　　（　　　）ジャズ　　　　　　　　　　（　　　）パン

[2] 右のアメリカ大陸の
地図を見て，㋐～㋔の
（　）にあてはまる
都市名の番号を下から
選んで書きましょう。

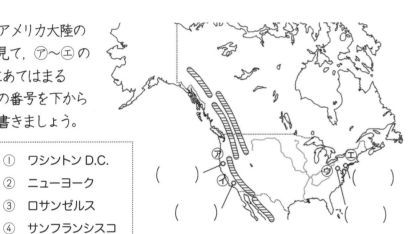

①	ワシントン D.C.
②	ニューヨーク
③	ロサンゼルス
④	サンフランシスコ

[3] 下のイラストは，アメリカ各地の様子です。（　）にあうことばを □ から
選んで記号を書きましょう。

（　　　）　　　（　　　）　　　（　　　）　　　（　　　）

㋐ ケネディ宇宙センター　　㋑ 大農場　　㋒ グランドキャニオン　　㋓ ニューヨーク

日本とつながりの深い国～中国～

名前

[1] 中国は歴史の古い国で，日本は中国から多くの文化を受け入れてきました。
次のもののうち，中国から伝わってきたものや文化に〇をつけましょう。

（　　　）漢字　　　　　（　　　）ひらがな　　　（　　　）カステラ

（　　　）キリスト教　　（　　　）なっとう　　　（　　　）仏教

（　　　）ギョーザ　　　（　　　）米づくり　　　（　　　）パンダ

（　　　）お茶

[2] 右の地図を見て，㋐，㋑，㋒の
都市名と，Ⓐ，Ⓑの砂漠や山脈の
名前を①～⑤から選んで記号で
書きましょう。

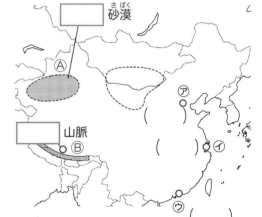

①	シャンハイ
②	ペキン
③	ホンコン
④	ヒマラヤ
⑤	タクラマカン

[3] 下のイラストは，㋐～㋓のどの場所ですか。□ から選んで記号を
書きましょう。

（　　　）　　　（　　　）　　　（　　　）　　　（　　　）

㋐ 遊牧民のテント（パオ）　　　　　　㋑ 万里の長城
㋒ チベットのダライ・ラマの居城（ポタラ宮）　　㋓ 上海の市街

ものの燃え方 (1)

名前

[1]　下のような実験をしました。（　）の中の正しい方に○をつけましょう。

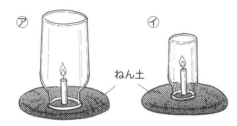

実　験

2本のろうそくに火をつけ, 大きさのちがうビンをかぶせます。

ねん土

先に火が消えるのは,（　⑦　・　⑦　）です。なぜなら, ⑦のびんの中の空気は, ⑦より（　多い　・　少ない　）からです。

[2]　集気びんの中でろうそくに火をつけ, 燃え方を調べました。

(1)　燃え続けるのは, ⑦〜⑦のうちのどれですか。1つ選び, その記号を書きましょう。

（　　　）

⑦ すき間をつくらない

⑦ 上と下にすき間をつくる

⑦ 下にすき間をつくる

(2)　びんの中でものが燃え続けるには, 何が入れかわる必要がありますか。

（　　　　　　　）

ものの燃え方 (2)

名前

[1]　空気はどんな気体でできていますか。Ⓐ〜Ⓒにあてはまる言葉を書きましょう。

Ⓐ（　　　　　　　）

Ⓑ（　　　　　　　）

Ⓒ（　　　　　　　）

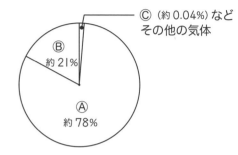

空気中の気体の体積の割合

Ⓒ（約0.04%）などその他の気体

Ⓑ 約21%

Ⓐ 約78%

[2]　下の⑦〜⑦のびんの中には, ちっ素, 酸素, 二酸化炭素のいずれかが入っています。これらの気体をろうそくの燃え方と石灰水で調べました。
　　（　）にあてはまる言葉を書き入れ, 下の表を完成させましょう。

	⑦	⑦	⑦
気体の名前	ちっ素	（　　　）	（　　　）
ろうそくの燃え方	すぐ消える	すぐ消える	激しく燃える
石灰水の色の変化	（　　　）	（　　　）	変化しない

[3]　（　）にあてはまる言葉を, 下の□□から選んで書きましょう。

①　酸素には, ものを（　　　　　　）はたらきがある。

②　二酸化炭素の入ったびんの中に石灰水を入れ, ふり混ぜると
　　（　　　　　　　　）。

燃やす　　白くにごる　　変化しない

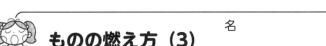

もの燃え方（3）

● ものを燃やす前と燃やした後で空気の成分がどのように変わるのかを調べました。

(1) 空気中の酸素の体積の割合を気体検知管を使って調べたところ，下のような結果になりました。燃やす前と後の目もりを読み取りましょう。

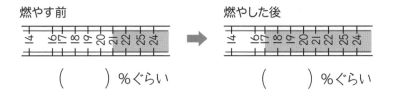

燃やす前　　　　　　　　　　　燃やした後

（　　　　　）％ぐらい　　　（　　　　　）％ぐらい

(2) （　）にあてはまる言葉を下の □ から選んで書きましょう。

ものを燃やす前の空気に石灰水を入れると（　　　　　　　）。

燃やした後の空気に石灰水を入れると（　　　　　　　）。これらの

結果から，燃やした後の空気には（　　　　　　　）が増えたといえる。

酸素　　二酸化炭素　　変化しなかった　　白くにごった

(3) 下のグラフを見て，Ⓐ，Ⓑ，Ⓒにあてはまる気体の名前を書きましょう。

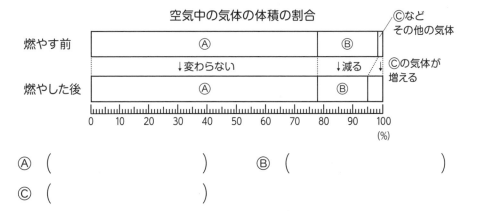

空気中の気体の体積の割合

Ⓐ（　　　　　　　　）　　Ⓑ（　　　　　　　　）

Ⓒ（　　　　　　　　）

植物の成長と日光の関わり

● 植物の葉に日光が当たると，葉にデンプンができるかを調べました。

1日目夕方　ジャガイモの3枚の葉をアルミニウムはくで包んで，日光を当てないようにする。

アルミニウムはく

2日目
⑦　朝すぐに，アルミニウムはくを外し，やわらかくなるまで数分間にる。水で洗い，ヨウ素液につける。

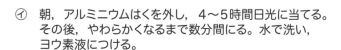

④　朝，アルミニウムはくを外し，4〜5時間日光に当てる。その後，やわらかくなるまで数分間にる。水で洗い，ヨウ素液につける。

⑦　朝，アルミニウムはくを外さないで，そのままにしておく。4〜5時間後，アルミニウムはくを外し，やわらかくなるまで数分間にる。水で洗い，ヨウ素液につける。

アルミニウムはく

(1) ⑦，④，⑦の葉をヨウ素液につけたら，色はどうなりますか。正しい方の言葉に○をつけましょう。

⑦（　変化しない　・　青むらさき色になる　）

④（　変化しない　・　青むらさき色になる　）

⑦（　変化しない　・　青むらさき色になる　）

(2) デンプンがあった葉は，⑦〜⑦のどれですか。（　　　　　）

(3) 朝，葉にデンプンがないことは⑦〜⑦のどの葉を調べた結果からわかりましたか。記号を書きましょう。（　　　　　）

(4) この実験からどんなことがわかりましたか。（　）にあてはまる言葉を書きましょう。

植物の葉に（　　　　　）が当たると，葉に（　　　　　）ができる。

体のつくりと はたらき（1）

名前

① 下のグラフは，吸う空気とはいた空気の成分を表したものです。Ⓐ，Ⓑ，Ⓒにあてはまる気体の名前を，酸素，ちっ素，二酸化炭素の中から選んで書きましょう。

Ⓐ （　　　　　　）

Ⓑ （　　　　　　）

Ⓒ （　　　　　　）

空気中の気体の体積の割合

Ⓒや水蒸気などの気体

吸う空気（まわりの空気）		
Ⓐ	Ⓑ	

はいた空気		
Ⓐ	Ⓑ	

0　10　20　30　40　50　60　70　80　90　100 (%)

② 正しいものには〇を，まちがっているものには×を（　）に書きましょう。

① （　　）吸う空気に比べて，はいた空気では，酸素の割合が減っている。

② （　　）人は，空気を吸ったりはいたりするとき，酸素の一部をとり入れて，二酸化炭素を出している。

③ （　　）人が空気を吸ったりはいたりするとき，酸素は全部使われる。

④ （　　）はいた空気には，水（水蒸気）もふくまれている。

③ （　）にあてはまる言葉を下の □ から選んで書きましょう。

　人が，鼻や口から吸った空気は，（　　　　）を通って左右の（　　　　）に入る。人は，肺で空気中の（　　　　）をとり入れ，二酸化炭素を出している。肺からとり入れられた酸素は，肺の血管から（　　　　）にとり入れられる。血液中の（　　　　）は，気管を通って鼻や口からはき出される。酸素をとり入れ，二酸化炭素を出すことを（　　　　）という。

酸素　二酸化炭素　呼吸　肺　気管　血液中

体のつくりと はたらき（2）

名前

① 心臓の動きや役割について，（　）にあてはまる言葉を下の □ から選んで書きましょう。

① 心臓が規則正しく縮んだりゆるんだりする動きを（　　　　）という。

② 血液を送り出すときの心臓の動きが血管を伝わってきたものを（　　　　）という。

③ 心臓は全身に（　　　　）を送り出すポンプの役割をしている。

脈はく　血液　はく動

② 右の図は，体の中の血液の流れを表したものです。

(1) 酸素の多い血液が流れている血管は，図の中のⒶとⒷのどちらですか。矢印の向きを見て答えましょう。　（　　　）

━━ Ⓐ
━ ━ Ⓑ

(2) （　）にあてはまる言葉を下の □ から選んで書きましょう。（同じ言葉を2度使ってもよい。）

① 血液は，（　　　　）から送り出され，（　　　　）を通って，全身に運ばれる。

② 血液は，体の各部分に（　　　　）や養分をわたして，かわりに二酸化炭素などをとり入れる。

③ 血液は，（　　　　）や養分をわたしたあと，別の血管を流れて（　　　　）にもどり，（　　　　）に送られて，（　　　　）を出し，酸素をとり入れる。

酸素　二酸化炭素　心臓　肺　血管

● デンプンとだ液のはたらきの関係を調べるために，次のような実験を
しました。

実験 ① 2～3つぶのご飯と湯を乳ばちに入れて，
乳棒ですりつぶす。

② 上ずみ液を⑦と⑦の2本の試験管に入れて，
⑦だけにストローなどでだ液を混ぜる。

③ ⑦と⑦の試験管を体温に近い温度の湯で，
10分間ぐらい温める。

④ ⑦と⑦の試験管にヨウ素液を入れて，
色の変化を調べる。

（1） 次の①～④の中から正しいもの1つに○をつけましょう。

① （　　　） ヨウ素液を入れると，⑦も⑦も青むらさき色になる。

② （　　　） ⑦だけ青むらさき色になる。

③ （　　　） ⑦だけ青むらさき色になる。

④ （　　　） ⑦も⑦も変化しない。

（2） この実験からどんなことがわかりましたか。（　）にあてはまる言葉を
書きましょう。

　ご飯にふくまれる（　　　　　　　　　　）は，口の中で，
（　　　　　　　　　）と混ざって，別のものに変化する。

（3） 食べ物が歯でかみくだかれて細かくなったり，だ液のはたらきで
変化したりして，体に吸収されやすい養分に変えられたりすることを何と
いいますか。

（　　　　　　　）

● 右の図は，食べ物の通り道を表しています。

（1） ⑦～⑦の各部分の名前を書きましょう。

⑦ （　　　　　　　　） ⑦ （　　　　　　　　）

⑦ （　　　　　　　　） ⑦ （　　　　　　　　）

⑦ （　　　　　　　　）

食べ物

⑦

⑦

⑦

⑦

⑦

（ふんの出口）

（2） 食べ物が通っていく順に（　）に⑦～⑦の記号を
書きましょう。

（　　　）→（　　　）→（　　　）→

（　　　）→（　　　）

（3） 次のはたらきは，⑦～⑦のどの部分が行っていますか。
記号で書きましょう。

① 腸液を出して食べ物を消化し，消化された
食べ物の養分を，水とともに血液中に吸収する。 （　　　）

② 食べた物を胃に送る。 （　　　）

③ 小腸で吸収されなかったものから，
さらに水分などを吸収する。 （　　　）

④ 食べ物を胃液と混ぜながら消化して，
体に吸収されやすいものに変える。 （　　　）

（4） 口からこう門までの食べ物の通り道を何といいますか。

（　　　　　　　）

体のつくりと はたらき（5）

名
前

① 下の図は，人の体を腹側から見たようすと背中側から見たようすです。

腹側

背中側

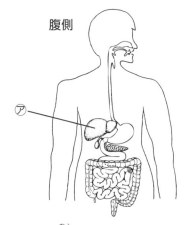
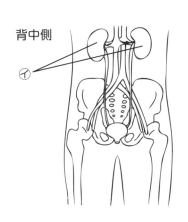

ア

イ

(1) アの臓器の名前は何ですか。

（　　　　　　　）

(2) イの臓器は，背中側のこしの高さに
２つあります。名前は何ですか。

（　　　　　　　）

(3) 次の①と②のはたらきは，アとイのどちらの臓器のはたらきですか。
あてはまる方の記号を書きましょう。

① （　　　） 小腸から吸収された養分をたくわえたり，必要なときに全身に
送ったりする。

② （　　　） 体の中でいらなくなったものや余分な水分を血液中からこし出す。

② 下の □ の中には，全部同じ言葉が入ります。
あてはまる言葉は何ですか。　　　　　　　　（　　　　　　　）

胃，小腸，大腸，肺，心臓，かん臓，じん臓などを □□□□ という。人やほかの
動物の体の中には，さまざまな □□□□ がある。人やほかの動物は，それらの
□□□□ が血液を通じてたがいにかかわり合いながらはたらくことで，生きている。

植物の成長と水の 関わり

名
前

① ホウセンカを食紅で赤くした水に入れておきました。

(1) くきを横に切ったとき，赤く染まっているところは
どの部分ですか。下のア〜エの図の中から選びましょう。

ア 　イ　ウ 　エ 　（　　　　　）

(2) くきを縦に切ったとき，赤く染まっているところは
どの部分ですか。下のア〜エの図の中から選びましょう。

ア 　イ 　ウ 　エ 　（　　　　　）

赤い色水

② 晴れた日の朝，葉をつけたままのサクラの枝と，葉を
とり去ったサクラの枝にそれぞれふくろをかぶせました。
しばらく置いてから，ふくろの内側のようすを観察
しました。（　）にあてはまる言葉を下の □ から
選んで書きましょう。

葉なし

葉あり

葉をつけたままのサクラの枝にかぶせたふくろの内側には
（　　　　　　　　　）水てきがついた。葉をとり去ったサクラの枝にかぶせたふくろの
内側には（　　　　　　　　）水てきがついた。この結果から，根からくきを通って
きた水は，主に葉から（　　　　　　　　）となって出ていくことがわかった。
植物の体の中の水が，水蒸気となって出ていくことを（　　　　　　　　）という。

水蒸気	蒸散	たくさん	少しだけ

③ ツユクサの葉の裏の皮をうすくはぎとって，けんび鏡で
観察すると，葉の表面に右の図のアのような小さな穴が
たくさんありました。この穴を何といいますか。

（　　　　　　　）

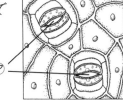

ア

生物どうしの関わり

① 右の図は，「食べる・食べられる」の
つながりを表したものです。「食べられる
もの」から「食べるもの」に向けて矢印を
入れてつなぎましょう。

キャベツ

モンシロチョウの幼虫

カエル

ヘビ

② 次の（　）にあてはまる言葉を下の □ から選んで書きましょう。

動物の食べ物の元をたどっていくと，（　　　　　　　）にたどりつく。

植物は（　　　　　　）に当たると，養分ができる。動物は，自分で養分をつくることが

できないので，植物やほかの動物を食べて，その中にふくまれる（　　　　　　）を

とり入れる。植物を出発点とした，「食べる・食べられる」という関係で１本の線の

ようになっている生物の間のつながりを（　　　　　　　　　　）という。

養分　　日光　　食物連鎖　　植物

③ 下の図は，自然と動物，植物の関係について表したものです。

(1) （　）の中の正しい方の言葉を○で囲みましょう。

植物は，（　日光が当たると　・　日光がなくても　）二酸化炭素をとり入れて

（　空気　・　酸素　）を出す。動物は，空気中の（　酸素　・　二酸化炭素　）を

とり入れ，（　酸素　・　二酸化炭素　）をはき出して呼吸している。つまり，動物は，

呼吸で，植物がつくり出した（　酸素　・　二酸化炭素　）をとり入れて生きている。

(2) 図の中の⑦と⑦の矢印がそれぞれ
表している気体は何ですか。

⑦　（　　　　　　）

⑦　（　　　　　　）

植物　　動物　　日光　　空気

月と太陽（1）

① 次の①～⑤の文を読み，月について書かれたものには「月」を，太陽に
ついて書かれたものには「太」を（　）の中に書きましょう。

① （　　）みずから光を出している。

② （　　）みずから光を出していない。

③ （　　）表面にクレーターと呼ばれる丸いくぼみが見られる。

④ （　　）日によって見える形が変わる。

⑤ （　　）目をいためるので，直接見ないで，必ずしゃ光板を使う。

② 右の図のように，ボールとライトを
使って，月の形が変わって見える理由を
調べました。

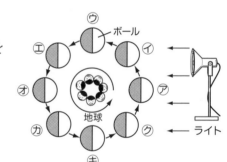

(1) ボール，ライトをそれぞれ月，
太陽のどちらに見立てていますか。

① ボール　　　　　② ライト

（　　　）　　　　　（　　　）

(2) ボールが⑦，⑦，④の位置にあるとき，観察する人から見たボールは，
それぞれどんなふうに見えますか。図の「見える部分」に色をぬりましょう。

① ⑦の位置　　　② ⑦の位置　　　③ ④の位置

月と太陽（2）

名前

● 月の形の見え方と太陽の
位置の関係を調べました。

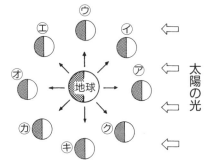

太陽の光

(1) 太陽は月の光っている側と
光っていない側の，どちら側に
ありますか。

（　　　　　）

(2) 月の形が，地球から見て，下の①～⑧のように見えたとき，月は，
それぞれ，上の図の㋐から㋘のどの位置にありますか。（　）に
㋐～㋘の記号を書きましょう。

① 新月	②	③	④	⑤	⑥	⑦	⑧
見えない							
（　）	（　）	（　）	（　）	（　）	（　）	（　）	（　）

(3) (2)の①～⑧の月は，どのように見え方が変わっていきますか。
①の新月から順に番号を並べかえましょう。

（①）→（　　）→（　　）→（　　）→（　　）

→（　　）→（　　）→（　　）

(4) （　）にあてはまる言葉を下の　　から選んで書きましょう。

① 月の光って見える側に（　　　　）がある。

② 月の形が日によって変わって見えるのは，月と太陽の（　　　　）
が変わるからである。

③ 月は，およそ（　　　　）かけて，（　　　　）の周りを一回りしている。

位置関係　　太陽　　地球　　１か月

水よう液の性質（1）

名前

1 食塩水，石灰水，アンモニア水，塩酸，炭酸水の５種類の水よう液を
蒸発皿に少量ずつとり，熱して，水を蒸発させました。熱したあと，蒸発皿に
固体が残るのは，どの水よう液ですか。２つ書きましょう。

（　　　　　　　）　（　　　　　　　）

2 炭酸水から出てきた気体を集めて，炭酸水には何がとけているかを
調べました。

炭酸水

水

(1) 炭酸水から気体をたくさん出すためには，
どうすればよいですか。正しい方の言葉に
○をつけましょう。

（ 冷やす ・ よくふる ）

(2) 集めた気体の中に石灰水を入れて，よくふると，
どうなりましたか。

（　　　　　　　　　　）

(3) 集めた気体の中に火のついたろうそくを入れると，
どうなりましたか。

（　　　　　　　　　　）

集気びん

(4) (2), (3)の結果から，炭酸水から出てきた気体は何だといえますか。

（　　　　　　　　　　）

(5) 水の入ったペットボトルにこの気体を入れ，ふたをして，よくふりました。

① ペットボトルはどうなりましたか。次の（　）の中で，正しい言葉に○
をつけましょう。

（ ふくらんだ ・ へこんだ ・ 変わらない ）

② ①のようになったのは何がどうなったからですか。（　）にあてはまる
言葉を書きましょう。

（　　　　　　　）が，水に（　　　　　　　）から。

水よう液の性質（2）

名前

大地のつくり（1）

名前

---

① リトマス紙を使って，水よう液をなかま分けしました。
（　）にあてはまる言葉を下の □ から選んで書き，
表を完成させましょう。

水よう液の性質	（　　　　）	中性	（　　　　）
リトマス紙の変化	青→赤 赤→赤	青→青 赤→赤	青→青 赤→青
水よう液の例	（　　　　） （　　　　）	（　　　　） （　　　　）	（　　　　） （　　　　）

```
酸性　アルカリ性　食塩水　石灰水（せっかいすい）　アンモニア水　塩酸　炭酸水
```

② 試験官にアルミニウムを入れて塩酸を加える実験をしました。

(1) アルミニウムは，どうなりましたか。（　）にあてはまる
言葉を下の □ から選んで書きましょう。

アルミニウムは，あわを（　　　　），（　　　　）。

```
出して　　出さずに　　とけた　　とけなかった
```

(2) この実験のあと，塩酸にとけたアルミニウムがどうなったのか調べました。
（　）にあてはまる言葉を下の □ から選んで書きましょう。

塩酸にアルミニウムがとけた液を（　　　　　　　）に少し入れて，
（　　　　）すると，あとに（　　　　）が残る。蒸発皿（じょうはつ）に残ったものを
塩酸に入れると，（　　　　）を出さずにとける。このことから蒸発皿に
残ったものは，元のアルミニウムとは（　　　　　　　）で，元のアル
ミニウムは，塩酸にとけて別のものに（　　　　　　　）いたといえる。

```
同じもの　　別のもの　　熱　　あわ　　固体　　蒸発皿　　変わって
```

● 右の図のように，がけがしま模様に見えることが
あります。このしま模様に見えるがけについて，
答えましょう。

(1) （　）にあてはまる言葉を，下の □ から選んで
書きましょう。（同じ言葉を2度使ってもよい。）

① がけがしま模様に見えるのは，色，形，大きさなどが（　　　　）
つぶでできたものが，層になって重なっているからです。

② しま模様をつくっている主なものは，（　　　　　），
（　　　　　），（　　　　　），火山灰などです。

③ しま模様をつくっている主なもののうち，つぶの大きさが
2mm以上のものを（　　　　　）といいます。

```
同じ　　ちがう　　れき　　砂　　どろ
```

(2) このしま模様は，がけの表面だけに見られますか。それとも，おくにも
広がっていますか。

（　　　　　　　　　　　　）

(3) しま模様に見える層の中から，大昔の動物や植物の一部，動物のすみか，
あしあとなどが見つかることがあります。このようなものを何といいますか。

（　　　　　　　　　　　　）

(4) このように，いろいろなつぶが層になって重なり合って，広がっている
ものを何といいますか。

（　　　　　　　　　　　　）

大地のつくり（2）

名前

● 地層には，流れる水のはたらきでできたものと，火山のはたらきでできたものとがあります。それぞれの地層の特ちょうについて，（　）にあてはまる言葉を下の□から選んで書きましょう。

(1) 流れる水のはたらきでできた地層

① 主に，れき，砂，（　　　　）の層でできている。

② 地層の中のれきは，流れる水のはたらきで（　　　　）がとれて，（　　　　）を帯びている。

③ １つの層の中で，（　　　　）つぶの上に，（　　　）つぶのものが積み重なっていることがある。

④ 海底などにたい積したれきや砂，どろなどの層は，たい積したものの（　　　　）で，長い年月をかけて固まると，（　　　　）になる。このようにしてできた岩石には，（　　　　）や砂岩，でい岩がある。

大きい　小さい　まるみ　重み　角　どろ　れき岩　岩石

(2) 火山のはたらきでできた地層

① 火山からふき出された（　　　　）などが積もって層ができる。

② 火山の（　　　　）が何度かくり返されて，地層ができる。

③ 地層には，（　　　　　　　）つぶの火山灰や，（　　　）がたくさんあいたれきなどがふくまれている。

火山灰　ふん火　あな　角ばっている

大地のつくり（3）

名前

① 地層が，流れる水のはたらきによって，どのようにしてできるのか調べるため，下の図のような装置を使って実験しました。砂とどろを混ぜた土を水で静かに流しこむと，水そうの中は，図⑦のようになりました。

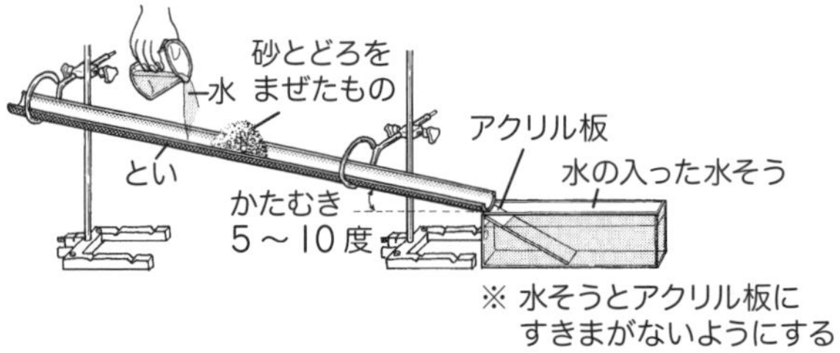

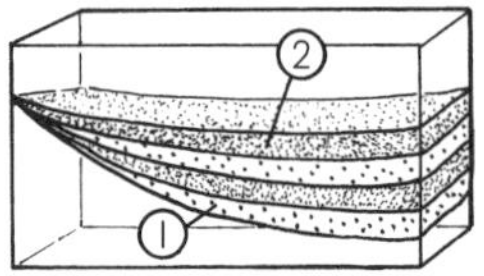

砂とどろをまぜたもの
水
とい
かたむき5～10度
アクリル板
水の入った水そう
※ 水そうとアクリル板にすきまがないようにする
②
①
（図⑦）

(1) 砂とどろを混ぜた土を何回流しましたか。　（　　　　）

(2) 層の①，②は，それぞれ，砂，どろのどちらでできていますか。

①（　　　　）　　②（　　　　）

(3) この実験からどんなことがわかりましたか。（　）の中にあてはまる言葉を下の□から選んで書きましょう。

（　　　　）によって運ぱんされた，色やつぶの（　　　）のちがうれきや砂，どろなどが（　　　　）などに層になって積み重なり，それが（　　　　）くり返されて，地層ができる。

大きさ　何度も　海底　流れる水

② 次の①～③の岩石の名前を書きましょう。

① 主に，れきでできている。　（　　　　）

② 主に，どろでできている。　（　　　　）

③ 主に，砂でできている。　（　　　　）

大地のつくり（4）

名前

月　日

① 地層の中に右の図のような大地のずれがありました。
これを何といいますか。

（　　　　　　　）

② （　）にあてはまる言葉を下の □ から選んで書きましょう。

① 火山が（　　　　　）すると，火山灰が降ったり，（　　　　　）が
流れ出したりして，土地を大きく変化させる。

② 大地にずれが生じると，（　　　　　）が起きる。

③ 地震によって，土地が（　　　　　），しずんだり，
（　　　　　）がくずれたりして，土地のようすが変化する。

地震　　がけ　　よう岩　　ふん火　　盛り上がったり

③ 正しいものには○を，正しくないものには×を，（　）の中に書きましょう。

① （　　）地震は，海底では起こらない。

② （　　）火山活動のおかげで，温泉ができることもある。

③ （　　）地震が起きても道路がくずれることはない。

④ （　　）火山のふん火で湖ができることもある。

⑤ （　　）海底で地震が起きると，津波が発生することもある。

④ エベレスト山のあるヒマラヤ山脈の地層から海の生物だったアンモナイト
の化石が見つかりました。このことから，アンモナイトが見つ
かったところは，大昔はどんなところだったといえますか。（　）
の中の正しい方の言葉に○をつけましょう。

（　　海　　・　　陸　　）

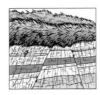

てこのはたらき（1）

名前

月　日

① 棒をある１点で支え，棒の一部に力を加え，ものを持ち上げたり，
動かしたりするしくみを何といいますか。

（　　　　　　　）

② 次の文の（　）の中に，あてはまる言葉を書きましょう。

てこには，支点，力点，作用点という３つの点があります。棒を支え
ている位置を（　　　　），手などで力を加える位置を（　　　　），
ものに力がはたらく位置を（　　　　）といいます。

③ 下の図の支点，力点，作用点はそれぞれどこですか。
（　）の中に，書きましょう。

(1)
① （　　　　　）
② （　　　　　）
③ （　　　　　）
砂ぶくろ

(2)
② （　　　　　）
③ （　　　　　）
① （　　　　　）

(3)
① （　　　　　）
② （　　　　　）
③ （　　　　　）

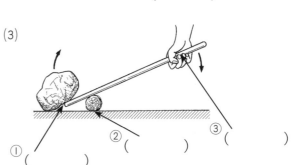

てこのはたらき（2）
名前

1　てこを使って，砂ぶくろを持ち上げる実験をしました。できるだけ小さい力で砂ぶくろを持ち上げるには，どうすればよいですか。㋐～㋒の中から選んで（　）に記号を書きましょう。

(1)　砂ぶくろを
（　　　）の位置に
つるす。

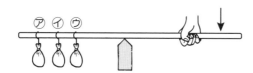

(2)　（　　　）の位置を
手で持って，おす。

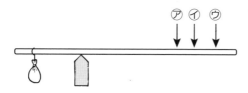

(3)　支点を（　　　）の
位置にする。

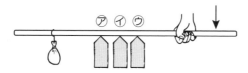

2　次の文の（　）の中に，「長い」，「短い」のどちらかあてはまる方の言葉を書きましょう。

　　てこを使ってものを持ち上げるとき，支点から力点までのきょりが
（　　　　　）ほど，小さい力でものを持ち上げることができる。
　　また，支点から作用点までのきょりが（　　　　　）ほど，小さい力でものを持ち上げることができる。

てこのはたらき（3）
名前

●　実験用てこを使って，うでのかたむきを調べます。右の図を見て，答えましょう。
（おもりは1個10gです。）

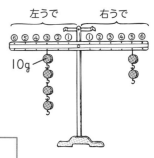

左うで　右うで

10g

(1)　左右のうでのてこをかたむけるはたらきの大きさをそれぞれ計算しましょう。

左　□ g × □ ＝ □

右　□ g × □ ＝ □

(2)　てこは，どうなりますか。㋐～㋒の正しいものに○をつけましょう。

㋐（　　　）左にかたむく

㋑（　　　）右にかたむく

㋒（　　　）水平になってつり合う

(3)　てこをつり合わせるには，右うでの2このおもりを，上の図の右うでの①～⑥のどこにうつすとよいですか。
（　　　　　）

(4)　右うでの2このおもりを(3)で答えた位置にうつしたとき，右うでのてこをかたむけるはたらきの大きさを計算しましょう。

□ g × □ ＝ □

(5)　てこのうでが水平になってつり合うときのきまりをまとめましょう。

左うでの
力の（　　　）× 支点からの（　　　）＝ 力の（　　　）× 支点からの（　　　）
左うでの　　　　　　　　　　　　右うでの　　　　右うでの

てこのはたらき（4） 名前

 てこのはたらき（5） 名前

● 次のてこは，つり合いますか。左右のうでのてこをかたむけるはたらきの
大きさをそれぞれ計算して，左にかたむくときは，「左」，右にかたむくときは，
「右」，つり合うときは「○」を，（　）の中に書きましょう。（おもりは1個
10gです。）

①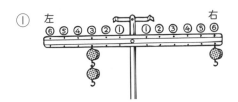

左 □ g × □ = □
右 □ g × □ = □
（　　）

②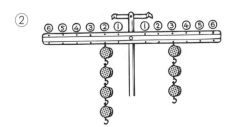

左 □ g × □ = □
右 □ g × □ = □
（　　）

③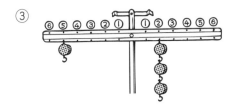

左 □ g × □ = □
右 □ g × □ = □
（　　）

④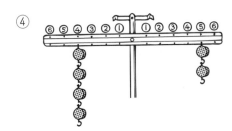

左 □ g × □ = □
右 □ g × □ = □
（　　）

① 次のてこをつり合わせるには，↑のところにおもりを何gつければよい
ですか。（　）の中に重さを書きましょう。（おもりは1個10gです。）

①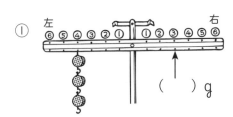
（　　）g

②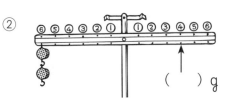
（　　）g

③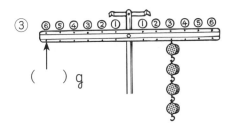
（　　）g

④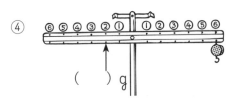
（　　）g

② 次のてこはつり合っています。（　）の中に，つり合うときの重さやきょりを
書きましょう。

①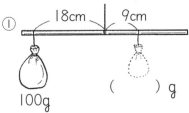
18cm　9cm
（　　）g
100g

②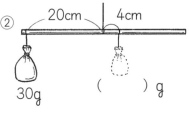
20cm　4cm
（　　）g
30g

③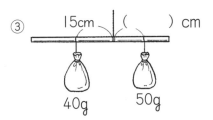
15cm　（　　）cm
40g　50g

④
10cm　（　　）cm
90g　60g

てこのはたらき（6）　名前

● 次の①～⑤は，てこのはたらきを利用した道具です。

① ペンチ　□

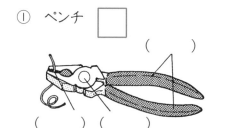

（　　）（　　）

② ステープラー　□

（　　　）
（　　）

③ トング　□

（　　）（　　）
（　　）

④ おし切り式ペーパーカッター　□

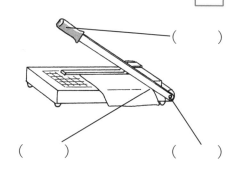

（　　　）

（　　）　　（　　）

⑤ ピンセット　□

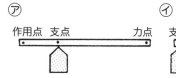

（　　）
（　　）

（1） 上の図の（　）の中に，支点，力点，作用点を書きましょう。

（2） 上の①～⑤の道具は，次の⑦～⑦のどのてこのしくみが利用されていますか。上の図の□に⑦～⑦の記号を書きましょう。

⑦
作用点　支点　　　　　力点

⑦
支点　作用点　　　　　力点

⑦
支点　力点　　　　　作用点

てこのはたらき（7）　名前

1 右の図は，くぎぬきを使って，くぎをぬいているところです。

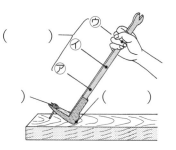

（　　）⑦
⑦
⑦
（　　）

（1） （　）の中に，支点，力点，作用点を書きましょう。

（2） できるだけ小さい力でくぎをぬくには，⑦～⑦のどこを持てばよいですか。記号を書きましょう。

（　　）

2 右の図は，紙をはさみで切っているところです。

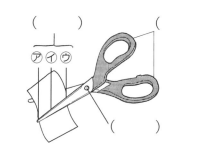

（　　）　　（　　）
⑦⑦⑦

（　　）

（1） 右の図の（　）の中に，支点，力点，作用点を書きましょう。

（2） できるだけ小さい力で紙を切るには，上の図の⑦～⑦のどの位置に紙をはさむとよいですか。記号を書きましょう。

（　　）

3 （　）の中の正しい方の言葉に○をつけましょう。

（1） くぎぬきを使って，小さな力でくぎをぬくには，支点から力点までのきょりを（　長くする　・　短くする　）とよい。

（2） はさみを使って，小さな力で紙を切るには，支点から作用点までのきょりを（　長くする　・　短くする　）とよい。

私たちの生活と電気（1）

名前

① 電気をつくることを何といいますか。

（　　　　　　　　　）

② 次の発電方法とその説明として合うものを線でつなぎましょう。

火力発電　　・　　・高いところから低いところへ水が流れる力を利用して発電する。

水力発電　　・　　・太陽の光が光電池に当たることで発電する。

風力発電　　・　　・石油，石炭，天然ガスなどを燃やした熱で水蒸気（すいじょうき）を発生させ，水蒸気の力で発電する。

太陽光発電　・　　・風の力でプロペラを回して，発電する。

③ 正しいものには○を，まちがっているものには×を（　）の中に書きましょう。

① （　　）手回し発電機のハンドルを速く回すと，電流の大きさが大きくなる。

② （　　）光電池に光を弱く当てても，強く当てても，電流の大きさは変わらない。

③ （　　）手回し発電機に豆電球をつないでハンドルを回すとき，ハンドルをゆっくり回した方が，豆電球はより明るくなる。

④ （　　）光電池に豆電球をつないで日光を当てると，明かりがつく。

④ 右の図の⑦を使うと，つくった電気をためることができます。何というものですか。

（　　　　　　　　　）

私たちの生活と電気（2）

名前

① 下の □ の中の電気製品は，電気を光，音，熱，運動のどのはたらきに変えたものですか。電気製品の名前を次の表の（　）の中に書き入れ，表を完成させましょう。

	電気製品
光に変えている	（　　　　　），（　　　　　　）
音に変えている	（　　　　　），（　　　　　　）
熱に変えている	（　　　　　），（　　　　　　）
運動に変えている	（　　　　　），（　　　　　　）

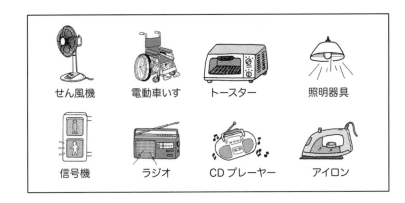

せん風機　　電動車いす　　トースター　　照明器具

信号機　　ラジオ　　CDプレーヤー　　アイロン

② （　）にあてはまる言葉を下の □ から選んで書きましょう。（同じ言葉を2度使ってもよい。）

（　　　　）は，光，音，熱，運動などに変えることができ，いろいろな身の回りのものに利用されている。一方，光，音，熱，運動などを（　　　　）に変えることもできる。例えば，光電池は，（　　　　）を（　　　　）に変えている。

電気　　光　　音

私たちの生活と
電気（3）

名 前
月 日

① 手回し発電機を同じ回数だけ回して，
コンデンサーに電気をため，豆電球と
発光ダイオードの明かりがついていた時間を，
くり返し3回調べました。下の表はその結果です。

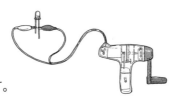

	1回目	2回目	3回目
豆電球	30秒	35秒	33秒
発光ダイオード	3分以上	3分以上	3分以上

上の表を見て，（ ）の中の正しい方の言葉に○をつけましょう。

① 明かりのついていた時間は，発光ダイオードの方が（長い・短い）。

② 豆電球よりも発光ダイオードの方が，使う電気の量は（多い・少ない）。

③ （発光ダイオード・豆電球）を使った方が，電気を効率的に利用できる。

② （ ）の中にあてはまる言葉を下の □ から選んで書きましょう。

① 身の回りの電気製品の多くは，コンピュータを使って，電気を（　　　　）
利用している。（　　　　　　）は，人があらかじめ指示をすることで動
く。コンピュータへの指示を（　　　　　　）といい，指示をつくることを
（　　　　　　）という。

② 必要なときだけしか電気を使わなくてすむように，（　　　　　）なると
自動的に明かりがつく街灯や，中に入ると自動で明かりがつくトイレ，人が
（　　　　　　）と自動で動き出すエスカレーターがある。これらには，明る
さや人の（　　　　　　）などを感知する（　　　　　　）とコンピュータが
使われている。

コンピュータ　　センサー　　プログラミング　　暗く
動き　　プログラム　　　近づく　　効率よく

生物と地球環境（1）

名 前
月 日

● 地球上の水と生物との関係について，下の絵を見て答えましょう。
（ ）にあてはまる言葉を下の □ から選んで書きましょう。

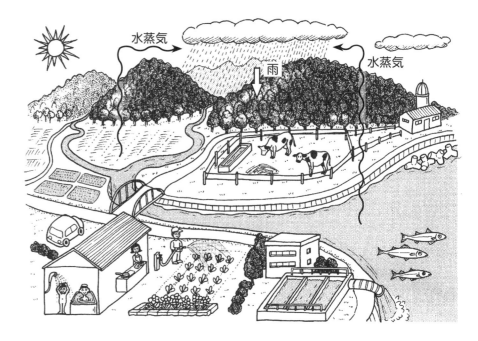

① 地球上の水は，蒸発して（　　　　　　）になる。

② 空気中の水蒸気は，上空に運ばれて（　　　）になり，地上に（　　　　　）
や雪としてもどってくる。

③ （　　　　）が体にとり入れた水も，私たちが生活のいろいろな場面で利用
した水も，じゅんかんして（　　　　　　）くる。

④ 生物は，水，食べ物，（　　　　）を通して，たがいに関わり合って生きて
いる。

生物　　雨　　雲　　水蒸気　　空気　　もどって

生物と地球環境 (2) 名前

月　日

① 人のくらしと水や空気，ほかの生き物との関わりについて，正しいものには○を，まちがっているものには×をつけましょう。

① （　　）洗い物などをしたあとの水は，そのまま川に流してもよい。

② （　　）森林の木を大量に切って人のくらしに利用しても，野生の動物がすめる土地がなくなったりしない。

③ （　　）よごれた水を飲んでも病気になることはない。

④ （　　）工場や家庭で使われた水で川や海がよごれると，動物や植物がすめなくなることがある。

⑤ （　　）自動車からのはい気ガスで空気はよごれる。

⑥ （　　）私たちが生きていくためには水が欠かせない。

② 環境を守るために，どんなくふうやとり組みをしていますか。（　　）にあてはまる言葉を下の□から選んで書きましょう。

① よごれた水を（　　　　　）できれいにしてから，川に流している。

② 干潟にすむ生物を守るために，（　　　　　）などの活動をしている。

③ （　　　　　）は，豊かな自然を守るために，国が指定し保護している。

④ （　　　　　）を出さない燃料としくみで，（　　　　　）しながら走る「燃料電池自動車」が開発されている。

⑤ 化石燃料を燃やさないで，風や（　　　　　）のはたらきで発電している。

⑥ 自動車の使用をひかえて，（　　　　　）を利用するようにはたらきかけている。

国立公園　　公共の乗りもの　　二酸化炭素
下水処理場　　発電　　ごみ拾い　　日光

 生物と地球環境 (3) 名前

月　日

① 酸性雨について，（　　）にあてはまる言葉を下の□から選んで書きましょう。

工場から出る（　　　　　）や自動車から出される（　　　　　）が，空気中で変化して，（　　　　　）にとけ，強い（　　　　　）の雨水になる。この雨を（　　　　　）という。酸性雨が降ると，木が（　　　　　），川や湖の魚が死んだりする。

はい気ガス　　酸性　　酸性雨　　かれたり　　けむり　　雨水

② 地球温暖化について，（　　）にあてはまる言葉を下の□から選んで書きましょう。

近年，地球の気温が少しずつ（　　　　　）きていることがわかっている。このことを（　　　　　）という。（　　　　　）を大量に燃やしたことにより，空気中の（　　　　　）が増えていることが原因と考えられている。また，森林の木を切って，くらしに利用したため，（　　　　　）に吸収される二酸化炭素が減っている。地球温暖化は，世界のあちこちで起こっている（　　　　　）にも関係している。地球の環境は世界中の人々が（　　　　　）して解決しなければならない。

異常気象　　地球温暖化　　上がって　　二酸化炭素　　協力　　化石燃料　　植物

③ （　　）にあてはまる言葉を下の□から選んで記号で書きましょう。

より多くの人が幸せにくらせるように，開発を進めながらも，よりよい環境を残して，未来に引きつぐことができる社会のことを（　　　　）という。2015年に国連で開かれた（　　　　）で，2030年までの行動計画が立てられ，（　　　　）という17の目標がかかげられた。

⑦ SDGs（持続可能な開発目標）　　④ 持続可能な開発サミット　　⑨ 持続可能な社会

解答

児童に実施させる前に，必ず指導される方が問題を解いてください。本書の解答は，あくまでも1つの例です。指導される方の作られた解答をもとに，本書の解答例を参考に児童の多様な考えに寄り添って○つけをお願いします。

P.4

対称な図形（1） 線対称

● 右の図を見て答えましょう。

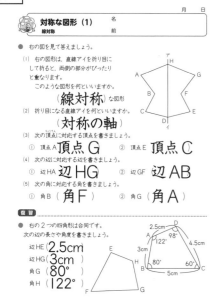

(1) 右の図形は，直線アイを折り目にして折ると，両側の部分がぴったりと重なります。このような図形を何といいますか。

（**線対称**）な図形

(2) 折り目になる直線アイを何といいますか。

（**対称の軸**）

(3) 次の頂点に対応する頂点を書きましょう。
① 頂点A　**頂点G**　② 頂点E　**頂点C**

(4) 次の辺に対応する辺を書きましょう。
① 辺HA　**辺HG**　② 辺GF　**辺AB**

(5) 次の角に対応する角を書きましょう。
① 角B　**角F**　② 角G　**角A**

復習

● 右の2つの四角形は合同です。次の辺の長さや角度を書きましょう。
辺HE　**2.5cm**
辺HG　**3cm**
角G　**80°**
角H　**122°**

対称な図形（2） 線対称

● 下の線対称な図形について答えましょう。

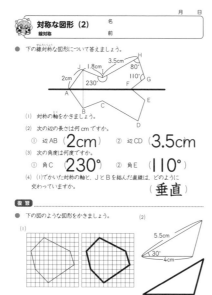

(1) 対称の軸をかきましょう。

(2) 次の辺の長さは何cmですか。
① 辺AB　**2cm**　② 辺CD　**3.5cm**

(3) 次の角度は何度ですか。
① 角C　**230°**　② 角E　**110°**

(4) (1)でかいた対称の軸と，JとBを結んだ直線は，どのように交わっていますか。

垂直

復習

● 下の図のような図形をかきましょう。
(1) 　　(2)

P.5

対称な図形（3） 線対称

● 右の線対称な図形について答えましょう。

(1) 対称の軸は，直線アイと，もう1本あります。対称の軸カキをかきましょう。

(2) 対応する2つの点を結ぶ直線は，対称の軸とどのように交わりますか。

（**垂直**）

(3) LKの長さは3cmです。LJの長さは何cmですか。

（**6cm**）

(4) 直線アイを対称の軸としたときの点あに対応する点いをかきましょう。

(5) (1)でかいた対称の軸カキを対称の軸にしたときの点うに対応する点えをかきましょう。

復習

● 次の（ ）にあてはまることばを □ から選んで書きましょう。

(1) 辺の長さと，角の大きさがすべて等しい多角形を **正多角形** いいます。

(2) 7つの辺の長さと，7つの角の大きさがすべて等しい多角形を **正七角形** といいます。

(3) **正八角形**　(4) **正六角形**

正六角形・正七角形
正八角形・正多角形

対称な図形（4） 線対称

● 直線アイが対称の軸になるように，線対称な図形をかきましょう。

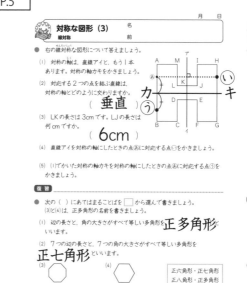

(1) 　　(2)

復習

① 7×2.8　**19.6**　② 12×4.6　**55.2**　③ 592×3.8　**2249.6**　④ 200×5.5　**1100.0**

● 縦3m，横4.8mの長方形の花だんがあります。この花だんの面積は何m²ですか。

式　3×4.8＝14.4

答え　**14.4m²**

P.6

対称な図形（5） 点対称

1 右の図形を見て，（ ）にあてはまることばを □ から選んで書きましょう。

点Oを中心にして（**180°**）回転させるともとの図形にぴったり重なる図形を（**点対称**）な図形といいます。また，中心となる点Oを（**対称の中心**）といいます。

対称の軸　360°　180°　90°　線対称　点対称　対称の中心

2 次の図形は，線対称な図形ですか。点対称な図形ですか。線対称な図形には「線」を，点対称な図形には「点」を（ ）に書きましょう。

N A Z E
（ **点** ）（ **線** ）（ **点** ）（ **線** ）

復習

①4.2×3.8　**15.96**　②7.6×8.4　**63.84**　③24.3×1.6　**38.88**　④87.6×9.7　**849.72**

● 1mの重さが15.2gの針金があります。この針金4.8mの重さは

15.2×4.8＝72.96

答え　**72.96g**

対称な図形（6） 点対称

● 右の点対称な図形を見て答えましょう。

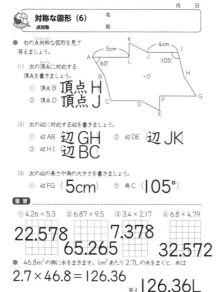

(1) 次の頂点に対応する頂点を書きましょう。
① 頂点B　**頂点H**
② 頂点D　**頂点J**

(2) 次の辺に対応する辺を書きましょう。
① 辺AB　**辺GH**　② 辺DE　**辺JK**
③ 辺HI　**辺BC**

(3) 次の辺の長さや角の大きさを書きましょう。
① 辺FG　**5cm**　② 角C　**105°**

復習

①4.26×5.3　**22.578**　②6.87×9.5　**65.265**　③3.4×2.17　**7.378**　④6.8×4.79　**32.572**

● 46.8m²の畑に水をまきます。1m²あたり2.7Lの水をまくと，水は

2.7×46.8＝126.36

答え　**126.36L**

P.7

対称な図形（7） 点対称

● 右の点対称な図形を見て答えましょう。

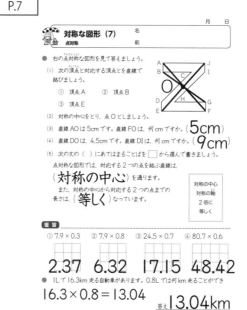

(1) 次の頂点と対応する頂点とを直線で結びましょう。
① 頂点A　② 頂点B
③ 頂点E

(2) 対称の中心をとり，点Oとしましょう。

(3) 直線AOは5cmです。直線FOは，何cmですか。（**5cm**）

(4) 直線DOは，4.5cmです。直線DIは，何cmですか。（**9cm**）

(5) 次の文の（ ）にあてはまることばを □ から選んで書きましょう。

点対称の図形は，対応する2つの点を結ぶ直線は，（**対称の中心**）を通ります。

また，対称の中心から対応する2つの点までの長さは，（**等しく**）なっています。

対称の中心
対称の軸
2倍に
等しく

復習

①7.9×0.3　**2.37**　②7.9×0.8　**6.32**　③24.5×0.7　**17.15**　④80.7×0.6　**48.42**

● 1Lで16.3km走る自動車があります。0.8Lでは何km走ることができ

16.3×0.8＝13.04

答え　**13.04km**

対称な図形（8） 点対称

● 点Oが対称の中心になるように，点対称な図形をかきましょう。

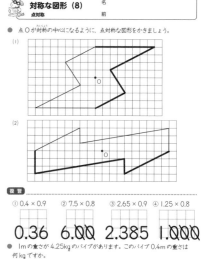

(1) 　　(2)

復習

①0.4×0.9　**0.36**　②7.5×0.8　**6.00**　③2.65×0.9　**2.385**　④1.25×0.8　**1.000**

● 1mの重さが4.25kgのパイプがあります。このパイプ0.4mの重さは何kgですか。

4.25×0.4＝1.7

答え　**1.7kg**

P.8

対称な図形（9） 点対称　名前

● 点Ｏが対称の中心になるように，点対称な図形をかきましょう。

(1)

(2)

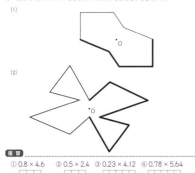

【復習】
① 0.8 × 4.6　② 0.5 × 2.4　③ 0.23 × 4.12　④ 0.78 × 5.64

3.68　1.20　0.9476　4.3992

● 1m²あたり 0.68L の肥料をまきます。6.8m²の畑では，何Lの肥料がいりますか。

0.68×6.8＝4.624　答え 4.624L

対称な図形（10） 四角形と対称　名前

● 下の四角形について，線対称な図形か，点対称な図形か，表にまとめましょう。

(1) 線対称な図形であれば，表に○をつけて，対称の軸の本数を書きましょう。また，図形に対称の軸をすべてかきましょう。

(2) 点対称な図形であれば，表に○をつけましょう。また，図形に対称の中心をかきましょう。

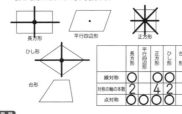

	長方形	平行四辺形	正方形	ひし形	台形
線対称	○		○	○	
対称の軸の本数	2		4	2	
点対称	○	○	○	○	

【復習】
① 0.57 × 0.68　② 0.28 × 0.34　③ 43 × 2.7　④ 85 × 8.6

0.3876　0.0952　116.1　731.0

● 1mが 80円のリボンがあります。このリボンを 7.5m 買うと，代金は何円ですか。

80×7.5＝600　答え 600円

P.9

対称な図形（11） 多角形と対称　名前

● 下の正多角形について，線対称な図形か，点対称な図形かを調べましょう。

(1) 線対称な図形であれば，表に○をつけて，対称の軸の本数を書きましょう。

(2) 点対称な図形であれば，表に○をつけましょう。また，図形に対称の中心をかきましょう。

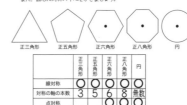

正三角形　正五角形　正六角形　正八角形　円

	正三角形	正五角形	正六角形	正八角形	円
線対称	○	○	○	○	○
対称の軸の本数	3	5	6	8	無数
点対称			○	○	○

【復習】
① 29 × 4.8　② 58 × 3.4　③ 320 × 0.8　④ 60 × 1.25

139.2　197.2　256.0　75.00

● パイプを 0.6m 買います。そのパイプは 1m あたり 250円です。代金はいくらになりますか。

250×0.6＝150　答え 150円

対称な図形 まとめ①　名前

① 右の図形を見て答えましょう。

(1) 対応する頂点と辺を書きましょう。
① 頂点A　頂点I
② 辺DE　辺FE
③ 辺FG　辺DC

(2) 直線BHと対応する直線は，どのように交わりますか。　垂直

(3) BKの長さが3.5cmのとき，BHの長さは何cmですか。　（7cm）

② 右の点対称な図形を見て答えましょう。

(1) 対応する頂点と辺を書きましょう。
① 頂点C　頂点H
② 辺AJ　辺FE
③ 辺GH　辺BC

(2) 対応する2つの頂点を結ぶ直線が必ず通る点はどこですか。　対称の中心（点Ｏ）

(3) AFの長さが9cmのとき，FDの長さは何cmですか。　4.5cm

③ 下の線対称な図形を見て答えましょう。

(1) 対称の軸をかきましょう。
(2) 点Aに対応する点Bをかき入れましょう。

P.10

対称な図形 まとめ②　名前

① 直線アイが対称の軸になるように，線対称な図形をかきましょう。

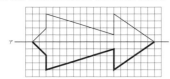

② 点Ｏが対称の中心になるように，点対称な図形をかきましょう。

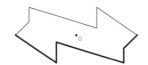

③ 右の正五角形を見て答えましょう。

(1) 頂点Bから対称の軸をひいたとき，頂点Aに対応する頂点はどこですか。
頂点C

(2) 頂点Cから対称の軸をひいたとき，点アに対応する点イをかき入れましょう。

(3) 正五角形の対称の軸は何本ありますか。
（5本）

文字と式（1） 名前

① 縦 6cm のテープを切り取って長方形を作ります。できた長方形の面積を求めましょう。

(1) 横の長さを xcm として，面積を求める式を書きましょう。
6 × x

(2) xが 25cm のときの面積を求めましょう。
式 6×25＝150　答え 150cm²

(3) xが 14.5cm のときの面積を求めましょう。
式 6×14.5＝87　答え 87cm²

② 1個 120円のみかんを x個買って，80円のかごに入れます。

(1) xを使って，代金を求める式を書きましょう。
120 × x ＋80

(2) みかんの個数によって代金がどうかわるか，上の式を使って求めましょう。
① 120×3＋80＝440　答え 440円
② 120×5＋80＝680　答え 680円

● 1つの式に表して，答えを求めましょう。

(1) 90円のパンを4個と120円のジュースを1本買ったときの代金
90×4＋120＝480　答え 480円

(2) 1個250gのかんづめ6個を80gの箱に入れたときの全体の重さ
250×6＋80＝1580　答え 1580g

P.11

文字と式（2） 名前

● 円の直径 xcm と円周 ycm の関係について，答えましょう。

(1) xとyの関係を式に表しましょう。
x × 3.14 ＝ y　円周 ycm

(2) xとyの関係を表した式を使って，yの値を求めましょう。

① xの値が5のとき
5×3.14＝15.7　答え 15.7

② xの値が8のとき
8×3.14＝25.12　答え 25.12

③ xの値が8.5のとき
8.5×3.14＝26.69　答え 26.69

(3) yの値が37.68になるときのxの値を求めましょう。
37.68÷3.14＝12　答え 12

【復習】
● □にあてはまる数を求めましょう。

① 24 ＋ 33 ＝ 57　② 25 ＋ 17 ＝ 42
③ 45 － 16 ＝ 29　④ 43 － 27 ＝ 16
⑤ 15 × 4 ＝ 60　⑥ 18 × 4 ＝ 72
⑦ 54 ÷ 3 ＝ 18　⑧ 84 ÷ 14 ＝ 6

文字と式（3） 名前

● 次の場面の xとyの関係を式に表しましょう。

(1) 3mと xmをつなぐと，ymになります。
3 ＋ x ＝ y

(2) xdL のお茶があります。2dL 飲むと，残りは ydL になります。
x － 2 ＝ y

(3) 4人ずつ乗り物に乗ります。乗り物が x台あると，y人が乗ることができます。
4 × x ＝ y

(4) x個のあめを5人で同じように分けると，1人分は y個になります。
x ÷ 5 ＝ y

(5) 1辺が xcm の正方形のまわりの長さは ycm になります。
x × 4 ＝ y

【復習】
① 8.55 ÷ 5.7　② 6.5 ÷ 1.3　③ 5.78 ÷ 1.7　④ 57.5 ÷ 2.5

1.5　5　3.4　23

● 2.3Lのペンキで 7.82m²のかべをぬりました。1Lあたり何m²ぬれましたか。
式 7.82÷2.3＝3.4　答え 3.4m²

P.12

文字と式 (4)　名前

● 次の①～⑤の文章は，⑦～⑤のどの式にあてはまりますか。
□に記号を書きましょう。

① 24個キャラメルがあります。x個ずつ配ると y人に配ることができます。　**エ**

② 24kgの男の子がxkgの犬をだっこして，重さをはかると，ykgになります。　**ア**

③ 面積が24m²の花だんがあります。縦の長さがxmのとき，横の長さはymになります。　**エ**

④ みかんが24個ずつ入っている箱がx箱あるとみかんは全部でy個になります。　**ウ**

⑤ ミニトマトが24あります。x個食べると，残りはy個になります。　**イ**

⑦ 24 + x = y　④ 24 - x = y
⑨ 24 × x = y　⑤ 24 ÷ x = y

復習

● ①37.68 ÷ 3.14　②3.99 ÷ 5.7　③2.52 ÷ 0.3　④2.24 ÷ 0.32

12　**0.7**　**8.4**　**7**

● 5.76kgの小麦粉を1ふくろに0.72kgずつ入れます。何ふくろできますか。

式 5.76 ÷ 0.72 = 8　答え **8ふくろ**

文字と式 (5)　名前

● xの値を求めましょう。

① x + 12 = 35　x = **23**　　② 18 + x = 40　x = **22**
③ x - 7 = 18　x = **25**　　④ x - 25 = 60　x = **85**
⑤ 30 - x = 21　x = **9**　　⑥ x × 7 = 56　x = **8**
⑦ 9 × x = 72　x = **8**　　⑧ 14 × x = 56　x = **4**
⑨ x ÷ 7 = 6　x = **42**　　⑩ x ÷ 5 = 15　x = **75**

復習

● わりきれるまで計算しましょう。

①2.1 ÷ 0.4　②1.47 ÷ 4.2　③8.55 ÷ 4.5　④2.8 ÷ 1.6

5.25　**0.35**　**1.9**　**1.75**

● 1.2mで1.8kgのロープがあります。このロープ1mの重さは何kgですか。

式 1.8 ÷ 1.2 = 1.5　答え **1.5kg**

12　（122%に拡大してご使用ください）

P.13

文字と式 まとめ　名前

① 1個300gのかんづめ何個かを200gの箱に入れます。

(1) かんづめの個数をx個，全体の重さをygとして，xとyの関係を式に表しましょう。

300 × x + 200 = y

(2) xやyの値を求めましょう。

① xの値が4のとき，それに対応するyの値

300 × 4 + 200 = 1400　答え **1400**

② yの値が2000になるときのxの値

2000 - 200 = 1800
1800 ÷ 300 = 6　答え **6**

② xとyの関係を式に表しましょう。

(1) 185ページの本をxページ読みました。残りはyページです。

185 - x = y

(2) x円のメロンを80円の箱に入れてもらったときの代金は，y円です。

x + 80 = y

(3) 縦が15m，横がxmの土地の面積はy m²です。

15 × x = y

(4) x本のえんぴつを6人で分けたとき，1人分はy本です。

x ÷ 6 = y

13　（122%に拡大してご使用ください）

分数×整数 (1)　名前

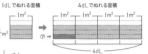

1dLでかべを $\frac{3}{5}$ m² ぬれるペンキがあります。
このペンキ4dLでは，かべを何m²ぬれますか。

(1) 式を書きましょう。　($\frac{3}{5} × 4$)

(2) $\frac{3}{5} × 4$ の計算方法を図で考えます。□にあてはまる数を書きましょう。

1dLでぬれる面積	4dLでぬれる面積

⑦は $\frac{1}{5}$ です。

$\frac{3}{5}$ は，$\frac{1}{5}$ の **3** 個分です。

だから，$\frac{3}{5} × 4$ は，$\frac{1}{5}$ の（**3** × **4**）個分になります。

(3) 答えを書きましょう。　$\frac{12}{5}$ m² （ $2\frac{2}{5}$ m²）

復習

● 約分しましょう。

① $\frac{6}{8}$ （ $\frac{3}{4}$ ）　② $\frac{15}{18}$ （ $\frac{5}{6}$ ）　③ $\frac{15}{20}$ （ $\frac{3}{4}$ ）
④ $\frac{35}{42}$ （ $\frac{5}{6}$ ）　⑤ $\frac{24}{28}$ （ $\frac{6}{7}$ ）　⑥ $\frac{18}{24}$ （ $\frac{3}{4}$ ）
⑦ $\frac{24}{36}$ （ $\frac{2}{3}$ ）　⑧ $\frac{30}{48}$ （ $\frac{5}{8}$ ）　⑨ $\frac{16}{60}$ （ $\frac{4}{15}$ ）

P.14

分数×整数 (2)　約分なし　名前

① 縦 $\frac{3}{2}$ m，横3mの長方形の花だんの面積は何m²ですか。

$\frac{3}{2} × 3 = \frac{9}{2}$ （ $4\frac{1}{2}$ ）　答え $\frac{9}{2}$ （ $4\frac{1}{2}$ ）m²

② 次の計算をしましょう。

① $\frac{2}{3} × 2 = \frac{4}{3}$ （ $1\frac{1}{3}$ ）　② $\frac{3}{7} × 3 = \frac{9}{7}$ （ $1\frac{2}{7}$ ）　③ $\frac{3}{4} × 5 = \frac{15}{4}$ （ $3\frac{3}{4}$ ）
④ $\frac{5}{3} × 2 = \frac{10}{3}$ （ $3\frac{1}{3}$ ）　⑤ $\frac{4}{15} × 4 = \frac{16}{15}$ （ $1\frac{1}{15}$ ）　⑥ $\frac{4}{5} × 4 = \frac{16}{5}$ （ $3\frac{1}{5}$ ）
⑦ $\frac{7}{10} × 3 = \frac{21}{10}$ （ $2\frac{1}{10}$ ）　⑧ $\frac{5}{7} × 6 = \frac{30}{7}$ （ $4\frac{2}{7}$ ）　⑨ $\frac{5}{6} × 7 = \frac{35}{6}$ （ $5\frac{5}{6}$ ）

復習

● 商は整数で求めて，あまりも出しましょう。

①7.2 ÷ 3.2　②7.9 ÷ 0.8　③49.7 ÷ 2.4　④60.9 ÷ 2.3

2あまり0.8　**20あまり1.7**　**9あまり0.7**　**26あまり1.1**

● 4.9Lある牛乳を0.2Lずつコップに入れます。コップ何個に入れられて，何Lあまりますか。

4.9 ÷ 0.2 = 24あまり0.1

24個に入れられて，0.1Lあまる。

14　（122%に拡大してご使用ください）

分数×整数 (3)　約分あり　名前

① サラダ油1Lの重さは $\frac{9}{10}$ kgです。サラダ油4Lの重さは何kgですか。

$\frac{9}{10} × 4 = \frac{18}{5}$ （ $3\frac{3}{5}$ ）　答え $\frac{18}{5}$ （ $3\frac{3}{5}$ ）kg

② 次の計算をしましょう。

① $\frac{1}{5} × 10 = 4$　② $\frac{1}{12} × 9 = \frac{3}{4}$　③ $\frac{6}{25} × 5 = \frac{12}{5}$ （ $2\frac{2}{5}$ ）
④ $\frac{7}{9} × 3 = \frac{7}{3}$ （ $2\frac{1}{3}$ ）　⑤ $\frac{11}{24} × 4 = \frac{22}{3}$ （ $7\frac{1}{3}$ ）　⑥ $\frac{2}{3} × 6 = 4$
⑦ $\frac{4}{5} × 15 = 12$　⑧ $\frac{5}{6} × 18 = 15$　⑨ $\frac{4}{5} × 30 = 24$

復習

● 商は上から2けたのがい数で求めましょう。

①4.71 ÷ 0.7　②3.5 ÷ 0.9　③7.68 ÷ 2.7　④9.89 ÷ 1.4

約6.7　**約3.9**　**約2.8**　**約7.1**

● 6.2Lの水を2.3m²の畑にまきました。1m²あたり何Lの水をまいたことになりますか。答えは，上から2けたのがい数で求めましょう。

式 6.2 ÷ 2.3 = 2.69…　答え **約2.7L**

14

P.15

分数÷整数 (1)　名前

2dLでかべを $\frac{3}{5}$ m² ぬれるペンキがあります。
このペンキ1dLでは，かべを何m²ぬれますか。

(1) 式を書きましょう。　($\frac{3}{5} ÷ 2$)

(2) $\frac{3}{5} ÷ 2$ の計算方法を図で考えましょう。□にあてはまる数を書きましょう。

2dLでぬれる面積	1dLでぬれる面積

⑦は1m²を（5 × **2**）に分けた1個分です。

1dLあたりは，$\frac{1}{5 × 2}$ が3個分です。

だから，$\frac{3}{5} ÷ 2$ は，$\frac{3}{5 × 2}$ になります。

(3) 答えを書きましょう。　($\frac{3}{10}$ m²)

復習

① $\frac{1}{3} + \frac{1}{4} = \frac{7}{12}$　② $\frac{3}{4} + \frac{1}{8} = \frac{7}{8}$
③ $\frac{1}{3} + \frac{1}{6} = \frac{1}{2}$　④ $\frac{2}{5} + \frac{2}{5} = \frac{4}{5}$

● AさんとBさんの水とうには，それぞれ $\frac{1}{6}$ Lと $\frac{1}{2}$ Lのお茶が入っています。あわせると，何Lになりますか。

式 $\frac{1}{6} + \frac{1}{2} = \frac{2}{3}$　答え $\frac{2}{3}$ L

分数÷整数 (2)　約分なし　名前

① コップ3個に同じ量ずつ，全部で $\frac{5}{6}$ Lの水を入れます。コップ1個あたり，何Lの水を入れることになりますか。

式 $\frac{5}{6} ÷ 3 = \frac{5}{18}$　答え $\frac{5}{18}$ L

② 次の計算をしましょう。

① $\frac{3}{4} ÷ 3 = \frac{3}{16}$　② $\frac{1}{4} ÷ 2 = \frac{1}{8}$　③ $\frac{2}{7} ÷ 3 = \frac{2}{21}$
④ $\frac{4}{11} ÷ 3 = \frac{4}{33}$　⑤ $\frac{3}{10} ÷ 2 = \frac{3}{20}$　⑥ $\frac{5}{5} ÷ 5 = \frac{6}{25}$
⑦ $\frac{3}{7} ÷ 4 = \frac{3}{28}$　⑧ $\frac{8}{21} ÷ 2 = \frac{4}{21}$　⑨ $\frac{15}{8} ÷ 4 = \frac{15}{8}$ （ $1\frac{7}{8}$ ）

復習

① $\frac{3}{4} + \frac{1}{6} = 1\frac{11}{12}$ （ $\frac{23}{12}$ ）　② $1\frac{4}{7} + \frac{1}{3} = 1\frac{19}{21}$ （ $\frac{40}{21}$ ）
③ $1\frac{4}{5} + \frac{2}{3} = 2\frac{7}{15}$ （ $\frac{37}{15}$ ）　④ $1\frac{2}{9} + \frac{1}{3} = 2\frac{2}{9}$ （ $\frac{20}{9}$ ）

● まさきさんは，家から公園まで $2\frac{2}{3}$ km，公園から駅まで $\frac{1}{2}$ km歩きました。あわせると，何km歩いたことになりますか。

式 $2\frac{2}{3} + \frac{1}{2} = 3\frac{1}{6}$　答え $3\frac{1}{6}$ （ $\frac{19}{6}$ ）km

15　（122%に拡大してご使用ください）

P.16

分数÷整数（3） 約分あり　名前

① 次の計算をしましょう。

① $\frac{6}{7} \div 3 = \frac{2}{7}$
② $\frac{3}{5} \div 9 = \frac{1}{15}$
③ $\frac{4}{7} \div 6 = \frac{2}{21}$
④ $\frac{4}{9} \div 12 = \frac{1}{27}$
⑤ $\frac{4}{5} \div 8 = \frac{1}{10}$
⑥ $\frac{7}{10} \div 21 = \frac{1}{30}$
⑦ $\frac{5}{4} \div 20 = \frac{1}{16}$
⑧ $\frac{8}{7} \div 20 = \frac{2}{35}$
⑨ $\frac{14}{5} \div 21 = \frac{2}{15}$
⑩ $\frac{16}{5} \div 8 = \frac{2}{5}$

② 5mの重さが$\frac{10}{3}$kgの鉄の棒があります。この鉄の棒1mの重さは何kgですか。

式 $\frac{10}{3} \div 5 = \frac{2}{3}$　答え $\frac{2}{3}$kg

③ お茶が$\frac{21}{10}$Lあります。7人で分けると，1人何Lずつになりますか。

式 $\frac{21}{10} \div 7 = \frac{3}{10}$　答え $\frac{3}{10}$L

分数×分数（1） 名前

□ 1dLでかべを$\frac{2}{5}$m²ぬれるペンキがあります。
このペンキ$\frac{2}{3}$dLでは，かべを何m²ぬれますか。

(1) 式を書きましょう。（$\frac{2}{5} \times \frac{2}{3}$）

(2) $\frac{2}{5} \times \frac{2}{3}$の計算方法を□にあてはまる数を書きましょう。

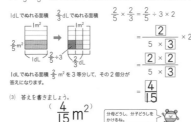

$\frac{2}{5} \times \frac{2}{3} = \frac{2}{5} \div 3 \times 2$

$= \frac{2}{5 \times 3} \times 2$

$= \frac{2 \times 2}{5 \times 3}$

$= \frac{4}{15}$

(3) 答えを書きましょう。

（$\frac{4}{15}$）m²

② □にあてはまる数を書きましょう。

$\frac{3}{7} \times \frac{4}{5} = \frac{3 \times 4}{7 \times 5}$

$= \frac{12}{35}$

P.17

分数×分数（2） 約分なし　名前

① 1mの重さが$\frac{4}{5}$kgの棒があります。
この棒$\frac{2}{5}$mの重さは何kgですか。

式 $\frac{4}{5} \times \frac{2}{5} = \frac{8}{25}$　答え $\frac{8}{25}$kg

② 次の計算をしましょう。

① $\frac{1}{4} \times \frac{5}{6} = \frac{5}{24}$
② $\frac{1}{2} \times \frac{5}{7} = \frac{5}{14}$
③ $\frac{3}{8} \times \frac{3}{5} = \frac{9}{40}$
④ $\frac{4}{9} \times \frac{2}{3} = \frac{8}{27}$
⑤ $\frac{5}{7} \times \frac{4}{7} = \frac{20}{49}$
⑥ $\frac{5}{4} \times \frac{5}{3} = \frac{25}{12}(2\frac{1}{12})$
⑦ $\frac{4}{3} \times \frac{8}{3} = \frac{32}{9}(3\frac{5}{9})$
⑧ $\frac{8}{7} \times \frac{9}{5} = \frac{72}{35}(2\frac{2}{35})$

復習
● 下の図形の面積を求めましょう。
① 6.5cm 5cm
式 $5 \times 6.5 = 32.5$　32.5cm²
② 6.5cm
式 $6.5 \times 4 \div 2 = 13$cm²　13cm²
③ 9.4cm 6.6cm 5cm
式 $(9.4 + 6.6) \times 5 \div 2 = 40$　40cm²

分数×分数（3） 約分あり　名前

① 1時間あたり$\frac{5}{6}$haの畑を耕すトラクターがあります。
$\frac{3}{2}$時間では何ha耕すことができますか。

$\frac{5}{6} \times \frac{3}{2} = \frac{5}{4}(1\frac{1}{4})$　答え $\frac{5}{4}(1\frac{1}{4})$ha

② 次の計算をしましょう。

① $\frac{4}{5} \times \frac{1}{6} = \frac{2}{15}$
② $\frac{7}{12} \times \frac{8}{9} = \frac{14}{27}$
③ $\frac{5}{8} \times \frac{4}{15} = \frac{1}{6}$
④ $\frac{3}{7} \times \frac{7}{12} = \frac{1}{4}$
⑤ $\frac{5}{8} \times \frac{4}{15} = \frac{1}{6}$
⑥ $\frac{2}{9} \times \frac{3}{4} = \frac{1}{4}$
⑦ $\frac{25}{24} \times \frac{8}{15} = \frac{5}{9}$
⑧ $\frac{27}{28} \times \frac{14}{15} = \frac{9}{10}$

復習
● 下の立体の体積を求めましょう。
① 3cm 8cm 5cm
式 $3 \times 8 \times 5 = 120$　120cm³
② 5cm 5cm 5cm
式 $5 \times 5 \times 5 = 125$　125cm³
③ 8m 2m
式 $8 \times 2 \times 2 = 32$　32cm³

P.18

分数×分数（4） 整数×分数／帯分数と真分数　名前

① 1Lのペンキで6m²のかべをぬることができます。
$\frac{5}{8}$Lでは，何m²のかべをぬることができますか。

$6 \times \frac{5}{8} = \frac{15}{4}(3\frac{3}{4})$　答え $\frac{15}{4}(3\frac{3}{4})$m²

② 次の計算をしましょう。

① $1\frac{1}{3} \times \frac{3}{8} = \frac{1}{2}$
② $2\frac{1}{3} \times \frac{9}{14} = \frac{3}{2}(1\frac{1}{2})$
③ $\frac{5}{6} \times 1\frac{1}{7} = \frac{20}{21}$
④ $2\frac{1}{4} \times 3\frac{1}{3} = \frac{15}{2}(7\frac{1}{2})$
⑤ $2\frac{4}{7} \times 2\frac{1}{3} = 6$
⑥ $4\frac{4}{5} \times 4\frac{1}{6} = 20$
⑦ $6 \times \frac{2}{9} = \frac{4}{3}(1\frac{1}{3})$
⑧ $12 \times \frac{3}{4} = 9$

復習
● 計算のきまりを使って考えましょう。□にあてはまる数を書きましょう。
① $8 \times 7 = 7 \times 8$
② $(17 \times 5) \times 2 = 17 \times (5 \times 2)$
③ $(12 + 9) \times 5 = 12 \times 5 + 9 \times 5$
④ $27 \times 6 + 23 \times 6 = (27 + 23) \times 6$
⑤ $36 \times 7 - 28 \times 7 = (36 - 28) \times 7$

分数×分数（5） 積の大きさ／分数と小数と整数　名前

① 次の計算で積が28より大きくなるのは，どれですか。
□に記号を書きましょう。

㋐ $28 \times \frac{5}{6}$
㋑ $28 \times \frac{6}{5}$
㋒ 28×1
㋓ $28 \times 1\frac{1}{6}$
㋔ $28 \times \frac{9}{14}$

答え ㋑㋓

② 次の計算をしましょう。

① $1.5 \times \frac{5}{6} = \frac{5}{4}(1\frac{1}{4})$
② $\frac{4}{5} \times 2.5 = 2$
③ $\frac{3}{5} \times \frac{10}{4} \times \frac{1}{4} = \frac{1}{6}$
④ $4 \times 0.2 \times \frac{15}{16} = \frac{3}{4}$
⑤ $\frac{4}{15} \times 1.2 \times \frac{5}{8} = \frac{1}{5}$

小数や整数は分数になおして計算するといいね。

復習
● 計算のきまりを使って考えましょう。□にあてはまる数を書きましょう。
① $4.5 + 2.9 + 5.5 = (4.5 + 5.5) + 2.9$
② $7.2 \times 4.6 = 4.6 \times 7.2$
③ $1.7 \times 2.8 + 8.3 \times 2.8 = (1.7 + 8.3) \times 2.8$
④ $9.8 \times 2.5 = 10 \times 2.5 - 0.2 \times 2.5$

P.19

分数×分数（6） 面積・体積　名前

① 次の図形の面積を求めましょう。
① $\frac{5}{6} \times \frac{5}{6} = \frac{25}{36}$
式　答え $\frac{25}{36}$cm²
② $\frac{20}{3} \times \frac{15}{2} = 50$
式　答え 50cm²

② 次の立体の体積を求めましょう。
① 立方体
$\frac{4}{3} \times \frac{4}{3} \times \frac{4}{3} = \frac{64}{27}(2\frac{10}{27})$
式 $\frac{64}{27}(2\frac{10}{27})$cm³
② 直方体
$\frac{24}{7} \times \frac{21}{10} \times \frac{5}{8} = \frac{9}{2}(4\frac{1}{2})$
式 $\frac{9}{2}(4\frac{1}{2})$cm³

復習
●
① $\frac{5}{6} - \frac{3}{4} = \frac{1}{12}$
② $\frac{1}{2} - \frac{2}{10} = \frac{1}{5}$
③ $\frac{7}{18} - \frac{5}{8} = \frac{1}{2}$
④ $\frac{11}{12} - \frac{1}{5} = \frac{1}{20}$

● 赤いリボンが$\frac{4}{15}$m，青いリボンが$\frac{2}{5}$mあります。ちがいは何mですか。
式 $\frac{2}{3} - \frac{4}{15} = \frac{2}{5}$　答え $\frac{2}{5}$m

分数×分数（7） 計算のきまり／時間　名前

① 計算のきまりを使って，くふうして計算します。□にあてはまる数を書きましょう。

① $(\frac{7}{9} \times \frac{5}{8}) \times \frac{8}{5} = \frac{7}{9} \times (\frac{5}{8} \times \frac{8}{5}) = \frac{7}{9}$
② $(\frac{3}{4} + \frac{2}{3}) \times 12 = \frac{3}{4} \times 12 + \frac{2}{3} \times 12 = 17$
③ $\frac{2}{7} \times 6 + \frac{2}{7} \times 8 = \frac{2}{7} \times (6 + 8) = 4$
④ $\frac{5}{2} \times \frac{5}{17} - \frac{3}{2} \times \frac{5}{17} = (\frac{5}{2} - \frac{3}{2}) \times \frac{5}{17} = \frac{5}{17}$

② 次の時間を（ ）の中の単位で表しましょう。

① 20分（時間）$\frac{1}{3}$時間
② 45分（時間）$\frac{3}{4}$時間
③ $\frac{5}{12}$時間（分）25分
④ $1\frac{1}{2}$時間（分）90分

復習
●
① $1\frac{3}{5} - \frac{1}{6} = 1\frac{13}{30}(\frac{43}{30})$
② $2\frac{3}{7} - \frac{1}{3} = 1\frac{16}{21}(\frac{37}{21})$
③ $1\frac{1}{4} - \frac{3}{5} = \frac{13}{20}$
④ $2\frac{1}{2} - 1\frac{1}{3} = \frac{4}{9}$

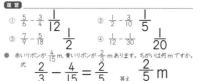

● 黄色いリボンが$4\frac{1}{2}$mありました。何m使ったので，残りは$1\frac{2}{3}$mになりました。何m使ったでしょう。
$4\frac{1}{2} - 1\frac{2}{3} = 2\frac{5}{6}(\frac{17}{6})$　$2\frac{5}{6}(\frac{17}{6})$m

P.20

分数×分数 (8) 逆数

● 次の数の逆数を書きましょう。

① $\frac{4}{3}$ $\left(\frac{3}{4}\right)$　② $\frac{7}{4}$ $\left(\frac{4}{7}\right)$　③ $\frac{1}{6}$ (6)

④ $1\frac{1}{2}$ $\left(\frac{2}{3}\right)$　⑤ 3 $\left(\frac{1}{3}\right)$　⑥ 15 $\left(\frac{1}{15}\right)$

⑦ 0.7 $\left(\frac{10}{7}\right)$　⑧ 0.4 $\left(\frac{5}{2}\right)$　⑨ 0.2 (5)

⑩ 1.8 $\left(\frac{5}{9}\right)$　⑪ 0.29 $\left(\frac{100}{29}\right)$　⑫ 0.35 $\left(\frac{20}{7}\right)$

⑬ 1.25 $\left(\frac{4}{5}\right)$　⑭ 0.05 (20)　⑮ 0.01 (100)

復習

① $\frac{2}{3} + \frac{1}{4} = \frac{5}{12}$　② $\frac{4}{5} - \frac{2}{3} = \frac{1}{5}$

③ $4.5 - \frac{2}{3} = 3\frac{2}{3}\left(\frac{11}{3}\right)$　④ $1 - \frac{3}{4} + \frac{1}{8} = \frac{7}{8}$

● リボンを $2\frac{1}{3}$ m 持っていましたが、友だち2人に $\frac{3}{4}$ と $\frac{5}{6}$ m を
あげました。何 m 残っていますか。

$2\frac{1}{3} - \frac{3}{4} - \frac{5}{6} = \frac{3}{4}$

答え $\frac{3}{4}$ m

分数×分数 まとめ①

① 次の計算をしましょう。

① $\frac{2}{7} \times \frac{1}{3} = \frac{2}{21}$　② $\frac{3}{4} \times \frac{2}{3} = \frac{1}{2}$

③ $12 \times \frac{5}{18} = \frac{10}{3}\left(3\frac{1}{3}\right)$　④ $\frac{4}{9} \times \frac{9}{10} = \frac{3}{2}\left(1\frac{1}{2}\right)$

⑤ $\frac{10}{3} \times \frac{6}{5} \times \frac{9}{8} = \frac{9}{2}\left(4\frac{1}{2}\right)$　⑥ $1\frac{1}{4} \times 1.6 = 2$

② 1m が $2\frac{1}{12}$ kg のパイプがあります。このパイプ $2\frac{2}{5}$ m の重さは何kg
ですか。

$2\frac{1}{12} \times 2\frac{2}{5} = 5$　答え **5kg**

③ 1m が 1200円の布があります。この布を $2\frac{1}{4}$ 買うと、何円になり
ます。

$1200 \times 2\frac{1}{4} = 2700$　答え **2700円**

④ 次の数の逆数を書きましょう。

① $\frac{2}{7}$ $\left(\frac{7}{2}\right)$　② $\frac{1}{6}$ (6)

③ 9 $\left(\frac{1}{9}\right)$　④ 0.8 $\left(\frac{5}{4}\right)$

P.21

分数×分数 まとめ

① 次の図形の

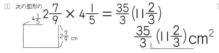

$2\frac{7}{9} \times 4\frac{1}{5} = \frac{35}{3}\left(11\frac{2}{3}\right)$

$\frac{35}{3}\left(11\frac{2}{3}\right)$ cm²

② 次の立体の体

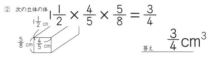

$1\frac{1}{2} \times \frac{4}{5} \times \frac{5}{8} = \frac{3}{4}$

答え $\frac{3}{4}$ cm³

③ 積が7より大きくなるのを選んで、□に記号を書きましょう。

⑦ $7 \times \frac{8}{9}$　④ $7 \times \frac{9}{8}$

⑦ 7×1　④ $7 \times 1\frac{1}{11}$

④① ④エ

④ 1時間で $4\frac{1}{5}$ km 歩く人がいます。

(1) 3時間20分では何km歩けますか。

$4\frac{1}{5} \times 3\frac{1}{3} = 14$　答え **14km**

(2) 40分間では何km歩けますか。

$4\frac{1}{5} \times \frac{2}{3} = \frac{14}{5}\left(2\frac{4}{5}\right)$　答え $\frac{14}{5}\left(2\frac{4}{5}\right)$ km

分数÷分数 (1)

① $\frac{2}{3}$ dLで、かべを $\frac{3}{5}$ m² ぬれるペンキがあります。
このペンキ1dLでは、かべを何m²ぬれますか。

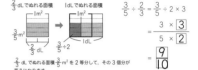

(1) 式を書きましょう。（ $\frac{3}{5} \div \frac{2}{3}$ ）

(2) $\frac{3}{5} \div \frac{2}{3}$ の計算方法を図で考えます。□にあてはまる数を書きましょう。

$\frac{3}{5} \div \frac{2}{3} = \frac{3}{5} \div 2 \times 3$

$= \frac{3 \times 3}{5 \times 2}$

$= \frac{9}{10}$

(3) 答えを書きましょう。

$\frac{9}{10}$ m²

② □にあてはまる数を書きましょう。

$\frac{2}{5} \div \frac{3}{4} = \frac{2 \times 4}{5 \times 3}$

$= \frac{8}{15}$

P.22

分数÷分数 (2) 約分なし

① $\frac{5}{4}$ m の重さが $\frac{3}{5}$ kg の棒があります。
この棒1mの重さは何kgですか。

$\frac{3}{4} \div \frac{5}{9} = \frac{27}{20}\left(1\frac{7}{20}\right)$　答え $\frac{27}{20}\left(1\frac{7}{20}\right)$ kg

② 次の計算をしましょう。

① $\frac{3}{5} \div \frac{1}{2} = \frac{6}{5}\left(1\frac{1}{5}\right)$　② $\frac{4}{7} \div \frac{3}{5} = \frac{20}{21}$

③ $\frac{3}{2} \div \frac{8}{5} = \frac{15}{16}$　④ $\frac{2}{9} \div \frac{1}{5} = \frac{8}{45}$

⑤ $\frac{16}{3} \div \frac{3}{2} = \frac{32}{9}\left(3\frac{5}{9}\right)$　⑥ $\frac{5}{4} \div \frac{1}{5} = \frac{25}{4}\left(6\frac{1}{4}\right)$

⑦ $\frac{7}{25} \div \frac{1}{5} = \frac{7}{25}$　⑧ $\frac{25}{4} \div \frac{4}{3} = \frac{75}{16}\left(4\frac{11}{16}\right)$

復習

① $2.8 \div 0.35 = 8$　② $3.6 \div 0.72 = 5$　③ $1.5 \div 0.06 = 25$　④ $8.1 \div 0.54 = 15$

● 面積が20.9m²の長方形があります。縦の長さは0.95mです。
横の長さは何mですか。

$20.9 \div 0.95 = 22$　答え **22m**

分数÷分数 (3) 約分あり

① $\frac{3}{4}$ dLで、かべを $\frac{9}{16}$ m² ぬれるペンキがあります。
このペンキ1dLでは、かべを何m²ぬれますか。

式 $\frac{9}{16} \div \frac{3}{4} = \frac{3}{4}$　答え $\frac{3}{4}$ m²

② 次の計算をしましょう。

① $\frac{2}{9} \div \frac{4}{5} = \frac{5}{18}$　② $\frac{7}{12} \div \frac{3}{4} = \frac{7}{9}$

③ $\frac{1}{4} \div \frac{1}{2} = \frac{1}{2}$　④ $\frac{4}{9} \div \frac{2}{3} = \frac{2}{3}$

⑤ $\frac{7}{8} \div \frac{21}{4} = \frac{1}{6}$　⑥ $\frac{18}{5} \div \frac{3}{5} = 6$

⑦ $\frac{15}{16} \div \frac{9}{4} = \frac{5}{12}$　⑧ $\frac{21}{32} \div \frac{9}{16} = \frac{7}{6}\left(1\frac{1}{6}\right)$

復習

● 商を四捨五入して $\frac{1}{10}$ の位までのがい数で表しましょう。

① $2.3 \div 0.7 =$ 約3.3　② $7.3 \div 2.9 = $ 約2.5　③ $13.4 \div 1.6 = $ 約8.4

④ 昨日5.3cmだったつくしが、今日は8.2cmになりました。
つくしの今日の長さは昨日の何倍ですか。

$8.2 \div 5.3 = 1.54\cdots$　約 **1.5倍**

P.23

分数÷分数 (4) 整数÷分数／帯分数と真分数

① 1Lの重さが $\frac{8}{7}$ kg の油があります。
この油2kgは、何Lになりますか。

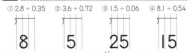

$2 \div \frac{8}{7} = \frac{7}{4}\left(1\frac{3}{4}\right)$　答え $\frac{7}{4}\left(1\frac{3}{4}\right)$ L

② 次の計算をしましょう。

① $5 \div \frac{3}{4} = \frac{20}{3}\left(6\frac{2}{3}\right)$　② $12 \div \frac{6}{7} = 14$

③ $14 \div \frac{2}{5} = 35$　④ $8 \div \frac{2}{7} = 28$

⑤ $\frac{7}{15} \div 1\frac{3}{4} = \frac{4}{15}$　⑥ $\frac{8}{9} \div 2\frac{2}{3} = \frac{1}{3}$

⑦ $2\frac{1}{4} \div 2\frac{2}{5} = \frac{15}{16}$　⑧ $2\frac{2}{9} \div 3\frac{1}{3} = \frac{2}{3}$

復習

① $72 \div 0.8 = 90$　② $36 \div 1.2 = 30$　③ $40 \div 0.8 = 50$　④ $450 \div 1.5 = 300$

● 1.2mで720円の布があります。この布1mの代金は何円ですか。

$720 \div 1.2 = 600$　答え **600円**

分数÷分数 (5) 3つの数

● 次の計算をしましょう。

① $\frac{1}{6} \div \frac{3}{4} \times \frac{1}{2} = \frac{1}{9}$　② $\frac{7}{10} \div \frac{2}{3} \times \frac{5}{14} = \frac{3}{8}$

③ $\frac{1}{4} \div \frac{5}{6} \times \frac{5}{6} = \frac{1}{3}$　④ $\frac{5}{9} \div \frac{3}{10} \times \frac{2}{5} = \frac{25}{36}$

⑤ $\frac{5}{7} \div \frac{4}{7} \div \frac{6}{5} = \frac{5}{6}$　⑥ $\frac{5}{12} \times \frac{9}{5} \div \frac{3}{2} = \frac{1}{2}$

⑦ $\frac{14}{15} \times 7 \times \frac{3}{8} = \frac{1}{20}$　⑧ $8 \div \frac{1}{2} \times \frac{... }{...} = 48$

復習

① $\frac{1}{2} + \frac{1}{4} + \frac{1}{3} = 1\frac{1}{12}\left(\frac{13}{12}\right)$　② $\frac{2}{5} + \frac{1}{2} + \frac{1}{3} = 1\frac{17}{30}\left(\frac{47}{30}\right)$　③ $\frac{1}{3} + \frac{3}{4} + \frac{5}{6} = 1\frac{11}{12}\left(\frac{23}{12}\right)$

● 長さが $\frac{3}{4}$ m、$\frac{2}{3}$ m、$\frac{5}{6}$ m の3本のテープをあわせると、何mに

$\frac{3}{4} + \frac{2}{3} + \frac{5}{6} = 2\frac{1}{4}\left(\frac{9}{4}\right)$　答え $2\frac{1}{4}\left(\frac{9}{4}\right)$ m

P.24

分数÷分数（6）
商の大きさ／わり算を使って

① 次のわり算の式で，商とわられる数の大きさの関係は，Ⓐ，Ⓑ，Ⓒのどれにあてはまりますか。□に記号を書きましょう。

- ⑦ $32 \div \frac{5}{6}$
- ⑦ $32 \div \frac{8}{7}$　　Ⓐ 商 > 32　⑦⑦
- ⑨ $32 \div 1$　　　Ⓑ 商 = 32　⑦
- ⑰ $32 \div 1\frac{3}{4}$　　Ⓒ 商 < 32　⑦⑦
- ⑪ $32 \div \frac{7}{8}$

② 右の長方形の□の長さを求めましょう。

$$2\frac{1}{12} \div 1\frac{1}{4} = \frac{5}{3}\left(1\frac{2}{3}\right)$$

答え $\frac{5}{3}\left(1\frac{2}{3}\right)$ m

復習

① $\frac{7}{8} - \frac{3}{4} = \frac{1}{8}$　　② $\frac{7}{15} - \frac{3}{10} = \frac{1}{6}$

③ $3\frac{1}{2} - \frac{5}{6} = 2\frac{2}{3}\left(\frac{8}{3}\right)$　④ $\frac{1}{4}$

● 長さ $2\frac{5}{6}$ m のテープがありましたが，弟に $\frac{2}{3}$ m，妹に $\frac{1}{4}$ m あげました。残りは何 m ですか。

$$2\frac{5}{6} - \frac{2}{3} - \frac{1}{4} = 1\frac{11}{12}\left(\frac{23}{12}\right)$$ $1\frac{11}{12}\left(\frac{23}{12}\right)$ m

分数÷分数（7）
文章題

① $\frac{2}{3}$ m の重さが $\frac{5}{6}$ kg のパイプがあります。

(1) このパイプ 1m の重さは何 kg ですか。

$$\frac{5}{6} \div \frac{2}{3} = \frac{5}{4}\left(1\frac{1}{4}\right)$$ $\frac{5}{4}\left(1\frac{1}{4}\right)$ kg

(2) このパイプ 1kg の長さは何 m ですか。

式 $\frac{2}{3} \div \frac{5}{6} = \frac{4}{5}$　答え $\frac{4}{5}$ m

② $\frac{1}{4}$ dL のペンキで $\frac{3}{8}$ m² のかべがぬれます。1m² あたり何 dL のペンキをぬったことになりますか。

式 $\frac{1}{4} \div \frac{3}{8} = \frac{2}{3}$　答え $\frac{2}{3}$ dL

復習

① $\frac{3}{4} + \frac{5}{6} - \frac{1}{2} = 1\frac{1}{12}\left(\frac{13}{12}\right)$　② $1\frac{1}{5} - \frac{3}{4} + \frac{2}{5} = \frac{19}{20}$

③ $\frac{5}{6} + \frac{2}{3} - \frac{1}{2} = \frac{11}{14}$　④ $\frac{3}{4} - \frac{3}{8} + \frac{1}{2} = \frac{7}{8}$

● コーヒー $\frac{1}{2}$ L に牛乳 $\frac{1}{5}$ L を入れてカフェオレを作り，$\frac{1}{3}$ L 飲みました。カフェオレは，何 L 残っていますか。

$$\frac{1}{2} + \frac{1}{5} - \frac{1}{3} = \frac{11}{30}$$　答え $\frac{11}{30}$ L

P.25

分数÷分数（8）
分数と小数と整数

● 次の計算をしましょう。

① $0.4 \div \frac{3}{4}$　$\frac{8}{15}$　② $\frac{4}{5} \div 1.2$　$\frac{2}{3}$

③ $0.12 \div \frac{7}{10}$　$\frac{6}{35}$　④ $3\frac{1}{5} \div 0.8$　4

⑤ $\frac{3}{10} \times \frac{5}{9} \div 0.4$　$\frac{5}{12}$　⑥ $2.4 \div \frac{3}{5} \times 3$　12

⑦ $\frac{3}{8} \times 3.2$　$\frac{4}{3}\left(1\frac{1}{3}\right)$　⑧ $1.25 \div 5 \div \frac{1}{4}$　1

復習

● A のリボンの長さは 6.5m です。B のリボンの長さは 2.6m です。

(1) A のリボンの長さは，B のリボンの長さの何倍ですか。

式 $6.5 \div 2.6 = 2.5$　答え 2.5 倍

(2) B のリボンの長さは，A のリボンの長さの何倍ですか。

式 $2.6 \div 6.5 = 0.4$　答え 0.4 倍

分数÷分数（9）
分数倍①

● 右のように A，B，C の長さの 3 本のリボンがあります。

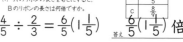

	長さ（m）
A	$\frac{2}{3}$
B	$\frac{4}{5}$
C	$\frac{8}{9}$

(1) A のリボンの長さをもとにすると，B のリボンの長さは何倍ですか。

$$\frac{4}{5} \div \frac{2}{3} = \frac{6}{5}\left(1\frac{1}{5}\right)$$ 答え $\frac{6}{5}\left(1\frac{1}{5}\right)$ 倍

(2) A のリボンの長さをもとにすると，C のリボンの長さは何倍ですか。

$$\frac{8}{9} \div \frac{2}{3} = \frac{4}{3}\left(1\frac{1}{3}\right)$$ 答え $\frac{4}{3}\left(1\frac{1}{3}\right)$ 倍

(3) C のリボンの長さをもとにすると，A のリボンの長さは何倍ですか。

式 $\frac{2}{3} \div \frac{8}{9} = \frac{3}{4}$　答え $\frac{3}{4}$ 倍

復習

● （　）にあてはまる数を求めましょう。

(1) 35kg の 0.8 倍は（　）kg です。

$$35 \times 0.8 = 28$$ 答え 28

(2) （　）L は，7.2L の 0.7 倍です。

$$7.2 \times 0.7 = 5.04$$ 答え 5.04

P.26

分数÷分数（10）
分数倍②

① ハンバーガー A セットの値段は 500 円です。

(1) ハンバーガー B セットは，A セットの $\frac{3}{4}$ 倍の値段です。B セットの値段は，何円ですか。

$$500 \times \frac{3}{4} = 375$$ 答え 375 円

(2) ハンバーガー C セットは，A セットの $\frac{6}{5}$ 倍の値段です。C セットの値段は，何円ですか。

$$500 \times \frac{6}{5} = 600$$ 答え 600 円

② A さんのロープの長さは，$3\frac{3}{5}$ m です。B さんのロープは A さんのロープの $1\frac{7}{8}$ 倍です。B さんのロープの長さは，何 m ですか。

$$3\frac{3}{5} \times 1\frac{7}{8} = \frac{27}{4}\left(6\frac{3}{4}\right)$$ $\frac{27}{4}\left(6\frac{3}{4}\right)$ m

復習

● （　）にあてはまる数を求めましょう。

(1) （　）人の 1.5 倍は，750 人です。

式 $750 \div 1.5 = 500$　答え 500

(2) （　）L の 0.55 倍は，2.2L です。

式 $2.2 \div 0.55 = 4$　答え 4

分数÷分数（11）
分数倍③

① A さんのお茶は $\frac{3}{4}$ L あります。これは B さんのお茶の $\frac{9}{8}$ 倍です。B さんのお茶は何 L ですか。

$$\frac{3}{4} \div \frac{9}{8} = \frac{2}{3}$$ 答え $\frac{2}{3}$ L

② うどんの値段は 600 円です。これはラーメンの値段の $\frac{3}{5}$ 倍です。ラーメンの値段は何円ですか。

$$600 \div \frac{3}{5} = 1000$$ 答え 1000 円

③ A さんはジュースを $\frac{1}{5}$ L 飲みました。これは，はじめにあった量の $\frac{2}{9}$ にあたります。はじめにあったジュースは何 L ですか。

$$\frac{1}{5} \div \frac{2}{9} = \frac{9}{10}$$ 答え $\frac{9}{10}$ L

復習

① $\frac{1}{3} + 0.5 = \frac{5}{6}$　② $0.75 + \frac{5}{6} = 1\frac{7}{12}\left(\frac{19}{12}\right)$

③ $0.4 + \frac{2}{7} = \frac{24}{35}$　④ $\frac{3}{4} + 0.2 = \frac{19}{20}(0.95)$

● ハイキングで $4\frac{1}{3}$ km 歩きます。2.5km 歩いたところで休みました。

$$4\frac{1}{3} - 2.5 = 1\frac{5}{6}\left(\frac{11}{6}\right)$$ 答え $1\frac{5}{6}\left(\frac{11}{6}\right)$ km

P.27

分数÷分数
分数倍まとめ

● （　）にあてはまる数を書きましょう。

(1) 12L は，9L の（　）倍です。

$$12 \div 9 = \frac{4}{3}\left(1\frac{1}{3}\right)$$ 答え $\frac{4}{3}\left(1\frac{1}{3}\right)$

(2) $\frac{3}{4}$ km は，$1\frac{1}{8}$ km の（　）倍です。

式 $\frac{3}{4} \div 1\frac{1}{8} = \frac{2}{3}$　答え $\frac{2}{3}$

(3) 24m² の $\frac{5}{8}$ 倍は（　）m² です。

式 $24 \times \frac{5}{8} = 15$　答え 15

(4) （　）人の $\frac{2}{3}$ 倍は 150 人です。

式 $150 \div \frac{2}{3} = 225$　答え 225

(5) （　）kg の $\frac{6}{7}$ 倍は $\frac{9}{14}$ kg です。

式 $\frac{9}{14} \div \frac{6}{7} = \frac{3}{4}$　答え $\frac{3}{4}$

(6) $2\frac{1}{4}$ kg は，$\frac{5}{8}$ kg の（　）倍です。

$$2\frac{1}{4} \div \frac{5}{8} = \frac{18}{5}\left(3\frac{3}{5}\right)$$ $\frac{18}{5}\left(3\frac{3}{5}\right)$

分数÷分数
まとめ①

① （　）にあてはまる =，>，< を書きましょう。

- ⑦ $21 < 21 \div \frac{8}{7}$
- ④ $21 > 21 \div \frac{9}{7}$
- ⑦ $21 = 21 \div 1$
- ⑰ $21 > 21 \div 1\frac{1}{5}$

② $\frac{9}{10}$ L の重さが $\frac{4}{5}$ kg の油があります。

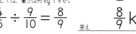

(1) この油 1L では，重さは何 kg ですか。

式 $\frac{4}{5} \div \frac{9}{10} = \frac{8}{9}$　答え $\frac{8}{9}$ kg

(1) この油 1kg では，何 L になりますか。

$$\frac{9}{10} \div \frac{4}{5} = \frac{9}{8}\left(1\frac{1}{8}\right)$$ 答え $\frac{9}{8}\left(1\frac{1}{8}\right)$ L

③ $2\frac{5}{8}$ L の肥料を $1\frac{1}{6}$ a の畑にまきました。1a あたり何 L の肥料をまいたことになりますか。

$$2\frac{5}{8} \div 1\frac{1}{6} = \frac{9}{4}\left(2\frac{1}{4}\right)$$ 答え $\frac{9}{4}\left(2\frac{1}{4}\right)$ L

④ $3\frac{1}{3}$ km の道のりを 40 分で歩きました。時速何 km で歩きましたか。

式 $3\frac{1}{3} \div \frac{2}{3} = 5$　答え 時速 5km

児童に実施させる前に，必ず指導される方が問題を解いてください。本書の解答は，あくまでも1つの例です。指導される方の作られた解答をもとに，本書の解答例を参考に児童の多様な考えに寄り添って○つけをお願いします。

P.28

分数÷分数 まとめ②

① 計算しましょう。

① $2\frac{4}{5} \div \frac{7}{9} \quad \frac{18}{5} \left(3\frac{3}{5}\right)$　② $2\frac{1}{7} \div 2 \div \frac{9}{7} \quad \frac{7}{6} \left(1\frac{1}{6}\right)$

③ $1.2 \div \frac{8}{5} \quad \frac{3}{4}$　④ $\frac{5}{8} \div \frac{5}{12} \div \frac{3}{4} \quad 2$

② $\frac{2}{5}$ L のペンキで $\frac{2}{3}$ m² のかべをぬりました。

(1) 1m² あたり何 L のペンキをぬりましたか。

式 $\frac{2}{5} \div \frac{2}{3} = \frac{3}{5}$　答え $\frac{3}{5}$ L

(2) このペンキ 1L では何 m² のかべをぬることができますか。

式 $\frac{2}{3} \div \frac{2}{5} = \frac{5}{3} \left(1\frac{2}{3}\right)$　答え $\frac{5}{3} \left(1\frac{2}{3}\right)$ m²

③ $5\frac{1}{3}$ m のロープを $\frac{2}{9}$ m ずつ切ります。$\frac{2}{9}$ m のロープは何本できますか。

式 $5\frac{1}{3} \div \frac{2}{9} = 24$　答え **24 本**

④ 面積が $\frac{2}{3}$ m² の長方形があります。縦の長さは 0.4m です。横の長さは何 m ですか。

式 $\frac{2}{3} \div 0.4 = \frac{5}{3} \left(1\frac{2}{3}\right)$　答え $\frac{5}{3} \left(1\frac{2}{3}\right)$ m

分数のかけ算・わり算 まとめ①

① 砂糖 $\frac{5}{9}$ kg の値段は 400 円です。この砂糖 1kg の値段は，何円ですか。

式 $400 \div \frac{5}{9} = 720$　答え **720 円**

② 1kg の値段が 560 円のみかんがあります。このみかん $5\frac{1}{4}$ kg の値段は，何円ですか。

式 $560 \times 5\frac{1}{4} = 2940$　答え **2940 円**

③ $\frac{2}{3}$ L の値段が 320 円のジュースがあります。このジュース 1L の値段は，何円ですか。

式 $320 \div \frac{2}{3} = 480$　答え **480 円**

④ 計算しましょう。

① $\frac{5}{18} \div 0.2 \times \frac{6}{25} \quad \frac{1}{3}$　② $2\frac{1}{16} \div 2\frac{3}{4} \times 0.8 \quad \frac{3}{5}$

③ $7.2 \times \frac{3}{4} \div \frac{8}{15} \quad \frac{81}{8} \left(10\frac{1}{8}\right)$　④ $\frac{7}{9} \times 0.25 \div \frac{3}{5} \quad \frac{5}{18}$

P.29

分数のかけ算・わり算 まとめ②

① $3\frac{2}{3}$ cm³ の重さが $9\frac{1}{6}$ の金ぞくがあります。この金ぞく 1cm³ の重さは何 g ですか。

式 $9\frac{1}{6} \div 3\frac{2}{3} = \frac{5}{2} \left(2\frac{1}{2}\right)$　答え $\frac{5}{2} \left(2\frac{1}{2}\right)$ g

② 1m の重さが 4kg の鉄の棒があります。この鉄の棒 $\frac{2}{3}$ kg では，何 m になりますか。

式 $\frac{2}{3} \div 4 = \frac{1}{6}$　答え $\frac{1}{6}$ m

③ 1m の重さが $\frac{4}{5}$ kg のパイプがあります。このパイプ $3\frac{1}{3}$ m の重さは何 kg ですか。

式 $\frac{4}{5} \times 3\frac{1}{3} = \frac{8}{3} \left(2\frac{2}{3}\right)$　答え $\frac{8}{3} \left(2\frac{2}{3}\right)$ kg

④ アルミニウムの重さは 1cm³ あたり $2\frac{7}{10}$ g です。54g のアルミニウムの体積は何 cm³ ですか。

式 $54 \div 2\frac{7}{10} = 20$　答え **20cm³**

分数のかけ算・わり算 まとめ③

① 自転車に乗って時速 $15\frac{1}{3}$ km で走ります。1時間 30 分では何 km 走ることができますか。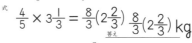

式 $15\frac{1}{3} \times 1\frac{1}{2} = 23$　答え **23km**

② $1\frac{1}{3}$ km の道のりを 20 分で歩きました。時速何 km で歩きましたか。

式 $1\frac{1}{3} \div \frac{1}{3} = 4$　答え **時速 4km**

③ $12 \div 4\frac{1}{2} = \frac{8}{3} \left(2\frac{2}{3}\right)$ ますか。

$\frac{8}{3} \left(2\frac{2}{3}\right)$ 時間 ＝ 2 時間 40 分　答え **2 時間 40 分**

④ （　）にあてはまる数を書きましょう。

(1) （　）km の $\frac{3}{5}$ 倍は 36km です。

式 $36 \div \frac{3}{5} = 60$　答え **60**

(2) $\frac{1}{3}$ 時間は $\frac{1}{4}$ 時間の（　）倍です。

式 $\frac{1}{3} \div \frac{1}{4} = \frac{4}{3} \left(1\frac{1}{3}\right)$　答え $\frac{4}{3} \left(1\frac{1}{3}\right)$

(3) 6km は（　）km の $\frac{2}{3}$ 倍です。

式 $6 \div \frac{2}{3} = 9$　答え **9**

P.30

比と比の利用（1）

● 4 人がめんつゆを作りました。

(1) 水とつゆの割合を比で表しましょう。

ここなさん 2：1
ふみやさん 3：1
しゅんやさん 3：1
まさきさん 2：1

(2) 同じ味は，だれとだれですか。

ここなさん と まさきさん
ふみやさん と しゅんやさん

復習

● 約分しましょう。

① $\frac{48}{60} \left(\frac{4}{5}\right)$　② $\frac{18}{72} \left(\frac{1}{4}\right)$　③ $\frac{32}{56} \left(\frac{4}{7}\right)$　④ $\frac{70}{98} \left(\frac{5}{7}\right)$

⑤ $\frac{28}{70} \left(\frac{2}{5}\right)$　⑥ $\frac{125}{100} \left(\frac{5}{4}\right)$　⑦ $\frac{80}{128} \left(\frac{5}{8}\right)$　⑧ $\frac{240}{100} \left(\frac{12}{5}\right)$

比と比の利用（2）

● 次の比の値を求めましょう。

① 3：4 $\left(\frac{3}{4}\right)$　② 5：2 $\left(\frac{5}{2}\right)$

③ 6：8 $\left(\frac{3}{4}\right)$　④ 28：35 $\left(\frac{4}{5}\right)$

⑤ 16：24 $\left(\frac{2}{3}\right)$　⑥ 45：35 $\left(\frac{9}{7}\right)$

⑦ 42：24 $\left(\frac{7}{4}\right)$　⑧ 20：40 $\left(\frac{1}{2}\right)$

⑨ 120：200 $\left(\frac{3}{5}\right)$　⑩ 39：65 $\left(\frac{3}{5}\right)$

⑪ 36：18 （2）　⑫ 125：25 （5）

復習

① $0.6 \div \frac{3}{4} \times 4\frac{1}{2} \quad \frac{24}{7} \left(3\frac{3}{7}\right)$

② $\frac{5}{9} \times 1.8 \div 3\frac{3}{4} \quad \frac{4}{15}$

③ $\frac{11}{15} \times \frac{3}{4} \div 5.5 \quad \frac{1}{10}$

④ $0.75 \div \frac{5}{8} \times \frac{5}{12} \quad \frac{1}{2}$

P.31

比と比の利用（3）

① 次の2つの比は等しいですか。等しいときは○を，等しくないときは×を（　）に書きましょう。

① 2：3 と 6：4 ×　② 5：3 と 15：9 ○

③ 21：14 と 9：6 ○　④ 35：10 と 5：2 ×

② 等しい比を見つけて線で結びましょう。

49：28 ——— 20：15
25：15 ——— 35：20
28：21 ——— 15：9
42：28 ——— 24：16

復習

① 7.7 × 3.8　② 2.78 × 6.4　③ 4.26 × 4.5　④ 70.5 × 4.8

29.26　19.170　17.792　338.40

● 底辺が 5.9m，高さが 6.8m の平行四辺形の面積を求めましょう。

式 $5.9 \times 6.8 = 40.12$　答え **40.12m²**

比と比の利用（4）

● 等しい比にします。□にあてはまる数を書きましょう。

① 4：3 ＝ 8：6　② 3：5 ＝ 6：10

③ 7：2 ＝ 42：12　④ 18：27 ＝ 2：3

⑤ 45：10 ＝ 9：2　⑥ 56：40 ＝ 7：5

⑦ 24：18 ＝ 4：3　⑧ 4：5 ＝ 52：65

⑨ 6：7 ＝ 42：49　⑩ 8：5 ＝ 32：20

⑪ 9：5 ＝ 45：25　⑫ 4：3 ＝ 72：54

⑬ 36：60 ＝ 3：5　⑭ 4：7 ＝ 48：84

復習

① 1.7 × 4.92　② 7.8 × 6.04　③ 4.3 × 0.3　④ 6.8 × 0.5

8.364　47.112　1.29　3.40

● 時速 4.3km で歩きます。0.4 時間では何 km 歩きますか。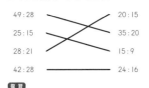

式 $4.3 \times 0.4 = 1.72$　答え **1.72km**

P.32

比と比の利用（5）　名前　月　日

● 次の比を簡単にしましょう。
① 12:9　（4:3）　② 16:8　（2:1）
③ 15:24　（5:8）　④ 35:28　（5:4）
⑤ 8:40　（1:5）　⑥ 30:42　（5:7）
⑦ 27:36　（3:4）　⑧ 26:39　（2:3）
⑨ 42:70　（3:5）　⑩ 51:21　17:7
⑪ 125:100　（5:4）　⑫ 8:200　1:25
⑬ 42:60　7:10　⑭ 65:52　（5:4）

復習
① 17.7×0.4　② 92.3×0.8　③ 1.2×0.6　④ 2.9×0.5
7.08　73.84　0.72　1.45

● 1mが45円の針金があります。この針金0.8mでは何円ですか。
式　45×0.8=36　答え　36円

比と比の利用（6）　名前　月　日

● 次の比を簡単にしましょう。
① 1.8:0.6　（3:1）　② 0.6:0.9　（2:3）
③ 1.2:0.8　（3:2）　④ 4.9:2.8　（7:4）
⑤ 4.8:2.4　（2:1）　⑥ 5.6:4.2　（4:3）
⑦ 2.4:3　（4:5）　⑧ 4:0.8　（5:1）
⑨ $\frac{1}{2}:\frac{2}{3}$　（3:4）　⑩ $\frac{1}{5}:\frac{1}{6}$　（6:5）
⑪ $\frac{3}{4}:\frac{3}{5}$　（5:4）　⑫ 3:$\frac{5}{6}$　18:5
⑬ 1.2:$\frac{5}{4}$　24:25　⑭ $\frac{2}{3}:1.5$　（4:9）

復習
① 3.87×0.6　② 1.78×0.5　③ 0.7×1.7　④ 0.8×6.3
2.322　0.890　1.19　5.04

● かべ1m²あたり0.9Lのペンキを使ってぬります。4.5m²のかべをぬるには何Lのペンキがいりますか。
式　0.9×4.5=4.05　答え　4.05L

P.33

比と比の利用（7）　名前　月　日

① 縦と横の長さの比が3:4になる長方形を作ります。縦の長さを45cmにすると、横の長さは何cmになりますか。
3:4=45:x
答え　60cm

② 高さ5mの木があります。この木のかげの長さは8mです。かげが12mの木の高さは何mですか。
5:8=x:12　$\frac{15}{2}$（7.5）m

③ 牛乳と紅茶の比を2:7にして、ミルクティーを作ります。牛乳を60mLにすると、紅茶は何mL必要ですか。
2:7=60:x
答え　210mL

復習
① 0.9×2.03　② 0.2×1.35　③ 0.25×0.48　④ 0.08×0.42
1.827　0.1200　0.270　0.0336

● 犬とねこをかっています。犬の体重は16.4kgです。ねこの体重は、犬の体重の0.3倍です。ねこの体重は何kgですか。
16.4×0.3=4.92　答え　4.92kg

比と比の利用（8）　名前　月　日

5+3=8
● 長さ320cmのリボンを2本に分けます。長さの比を
320×$\frac{5}{8}$=200にす320×$\frac{3}{8}$=120
200cmと120cm

3+2=5
● コーヒーとミルクを3:2の割合で混ぜて、400mLのカフェオレを作り
400×$\frac{3}{5}$=240　コーヒー240mL
400×$\frac{2}{5}$=160　答え　ミルク160mL

③ 面積が63m²の畑があります。花畑と野菜畑の面積の比を4:5にしようと思います。
4+5=9
63×$\frac{4}{9}$=28　答え　28m²

復習
① 32×0.7　② 300×0.45　③ 260×3.4　④ 275×2.8
22.4　135.00　884.0　770.0

● 1kgが880円のとり肉があります。このとり肉0.6kgの代金は何円になりますか。
式　880×0.6=528　答え　528円

P.34

比と比の利用　まとめ①　名前　月　日

① 比の値を求めましょう。
① 2:3　（$\frac{2}{3}$）　② 12:30　（$\frac{2}{5}$）
③ 49:28　（$\frac{7}{4}$）　④ 24:8　（3）
⑤ 2.1:1.5　（$\frac{7}{5}$）　⑥ 4:1.2　（$\frac{10}{3}$）

② 次の①～⑤の比と等しい比を⑦～⑦の中から見つけて、（　）に記号を書きましょう。
① 4:10　（ウ）
② 16:24　（ア）
③ 54:36　（エ）
④ 4:16　（オ）
⑤ 15:6　（イ）

⑦ 10:15
④ 20:8
⑦ 10:25
⑦ 18:12
⑦ 9:36

③ 次の比を簡単にしましょう。
① 9:27　（1:3）　② 1.2:3.2　（3:8）
③ $\frac{4}{5}:\frac{4}{7}$　7:5　④ $\frac{4}{5}:\frac{2}{5}$　4:5
⑤ 0.8:$\frac{1}{6}$　24:5　⑥ $\frac{2}{5}:2.4$　（1:6）

比と比の利用　まとめ②　名前　月　日

① 等しい比にします。□にあてはまる数を書きましょう。
① 2:5=10:□25　② 21:15=□7:5
③ 5:□6=35:42　④ □5:4=45:36
⑤ 8:20=2:□5　⑥ 12:18=16:□24

② あおいさんは本を90ページ読みました。まだ読んでいないページは105ページです。読んだページと読んでいないページを簡単な整数の比で表しましょう。
答え　6:7

③ 高さ8mの木があります。この木のかげの長さは6mです。このとき、かげが9mの木の高さは何mですか。
8:6=x:9
答え　12m

④ 450mLのジュースがあります。AさんとBさんが、このジュースを5:4の割合で飲みました。AさんとBさんは、それぞれ何mL飲みましたか。
5+4=9
450×$\frac{5}{9}$=250　Aさん250mL
450×$\frac{4}{9}$=200　答え　Bさん200mL

P.35

拡大図と縮図（1）　名前　月　日

● 下の図を見て、（　）にあてはまることばや数を下から選んで書きましょう。（同じことばを2度使ってもよい。）

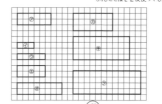

(1) ⑦を形を変えずに大きくした図は、（ク）です。対応する辺の長さは（2）倍です。対応する角の大きさは等しいです。このような図を⑦の拡大図といいます。
(2) ⑦を形を変えずに小さくした図は、（イ）です。対応する辺の長さは（$\frac{1}{2}$）です。対応する角の大きさは等しいです。このような図を⑦の縮図といいます。

⑦ ⑦ ⑦ ⑦ ⑦ ⑦ 2 $\frac{1}{2}$ 等しい 拡大図 縮図

復習
● 合同な三角形をかきましょう。

拡大図と縮図（2）　名前　月　日

● ④は、⑦の2倍の拡大図です。⑦は⑦の$\frac{1}{2}$の縮図です。

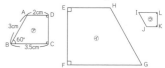

(1) 辺ABに対応する辺は、④、⑦ではそれぞれどれですか。また、辺HG　長さ（6）cm
⑦　辺JI　長さ（1.5）cm
(2) 辺ADに対応する辺は、④、⑦ではそれぞれどれですか。また、
④　辺HE　長さ（4）cm
⑦　辺JK　長さ（1）cm
(3) 角Bに対応する角は、④、⑦ではそれぞれどれですか。また、何度ですか。
④　角G　角度（60）
⑦　角I　角度（60）

復習
● 合同な四角形をかきましょう。

P.36

拡大図と縮図（3） 名前

① 三角形 ABC の2倍の拡大図 DEF と，$\frac{1}{2}$ の縮図 GHI をかきましょう。

2倍の拡大図　　$\frac{1}{2}$ の縮図

② 長方形 ABCD の1.5倍の拡大図 EFGH と，$\frac{1}{2}$ の縮図 IJKL をかきましょう。

1.5倍の拡大図　　$\frac{1}{2}$ の縮図

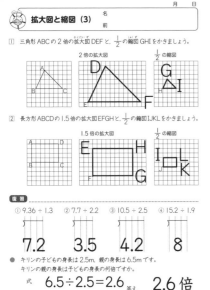

復習
① 9.36 ÷ 1.3　② 7.7 ÷ 2.2　③ 10.5 ÷ 2.5　④ 15.2 ÷ 1.9

7.2　3.5　4.2　8

● キリンの子どもの身長は2.5m，親の身長は6.5mです。
キリンの親の身長は子どもの身長の何倍ですか。

式　6.5 ÷ 2.5 = 2.6　答え　2.6 倍

拡大図と縮図（4） 名前

① 三角形 ABC の3倍の拡大図 DEF をかきましょう。

9cm　6cm　7.5cm

② 三角形 ABC の2倍の拡大図 DEF と，$\frac{1}{2}$ の縮図をかきましょう。

（2倍の拡大図）
6cm　8cm　55°

$\frac{1}{2}$ の縮図　2cm

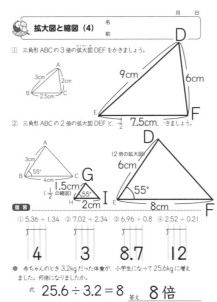

復習
① 5.36 ÷ 1.34　② 7.02 ÷ 2.34　③ 6.96 ÷ 0.8　④ 2.52 ÷ 0.21

4　3　8.7　12

● 赤ちゃんのとき3.2kgだった体重が，小学生になって25.6kgに増えました。何倍になりましたか。

式　25.6 ÷ 3.2 = 8　答え　8 倍

36　（122%に拡大してご使用ください）

P.37

拡大図と縮図（5） 名前

① 三角形 ABC の1.5倍の拡大図 DEF と，$\frac{1}{2}$ の縮図 GHI をかきましょう。

（1.5倍の拡大図）
60° 40°　4cm　6cm
$\frac{1}{2}$ の縮図　40° 60° 2cm

②
$\frac{1}{2}$ の縮図　1.5cm　45° 2cm
（1.5倍の拡大図）4.5cm　45° 6cm

復習
① 1.8 ÷ 0.05　② 2.7 ÷ 0.45　③ 2 ÷ 1.6　④ 62.4 ÷ 1.5

36　6　1.25　41.6

● 3.8Lのペンキで9.5m²のかべをぬりました。
このペンキ1Lでは，何m²のかべをぬったことになりますか。

式　9.5 ÷ 3.8 = 2.5　答え　2.5m²

拡大図と縮図
9.3cm　6.2cm　4.8cm　7.2cm　2.4cm　6cm　3cm　4cm　8cm

● 商は整数で求めて，あまりも出しましょう。
① 4.7 ÷ 1.5　② 70.6 ÷ 3.9　③ 8 ÷ 0.6

3あまり0.2　18あまり0.4　13あまり0.2

● 8.8mのロープを1.2mずつに切ります。
8.8 ÷ 1.2 = 7あまり0.4　1.2mのロープは何本できて何mあまりますか。
式　7本できて，0.4mあまる。

37　（122%に拡大してご使用ください）

P.38

拡大図と縮図（7） 名前

① 四角形 ABCD の頂点Bを中心にして，1.5倍と2倍の拡大図をかきましょう。

② 四角形 ABCD の頂点Bを中心にして，$\frac{1}{2}$ の縮図をかきましょう。

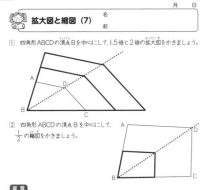

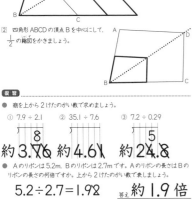

復習
● 商を上から2けたのがい数で求めましょう。
① 7.9 ÷ 2.1　② 35.1 ÷ 7.6　③ 7.2 ÷ 0.29

約3.76　約4.61　約24.8

● Aのリボンは5.2m，Bのリボンは2.7mです。Aのリボンの長さはBのリボンの長さの何倍ですか。上から2けたのがい数で表しましょう。

5.2 ÷ 2.7 = 1.92　答え　約1.9 倍

拡大図と縮図（8） 名前

● 右の図は，K小学校の校舎を上から見た図です。

40m　20m　60m　10m

(1) 下の方眼に $\frac{1}{1000}$ の縮図をかきましょう。

（例）

(2) 縮図で頂点Aから頂点Bまでの直線きょりは何cmですか。
（例）7.2cm

(3) 点Aから点Bまでの実際の直線きょりは何mですか。

（例）7.2 × 1000 = 7200
7200cm = 72m　答え　72m

復習
● 商を $\frac{1}{10}$ の位までのがい数で求めましょう。
① 7.5 ÷ 2.8　② 7.1 ÷ 4.6　③ 5.02 ÷ 1.8

約2.67　約1.54　約2.78

● （ ）にあてはまる数を $\frac{1}{10}$ の位までのがい数で求めましょう。
7.26 ÷ 0.8 = 9.07…　9.1 倍

38　（このページは，拡大せずにお使い下さい）

P.39

拡大図と縮図（9） 名前

● 下の $\frac{1}{10000}$ の縮尺でかかれた地図を見て答えましょう。

駅　学校　家　公園

(1) 上の縮図で，家から駅を通って学校までは何cmですか。
（10cm）

(2) 何倍すれば，実際の長さを求めることができますか。
（10000倍）

(3) 10 × 10000 = 100000
100000cm = 1000m　1000m

復習
① 60 ÷ 0.4　② 15 ÷ 0.6　③ 120 ÷ 1.6　④ 630 ÷ 1.2

150　25　75　525

● 0.7mの値段が560円のリボンがあります。このリボン1mの値段は何円ですか。

式　560 ÷ 0.7 = 800　答え　800 円

拡大図と縮図（10） 名前

● 下の図で，実際の木の高さを求めましょう。

A　50°　10m　1.3m

(1) 三角形 ABC の $\frac{1}{200}$ の縮図をかきましょう。

A　50°　5cm　C

(2) 縮図の辺 AC の長さは何cmですか。
（例）5.9cm

(3) 実際の AC の長さを求めましょう。
（例）式　5.9 × 200 = 1180
1180cm = 11.8m　11.8m

(4) 目の高さ1.3mをたして，実際の木の高さを求めましょう。
（例）式　11.8 + 1.3 = 13.1
13.1m

復習
① 3.5 × 4.2 + 2.3　17　② 7.2 - 1.5 × 0.8　6
③ 2 ÷ 8 + 0.3　0.55　④ 7.68 ÷ 4.8 - 0.9　0.7

39　（122%に拡大してご使用ください）

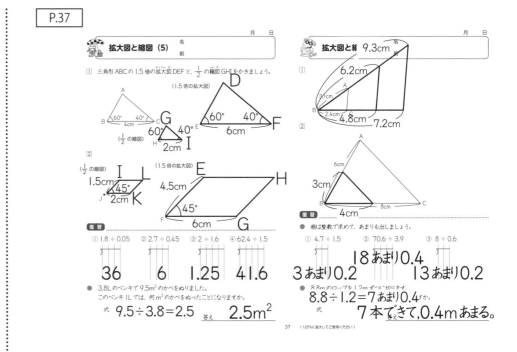

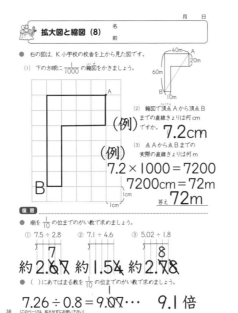

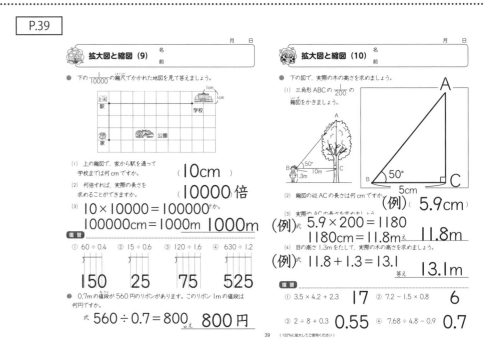

136

P.40

拡大図と縮図　まとめ①　名前

① 四角形 EFGH は，四角形 ABCD の拡大図です。

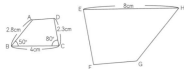

(1) 四角形 EFGH は，四角形 ABCD の何倍の拡大図ですか。

（ **2倍** ）

(2) 角 E の角度は何度ですか。

（ **80°** ）

(3) 辺 EF と辺 HG の長さを書きましょう。

辺EF **4.6cm** 辺HG **5.6cm**

② 下の四角形 ABCD の頂点 B を中心にして2倍の拡大図と，$\frac{1}{2}$ の縮図をかきましょう。

拡大図と縮図　まとめ②　名前

① 右の校舎の縮図を見て，答えましょう。

 横　校舎

(1) この縮図では10mを1cmで表しています。
この縮図は何分の1の縮図ですか。

$\frac{1}{1000}$

(2) 縮図での校舎の横の長さは4cmです。
実際は
式 4×1000 = 4000
4000cm = 40m 答え **40m**

② B地点から池の中のカエルまでのキョリを，縮図をかいて求めましょう。

(1) 三角形 ABC の $\frac{1}{500}$ の縮図をかきましょう。

(2) 縮図の辺 AC の長さは何cmですか。

（例） **4.2cm**

(3) 実際 4.2×500 = 2100
（例）式 2100cm = 21m 答え **21m**

40　（122%に拡大してご使用ください）

P.41

円の面積 (1)　名前

● 下の円の面積を求めましょう。

(1) 10cm
10×10×3.14 = 314
314cm²

(2) 5cm
5×5×3.14 = 78.5
78.5cm²

(3) 12cm
12÷2 = 6
6×6×3.14 = 113.04
113.04cm²

(4) 直径8mの円
8÷2 = 4
4×4×3.14 = 50.24
50.24m²

復習
● 次の円周の長さを求めましょう。

① 直径10cmの円
10×3.14 = 31.4
31.4cm

② 直径5cmの円
5×3.14 = 15.7
15.7cm

③ 10×2 = 20
20×3.14 = 62.8
62.8cm

円の面積 (2)　名前

● 下の図形の面積を求めましょう。

(1) 6cm
6×6×3.14÷2 = 56.52
56.52cm²

(2) 8÷2 = 4
4×4×3.14÷2 = 25.12
25.12cm²

(3) 4÷2 = 2
2×2×3.14÷2 = 6.28
6.28m²

(4) 10×10×3.14÷4 = 78.5
78.5cm²

復習
● 下の図形の面積を求めましょう。

① 3.6cm 3.2cm
5×3.2÷2 = 8
答え **8cm²**

② 4cm 4.5cm
(4+6)×4.5÷2 = 22.5
答え **22.5cm²**

41　（122%に拡大してご使用ください）

P.42

円の面積 (3)　名前

● 右の色のついた部分の面積の求め方を考えましょう。A さんと B さんの考え方を使って，面積を求めましょう。

10cm

① 10×10×3.14÷4 = 78.5
10×10÷2 = 50
78.5 − 50 = 28.5
28.5×2 = 57
答え **57cm²**

② 10×10 = 100
10×10×3.14÷4 = 78.5
100 − 78.5 = 21.5
100 − 21.5 − 21.5 = 57
答え **57cm²**

復習
① 6.7×4.8 **32.16**
② 2.96×5.6 **16.576**
③ 7.07×4.8 **33.936**
④ 3.9×5.74 **22.386**

● 1Lのガソリンで16.4km走る自動車があります。7.5Lのガソリンでは何km走れますか。

式 16.4×7.5 = 123 答え **123km**

円の面積 (4)　名前

● 次の色のついた部分の面積を求めましょう。

(1) 5cm
5×2 = 10
10×10×3.14÷2 = 157
答え **157cm²**

(2) 20×20×3.14÷2 = 628
20÷2 = 10
10×10×3.14 = 314
628 + 314 = 942 **942cm²**

(3) 20×20 = 400
20÷2 = 10
10×10×3.14 = 314
400 − 314 = 86 **86cm²**

復習
① 7.9×0.8 **6.32**
② 64.8×0.5 **32.40**
③ 0.2×0.7 **0.14**
④ 3.79×0.2 **0.758**

● 1aあたり42.5kgのそばの実がとれました。0.8aでは，何kgのそばの実がとれますか。

式 42.5×0.8 = 34 答え **34kg**

42　（122%に拡大してご使用ください）

P.43

円の面積 (5)　名前

● 次の色のついた部分の面積を求めましょう。

(1) 10cm
10×10 = 100
10÷2 = 5
5×5×3.14 = 78.5
100 − 78.5 = 21.5
答え **21.5cm²**

(2) 10×10 = 100
10×10×3.14÷4 = 78.5
100 − 78.5 = 21.5
21.5×2 = 43 **43cm²**

10×10×3.14÷4 = 78.5
10÷2 = 5
5×5×3.14÷2 = 39.25 **39.25cm²**
78.5 − 39.25 = 39.25

復習
① 0.4×5.6 **2.24**
② 0.6×9.32 **5.592**
③ 0.19×0.24 **0.0456**
④ 27×3.58 **96.66**

● 1mの値段が240円のロープがあります。このロープ12.5mの値段は何円ですか。

240×12.5 = 3000 答え **3000円**

円の面積 まとめ　名前

● 次の色のついた部分の面積を求めましょう。

(1) 8cm
8×8×3.14 = 200.96
200.96cm²

(2) 20cm
20÷2 = 10
10×10×3.14 = 314
答え **314cm²**

(3) 12cm
12÷2 = 6
6×6×3.14÷2 = 56.52
56.52cm²

(4)
5cm 10cm
10×10×3.14÷2 = 157
5×5×3.14÷2 = 39.25
157 − 39.25 = 117.75
117.75cm²

43　（122%に拡大してご使用ください）

P.44

立体の体積 (1) 名前

● 下の四角柱の体積を求めましょう。

(1)
式 $4 \times 6 \times 9 = 216$
答え $216cm^3$

(2) 1辺が7cmの立方体
式 $7 \times 7 \times 7 = 343$
答え $343cm^3$

(3)
式 $14 \times 6 \times 3 = 252$
答え $252cm^3$

復習
① $8.64 \div 2.4$ ② $9.28 \div 3.2$ ③ $46.5 \div 1.5$ ④ $66.6 \div 1.8$
3.6　2.9　31　37

● 面積が $8.45m^2$ の長方形の花だんがあります。横の長さは $6.5m$ です。縦の長さは何 m ですか。
式 $8.45 \div 6.5 = 1.3$ 答え $1.3m$

立体の体積 (2) 名前

● 下の角柱の体積を求めましょう。

(1)
式 $12 \times 6 \div 2 \times 5 = 180$
答え $180cm^3$

(2)
式 $4 \times 3 \div 2 \times 15 = 90$
答え $90cm^3$

(3)
式 $(7 + 9) \times 5 \div 2 \times 12 = 480$
答え $480cm^3$

復習
① $9.36 \div 2.34$ ② $1.72 \div 4.3$ ③ $9.66 \div 0.7$ ④ $9.66 \div 0.23$
4　0.4　13.8　42

● 自転車に乗り，分速 $0.28km$ の速さで $8.68km$ の道のりを走ります。何分かかりますか。
式 $8.68 \div 0.28 = 31$ 答え 31 分

44 (122%に拡大してご使用ください)

P.45

立体の体積 (3) 名前

● 下の四角柱の体積を求めましょう。

(1)
式 $6 \times 4 \div 2 = 12$
$6 \times 2 \div 2 = 6$
$12 + 6 = 18$
$18 \times 5 = 90$
答え $90cm^3$

(2)
式 $7 \times 4 \div 2 = 14$
$8 \times 3 \div 2 = 12$
$14 + 12 = 26$
$26 \times 6 = 156$
答え $156cm^3$

復習
① 7.6×4.8 ② 24.9×5.3 ③ 6.78×2.5 ④ 9.2×14.9
36.48　16.950　131.97　137.08

● 時速 $42.5km$ で走る自動車が 2.4 時間走ると，進む道のりは何 km ですか。
式 $42.5 \times 2.4 = 102$ 答え $102km$

立体の体積 (4) 名前

● 下の円柱の体積を求めましょう。

(1)
式 $4 \times 4 \times 3.14 = 50.24$
$50.24 \times 7 = 351.68$
答え $351.68cm^3$

(2)
式 $12 \div 2 = 6$
$6 \times 6 \times 3.14 = 113.04$
$113.04 \times 6 = 678.24$
答え $678.24cm^3$

(3)
式 $1 \times 1 \times 3.14 = 3.14$
$3.14 \times 15 = 47.1$
答え $47.1cm^3$

復習
① 5.6×0.7 ② 29.8×0.6 ③ 4.5×0.8 ④ 6.05×0.4
3.92　17.88　3.60　2.420

● $1m^2$ の板を $0.6L$ のペンキでぬることができました。$0.85m^2$ の板をぬるには何 L のペンキがあればいいですか。
式 $0.6 \times 0.85 = 0.51$ 答え $0.51L$

45 (122%に拡大してご使用ください)

P.46

立体の体積 (5) 名前

● 下の立体の体積を求めましょう。

(1)
式 (例)
$6 \times 6 + 3 \times 3 = 45$
$45 \times 4 = 180$
答え $180cm^3$

(2)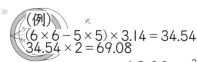
式 (例)
$(6 \times 6 - 5 \times 5) \times 3.14 = 34.54$
$34.54 \times 2 = 69.08$
答え $69.08cm^3$

復習
① $\frac{3}{4} \times 6$　$\frac{9}{2}(4\frac{1}{2})$　② $\frac{4}{5} \times \frac{5}{2}$　$\frac{8}{15}$
③ $\frac{5}{6} \times \frac{2}{3}$　$\frac{5}{9}$　④ $\frac{8}{5} \times \frac{35}{16}$　$\frac{7}{2}(3\frac{1}{2})$

● 1人に $\frac{5}{12}$ Lずつお茶を入れます。この水とうを18人分用意するには，全部でお茶を何 L 用意すればいいですか。
$\frac{5}{12} \times 18 = \frac{15}{2}(7\frac{1}{2})$ 答え $\frac{15}{2}(7\frac{1}{2})$ L

立体の体積 (6) 名前

● 下の立体の体積を求めましょう。

(1)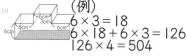
式 (例)
$6 \times 3 = 18$
$6 \times 18 + 6 \times 3 = 126$
$126 \times 4 = 504$
答え $504cm^3$

(2)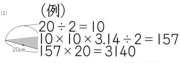
式 (例)
$20 \div 2 = 10$
$10 \times 10 \times 3.14 \div 2 = 157$
$157 \times 20 = 3140$
答え $3140cm^3$

復習
① $2\frac{1}{4} \times \frac{2}{3}$　$\frac{3}{2}(1\frac{1}{2})$　② $\frac{6}{7} \times 4\frac{2}{3}$　4
③ $3\frac{1}{3} \times 2\frac{1}{4}$　$\frac{15}{2}(7\frac{1}{2})$　④ $15 \times \frac{5}{6}$　$\frac{25}{2}(12\frac{1}{2})$

● $1m$ の重さが $6kg$ のパイプがあります。このパイプ $\frac{5}{9}$ m の重さは何 kg ですか。
$6 \times \frac{5}{9} = \frac{10}{3}(3\frac{1}{3})$ 答え $\frac{10}{3}(3\frac{1}{3})$ kg

46 (122%に拡大してご使用ください)

P.47

立体の体積 まとめ 名前

● 下の立体の体積を求めましょう。

(1)
式 $15 \times 6 \times 3 = 270$
答え $270cm^3$

(2)
式 $12 \times 3 \div 2 \times 5 = 90$
答え $90cm^3$

(3)
式 $10 \div 2 = 5$
$5 \times 5 \times 3.14 \times 6 = 471$
答え $471cm^3$

(4)
底面(ひし型)
式 $8 \times 4 \div 2 \times 7 = 112$
答え $112cm^3$

(5)
式 $7 \times 4 + 2 \times 6 = 40$
$40 \times 3 = 120$
答え $120cm^3$

およその面積と体積 (1) 名前

● およその面積を求めましょう。

(1)
式 (例)
$6 \times 10 = 60$
答え 約 $60cm^2$

(2)
式 (例)
$13 \times 8 \div 2 = 52$
答え 約 $52cm^2$

復習
● 広さの単位としてあてはまるものを右から選んで，( )に記号を書きましょう。
① 1辺が1cmの正方形の面積 (ア)
② 1辺が10mの正方形の面積 (ウ)
③ 1辺が10cmの正方形の面積 (オ)
④ 1辺が1mの正方形の面積 (イ)
⑤ 1辺が100mの正方形の面積 (エ)

ア $1cm^2$
イ $1m^2$
ウ $1a$
エ $1ha$
オ $1km^2$

47 (122%に拡大してご使用ください)

P.48

およその面積と体積 (2)

● およその面積を求めましょう。

(1) 池をおよそ三角形と考えて

$$30 \times 23 \div 2 = 345$$

答え 約345m²

(2) 公園をおよそ台形と考えて

$$(240 + 420) \times 230 \div 2 = 75900$$

約75900m²

(3) 福岡県をおよそ2つの三角形と考えて

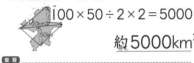

$$100 \times 50 \div 2 \times 2 = 5000$$

約5000km²

復習

● 体積の単位としてあてはまるものを右から2つずつ選んで，（ ）に記号を書きましょう。

① 1辺が1cmの立方体の体積 （ア）（カ）
② 1辺が10cmの立方体の体積 （ウ）（オ）
③ 1辺が1mの立方体の体積 （イ）（エ）

ア 1cm³ イ 1m³
ウ 1000cm³ エ 1000000cm³
オ 1L カ 1mL

48 （122%に拡大してご使用ください）

およその面積と体積 (3)

● およその容積や体積を求めましょう。

(1) ジュースパックをおよそ四角柱と考えて

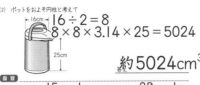

式 $$3 \times 8 \times 12 = 288$$

答え 約288cm³

(2) ポットをおよそ円柱と考えて

$$16 \div 2 = 8$$
$$8 \times 8 \times 3.14 \times 25 = 5024$$

約5024cm³

復習

① $5 \div \frac{2}{3} \quad \frac{15}{2}\left(7\frac{1}{2}\right)$ ② $8 \div \frac{6}{7} \quad \frac{28}{3}\left(9\frac{1}{3}\right)$
③ $\frac{3}{4} \div \frac{2}{3} \quad \frac{9}{8}\left(1\frac{1}{8}\right)$ ④ $\frac{8}{15} \div \frac{24}{25} \quad \frac{5}{9}$

● （ ）にあてはまる数を書きましょう。

式 $\frac{3}{4} \div \frac{5}{6} = \frac{9}{10}$ 答え $\frac{9}{10}$

P.49

およその面積と体積 (4)

① コーヒーカップをおよそ円柱と考えて容積を求めましょう。

$$(7 + 5) \div 2 = 6$$
$$6 \div 2 = 3$$
$$3 \times 3 \times 3.14 \times 8 = 226.08$$

約226.08cm³

② ペットボトルをおよそ四角柱と考えると，容積は何cm³ですか。また，それは何Lですか。

$$10 \times 10 \times 20 = 2000$$

答え 約 2000 cm³，約 2 L

復習

① $\frac{9}{8} \div \frac{15}{4} \quad \frac{3}{10}$ ② $3\frac{3}{4} \div \frac{5}{6} \quad \frac{9}{2}$
③ $\frac{5}{12} \div 4\frac{1}{6} \quad \frac{1}{10}$ ④ $7\frac{1}{3} \div 4\frac{8}{9} \quad \frac{3}{2}\left(1\frac{1}{2}\right)$

● 面積が $7\frac{1}{5}$ m²の花だんがあります。縦の長さは $\frac{6}{5}$ mです。横の長さは何mですか。

式 $7\frac{1}{5} \div \frac{6}{5} = 6$ 答え 6m

およその面積と体積 まとめ

① ある公園の図です。およそ平行四辺形とみて面積を求めましょう。

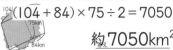

$$100 \times 140 = 14000$$

約14000m²

② 岡山県の地図です。およそ台形とみて面積を求めましょう。

$$(104 + 84) \times 75 \div 2 = 7050$$

約7050km²

③ トートバッグをおよそ四角柱とみて容積を求めましょう。

$$45 \times 8 \times 40 = 14400$$

約14400cm³

④ ビンをおよそ円柱とみて容積を求めましょう。

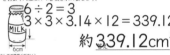

$$6 \div 2 = 3$$
$$3 \times 3 \times 3.14 \times 12 = 339.12$$

約339.12cm³

49 （122%に拡大してご使用ください）

P.50

比例と反比例 (1)

● 1分間に3cmの深さの水を入れます。水を入れる時間を x 分，深さを y cmとして，2つの量の関係を表を使って調べましょう。

(1) 表を完成させましょう。

時間 x（分）	1	2	3	4	5	6
深さ y（cm）	3	6	9	12	15	18

(2) （ ）にあてはまる数を書きましょう。

① 時間が2倍，3倍になると，深さも（2）倍，（3）倍になります。
② 時間が $\frac{1}{2}$，$\frac{1}{3}$ になると，深さも（$\frac{1}{2}$），（$\frac{1}{3}$）になります。
③ y の値を x の値でわると，いつも（3）になります。
④ x の値が1増えると，y の値が増える数はいつも（3）です。

(3) 深さ y は，時間 x に比例していますか。正しい方に○をつけましょう。

（ 比例している ・ 比例していない ）

復習

● 速さを求めましょう。

(1) 180kmの道のりを4時間で走る自動車があります。この自動車の時速は何kmですか。

式 $180 \div 4 = 45$ 答え 時速45km

(2) 1200mを15分で歩いたとき，分速は何mですか。

$$1200 \div 15 = 80$$ 分速80m

50 （122%に拡大してご使用ください）

比例と反比例 (2)

● 底面積が8cm²の四角柱の高さを x cm，体積を y cm³として，2つの量の関係を表を使って調べましょう。

(1) 表を完成させましょう。

高さ x（cm）	1	2	3	4	5	6
体積 y（cm³）	8	16	24	32	40	48

(2) ア，イにあてはまる数を書きましょう。

ア（8） イ（$\frac{5}{3}$）

(3) （ ）にあてはまる数を書きましょう。

① 高さ x が2cmから8cmになると，体積 y cm³は（4）倍になる。
② 高さ x が2cmから9cmになると，体積 y cm³は（$\frac{9}{2}$）倍になる。

(4) 四角柱の体積は高さに比例していますか。

比例している。

復習

● 道のりを求めましょう。

(1) 秒速14mで走る自動車が25秒間で走る道のりは何mですか。

式 $14 \times 25 = 350$ 答え 350m

(2) 時速4.6kmで歩く人が1.5時間で進む道のりは何kmですか。

式 $4.6 \times 1.5 = 6.9$ 答え 6.9km

P.51

比例と反比例 (3)

● 底辺が4cmの平行四辺形の高さを x cm，面積を y cm²として，2つの量の関係を表を使って調べましょう。

(1) 表を完成させましょう。

高さ x（cm）	1	2	3	4	5	6
面積 y（cm²）	4	8	12	16	20	24

(2) （ ）にあてはまる数を書きましょう。

① $y \div x$ の値はいつも（4）になります。
② x の値が1増えると，y の値は（4）ずつ増える。
③ x と y の関係を式に表しましょう。

$$y = (4) \times x$$

(3) 高さが11cmのとき，面積は何cm²ですか。

式 $4 \times 11 = 44$ 答え 44cm²

復習

● 時間を求めましょう。

(1) 時速42kmで走る自動車が105kmの道のりを進むには何時間かかりますか。

式 $105 \div 42 = 2.5$ 答え 2.5時間

(2) 分速80mで歩く人が，700mの道のりを歩くには何分かかりますか。

式 $700 \div 80 = 8.75$ 答え 8.75分

比例と反比例 (4)

① 縦の長さが3cmの長方形の横の長さを x cm，面積を y cm²として，x と y の関係を調べましょう。

(1) 表を完成させましょう。

横の長さ x（cm）	1	2	3	4	5	6
面積 y（cm²）	3	6	9	12	15	18

(2) x と y の関係を式に表しましょう。

$$y = (3) \times x$$

② 底面積が9cm²の三角柱の高さを x cm，体積を y cm³として，x と y の関係を調べましょう。

(1) 表を完成させましょう。

高さ x（cm）	1	2	3	4	5	6
体積 y（cm³）	9	18	27	36	45	54

(2) x と y の関係を式に表しましょう。

$$y = 9 \times x$$

復習

● （ ）にあてはまる数を書きましょう。

(1) 秒速7.5mで走る自転車が12秒間で走る道のりは（90）mです。
(2) 100kmの道のりを2.5時間で進む自動車の時速は（40）kmです。
(3) 510mはなれた目的地まで，分速85mで歩くと（6）分かかります。

51 （122%に拡大してご使用ください）

P.52

比例と反比例 (5) 比例

● 時速40kmで走る自動車の走った時間 x 時間と道のり y km の関係を調べましょう。

(1) 表を完成させましょう。

時間 x (時間)	1	2	3	4	5	6
道のり y (km)	40	80	120	160	200	240

(2) 時間 x 時間と道のり y km の関係をグラフに表しましょう。

自動車の走った時間と道のり

(3) 3.5時間では何 km 進みますか。

答え **140km**

復習

● 長さの単位の関係です。( )にあてはまる数を書きましょう。

① 1cm = (10)mm
② 5mm = (0.5)cm
③ 1m = (100)cm
④ 0.7m = (70)cm
⑤ 85cm = (0.85)m
⑥ 1km = (1000)m
⑦ 1200m = (1.2)km
⑧ 720m = (0.72)km
⑨ 1.4km = (1400)m
⑩ 0.6km = (600)m

km ・ ・ m ・ cm ・ mm

比例と反比例 (6) 比例

● 右のグラフは針金の長さ x m と重さ y g の関係を表したものです。

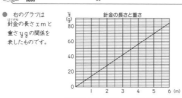

針金の長さと重さ

(1) グラフを見て，表を完成させましょう。

長さ x (m)	1	2	3	4	5	6
重さ y (g)	14	28	42	56	70	84

(2) x と y の関係を式に表しましょう。

$y = 14 \times x$

(3) 4.5m の重さは何 g ですか。

$14 \times 4.5 = 63$　　答え **63g**

復習

● 重さの単位の関係です。( )にあてはまる数を書きましょう。

① 1g = (1000)mg
② 1kg = (1000)g
③ 2kg = (2000)g
④ 1.8kg = (1800)g
⑤ 0.9kg = (900)g
⑥ 1400g = (1.4)kg
⑦ 750g = (0.75)kg
⑧ 60g = (0.06)kg
⑨ 1t = (1000)kg
⑩ 1.5t = (1500)kg

t ・ ・ kg ・ ・ g ・ mg

52　(122%に拡大してご使用ください)

P.53

比例と反比例 (7) 比例

● 下の表は分速0.8kmで走る自動車の走った時間 x 分と道のり y km の関係を表したものです。

時間 x (分)	1	2	3	4	5	6
道のり y (km)	0.8	1.6	2.4	3.2	4.0	4.8

(1) y を x の式で表しましょう。

$y = 0.8 \times x$

(2) x と y の関係を右のグラフに表しましょう。

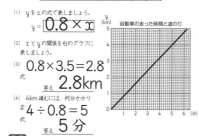

自動車の走った時間と道のり

(3) 式 $0.8 \times 3.5 = 2.8$

2.8km

(4) 4km 進むには，何分かかりますか。

式 $4 \div 0.8 = 5$

答え **5分**

復習

● 面積の単位の関係です。( )にあてはまる数を書きましょう。

① 1cm² = (100)mm²
② 1m² = (10000)cm²
③ 1a = (100)m²
④ 1ha = (10000)m²
⑤ 1ha = (100)a
⑥ 1km² = (1000000)m²
⑦ 1km² = (100)ha

km² ・ ha ・ a ・ m² ・ ・ cm² ・ mm²

比例と反比例 (8) 比例

● 下のグラフは，針金ⒶとⒷの長さと重さを表しています。

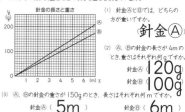

針金の長さと重さ

(1) 針金ⒶとⒷでは，どちらの方が重いですか。

針金Ⓐ

(2) Ⓐ，Ⓑの針金の長さが4mのとき，重さはそれぞれ何 g ですか。

針金Ⓐ **120g**　　針金Ⓑ **100g**

(3) Ⓐ，Ⓑの針金の重さが150gのとき，長さはそれぞれ何 m ですか。

針金Ⓐ **5m**　　針金Ⓑ **6m**

(4) 針金ⒶとⒷの x と y の関係を式に表しましょう。

針金Ⓐ $y = 30 \times x$　　針金Ⓑ $y = 25 \times x$

復習

● 体積の単位の関係です。( )にあてはまる数を書きましょう。

① 1cm³ = (1)mL
② 1m³ = (1000000)cm³
③ 1dL = (100)mL = (100)cm³
④ 1L = (1000)mL = (1000)cm³
⑤ 1kL = (1000)L
⑥ 1m³ = (1000)L

m³ ・ ・ cm³
kL ・ ・ L ・ dL ・ mL

53　(122%に拡大してご使用ください)

P.54

比例と反比例 (9) 比例

● 下のグラフは，AさんとBさんが同じコースをジョギングしたときの，走った時間 x 分と道のり y m の関係を表したものです。

(1) AさんとBさんではどちらの方が速いですか。

(**Aさん**)

ジョギングをした時間と道のり

(2) AさんとBさんの x と y の関係を式に表しましょう。

Aさん $y = 200 \times x$
Bさん $y = 150 \times x$

(3) 出発して3分後のAさん，Bさんの道のりを求めましょう。

Aさん 式 $200 \times 3 = 600$　答え **600m**
Bさん 式 $150 \times 3 = 450$　答え **450m**

(4) 1200m はそれぞれ何分かかりますか。

Aさん 式 $1200 \div 200 = 6$　答え **6分**
Bさん 式 $1200 \div 150 = 8$　答え **8分**

復習

① $\frac{5}{6} \div 0.4$　$\frac{25}{12} \left(2\frac{1}{12}\right)$
② $\frac{3}{5} \div 0.25$　$\frac{12}{5} \left(2\frac{2}{5}\right)$
③ $2.4 \div \frac{2}{5}$　**6**
④ $2.8 \div 3\frac{1}{2}$　$\frac{4}{5}$

● 2.8km の道のりを $\frac{2}{3}$ 時間で歩きました。時速何 km で歩いたことになりますか。

$2.8 \div \frac{2}{3} = \frac{21}{5} \left(4\frac{1}{5}\right)$　時速 $\frac{21}{5} \left(4\frac{1}{5}\right)$ km

比例と反比例 (10) 比例

① 同じ重さのくぎ10本の重さをはかったら，25gでした。これをもとにして，下の問いに答えましょう。

(1) 式
$500 \div 10 = 50$
$25 \times 50 = 1250$
答え **1250g**

くぎの本数と重さ		
本数 x (本)	10	500
重さ y (g)	25	?

(2) $2kg = 2000g$
式 $2000 \div 25 = 80$
$10 \times 80 = 800$
800本

くぎの本数と重さ		
本数 x (本)	10	?
重さ y (g)	25	2000

② 1mの木の棒のかげの長さは80cmでした。同じ時刻に，かげの長さが300cmの木の高さを求めましょう。

高さ $300 \div 80 = 3.75$
$1 \times 3.75 = 3.75$
答え **3.75m**

高さとかげの長さ		
高さ x (m)	1	?
かげの長さ y (cm)	80	300

復習

① $\frac{5}{6} \times \frac{2}{5} \div \frac{25}{24}$　$\frac{2}{15}$
② $\frac{5}{3} \div \frac{2}{5} \times \frac{3}{4}$　$\frac{5}{6}$
③ $10 \div \frac{2}{5} \times 1.2$　**30**
④ $4.2 \times \frac{20}{21} \div \frac{3}{5}$　$\frac{32}{5} \left(6\frac{2}{5}\right)$

54　(122%に拡大してご使用ください)

P.55

比例と反比例 (11) 反比例

● 面積が36cm²の長方形の，縦の長さ x cm と横の長さ y cm の関係を調べましょう。

(1)

縦の長さ x (cm)	1	2	3	4	5	6	9	12	18	36
横の長さ y (cm)	36	18	12	9	7.2	6	4	3	2	1

(2) ⑦，④，⑨，㊀にあてはまる数を書きましょう。

⑦(2)倍　④($\frac{1}{2}$)倍　⑨(3)倍　㊀($\frac{1}{3}$)倍

(3) ( )にあてはまることばや数を下の □ から書きましょう。

縦の長さ x cm が2倍になると，横の長さ y cm は($\frac{1}{2}$)になります。縦の長さ x cm が3倍になると，横の長さ y cm は($\frac{1}{3}$)になります。このようになるとき，y は x に **反比例** するといいます。また，縦の長さ x cm と横の長さ y cm をかけると，必ず **決まった数** になります。

| 2倍 | 3倍 | $\frac{1}{2}$ | $\frac{1}{3}$ | 決まった数 | 比例 | 反比例 |

復習

① $\frac{3}{5} + \frac{1}{8}$　$\frac{29}{40}$
② $\frac{2}{7} + \frac{2}{3}$　$\frac{20}{21}$
③ $\frac{2}{5} + \frac{4}{15}$　$\frac{2}{3}$
④ $\frac{5}{18} + \frac{1}{6}$　$\frac{4}{9}$

比例と反比例 (12) 反比例

● 12km の道のりを進むときの時速 x km と，かかる時間 y 時間の関係を調べましょう。

(1)

時速 x (km)	1	2	3	4	5	6	8	10	12
かかる時間 y (時間)	12	6	4	3	2.4	2	1.5	1.2	1

(2) ⑦，④，⑨，㊀にあてはまる数を書きましょう。

⑦($\frac{1}{4}$)倍　④(4)倍　⑨($\frac{1}{3}$)倍　㊀(3)倍

(3) ( )にあてはまることばや数を書きましょう。

時速 x km が3倍になると，かかる時間 y 時間は($\frac{1}{3}$)になります。時速 x km が4倍になると，かかる時間 y 時間は($\frac{1}{4}$)になります。このようになるとき，y は x に **反比例** するといいます。また，時速 x km とかかる時間 y 時間をかけると，必ず決まった数の(12)になります。

復習

① $3\frac{1}{2} + \frac{2}{5}$　$3\frac{9}{10} \left(\frac{39}{10}\right)$
② $2\frac{1}{5} + 1\frac{3}{4}$　$3\frac{19}{20} \left(\frac{79}{20}\right)$
③ $1\frac{1}{3} + \frac{5}{6}$　$2\frac{1}{6} \left(\frac{13}{6}\right)$
④ $2\frac{5}{14} + 1\frac{1}{2}$　$3\frac{6}{7} \left(\frac{27}{7}\right)$

55　(122%に拡大してご使用ください)

P.56

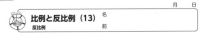

比例と反比例（13） 名前　反比例

● 下の表は，36cmの深さの水そうに水を入れるときの，1分あたりに入る水の深さ x cmと水を入れる時間 y 分の関係を表したものです。

1分あたりに入る水の深さ x (cm)	1	2	3	4	5	6
水を入れる時間 y (分)	36	18	12	9	7.2	6

(1) x と y の関係を式で表します。( )にあてはまる数を書きましょう。

x × y = **36**
y = **36** ÷ x

(2) x の値が次の数のときの y の値を求めましょう。

① x の値が 1.5 のとき
式 36 ÷ 1.5 = 24　　答え **24**

② x の値が 8 のとき
式 36 ÷ 8 = 4.5　　答え **4.5**

③ x の値が 10 のとき
式 36 ÷ 10 = 3.6　　答え **3.6**

【復習】
① $\frac{6}{7} - \frac{2}{5}$　$\frac{16}{35}$　② $\frac{5}{9} - \frac{1}{3}$　$\frac{2}{9}$
③ $\frac{5}{6} - \frac{5}{10}$　$\frac{1}{3}$　④ $\frac{8}{9} - \frac{7}{18}$　$\frac{1}{2}$

比例と反比例（14） 名前　反比例

① 下の表は，12kmの道のりを進むときの時速 x kmと，かかる時間 y 時間の関係を表したものです。

時速 x (km)	1	2	3	4	5	6
かかる時間 y (時間)	12	6	4	3	2.4	2

(1) ( )にあてはまる数を書き，y を x の式で表しましょう。
y = (**12**) ÷ x

(2) x の値が 2.5 のときの y の値を求めましょう。
式 12 ÷ 2.5 = 4.8　　答え **4.8**

② 下の表は，面積が18cm²の長方形の縦の長さ x cmと，横の長さ y cmの関係を表したものです。

縦の長さ x (cm)	1	2	3	4	5	6
横の長さ y (cm)	18	9	6	4.5	3.6	3

(1) y を x の式で表しましょう。
y = **18 ÷ x**

(2) x の値が 1.5 のときの y の値を求めましょう。
18 ÷ 1.5 = 12　　答え **12**

【復習】
① $1\frac{3}{4} - \frac{2}{3}$　$1\frac{1}{12} (\frac{13}{12})$　② $2\frac{5}{6} - 1\frac{1}{3}$　$1\frac{1}{2} (\frac{3}{2})$
③ $1\frac{1}{2} - \frac{3}{4}$　$\frac{3}{4}$　④ $3\frac{2}{5} - 1\frac{1}{2}$　$1\frac{9}{10} (\frac{19}{10})$

56　(122%に拡大してご使用ください)

P.57

比例と反比例（15） 名前

● 面積が24cm²の長方形の縦の長さ x cmと横の長さ y cmの関係を表とグラフに表しましょう。

(1) 表を完成させましょう。

縦の長さ x (cm)	1	2	3	4	5	6	8	10	12	24
横の長さ y (cm)	24	12	8	6	4.8	4	3	2.4	2	1

(2) 表をグラフに表しましょう。

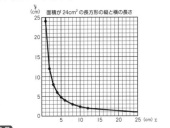

面積が24cm²の長方形の縦と横の長さ

【復習】
① $\frac{6}{7} + \frac{2}{5} + \frac{2}{3}$　$1\frac{23}{35} (\frac{58}{35})$　② $\frac{5}{6} - \frac{3}{8} + \frac{1}{4}$　$\frac{17}{24}$
③ $\frac{5}{12} + \frac{5}{8} - \frac{2}{3}$　$\frac{3}{8}$　④ $\frac{4}{5} - \frac{1}{4} + \frac{3}{4}$　$1\frac{3}{10} (\frac{13}{10})$

比例と反比例（16） 名前

● 次の中で，x と y が比例の関係にあるものには⑦，反比例の関係にあるものには⑦，どちらでもないものには×を□に書きましょう。また，比例と反比例の関係にあるものは，x と y の関係を式に表しましょう。

① ひ　時速4kmで歩く人の時間 x 時間と道のり y km
y = **4 × x**

② は　道のり12kmを歩く人の時速 x kmと時間 y 時間
y = **12 ÷ x**

③ は　面積が60cm²の長方形の縦の長さ x cmと横の長さ y cm
y = **60 ÷ x**

④ ひ　縦の長さが17cmの長方形の横の長さ x cmと面積 y cm²
y = **17 × x**

⑤ ひ　底面積が20cm²の四角柱の高さ x cmと体積 y cm³
y = **20 × x**

⑥ ×　正方形の1辺の長さ x cmと面積 y cm²
y =

【復習】
① $\frac{1}{6} + 0.4$　$\frac{17}{30}$　② $2.1 + \frac{3}{5} - 1.5$　$1\frac{1}{5}$
③ $4.2 - 3\frac{1}{3} + \frac{4}{5}$　$1\frac{2}{3} (\frac{5}{3})$　④ $(\frac{6}{5}, 1.2)$

57　(122%に拡大してご使用ください)

P.58

比例と反比例 名前　まとめ①

① 時速40kmで走る自動車の走る時間 x 時間と進む道のり y km の関係を調べましょう。

(1) 時間 x 時間と道のり y km の関係を表に表しましょう。

時間 x (時間)	1	2	3	4	5	6
道のり y (km)	40	80	120	160	200	240

(2) 表を右のグラフに表しましょう。

時速40kmで走る時間と道のり

(3) y を x の式で表しましょう。
y = **40 × x**

(4) 2.5 時間では何km進み
40 × 2.5 = 100
答え **100km**

② 15kmの道のりを進むときの，時速 x kmと時間 y 時間の関係を調べましょう。

(1) 時速 x kmと時間 y 時間の関係を表に表しましょう。

時速 x (km)	1	2	3	5	10	15
時間 y (時間)	15	7.5	5	3	1.5	1

(2) y を x の式で表しましょう。
y = **15 ÷ x**

比例と反比例 名前　まとめ②

① 下のグラフは，Ⓐと Ⓑの2本の針金の長さ x mと重さ y gの関係を表したものです。グラフを見て答えましょう。

(1) 針金Ⓐと Ⓑでは，どちらの方が重いですか。
針金Ⓐ

(2) 針金Ⓐと Ⓑの x と y の関係を式に表しましょう。

針金Ⓐ
y = **16 × x**

針金Ⓑ
y = **12 × x**

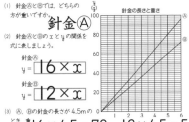
針金の長さと重さ

(3) Ⓐ，Ⓑの針金の長さが4.5mのとき，重さは
針金Ⓐ 16 × 4.5 = 72　針金Ⓑ 12 × 4.5 = 54
答え **72g**　答え **54g**

② 次の x と y の2つの量の関係は，比例，反比例のどちらですか。どちらかに○をつけましょう。また，x と y の関係を式に表しましょう。

(1) 面積が24cm²になる平行四辺形の底辺の長さ x cmと高さ y cm
(比例　**反比例**)　y = **24 ÷ x**

(2) 1本が6gのくぎの本数 x 本と重さ y g
(**比例**　反比例)　y = **6 × x**

58　(122%に拡大してご使用ください)

P.59

並べ方と組み合わせ方（1） 名前

● 動物園で，キリン，ゾウ，サル，ライオンの4種類の動物を1回ずつ見て回ります。見て回る順番は，何通りありますか。

(1) 1番めに，キリンを見る場合を考えます。図を完成させましょう。

記号に置きかえて書きましょう。

キリン	……	キ
ゾウ	……	ゾ
サル	……	サ
ライオン	……	ラ

(2) 1番めにキリンを見る場合，見て回る順番は何通りありますか。
(**6**) 通り

(3) 1番めにゾウを見る場合，見て回る順番は何通りありますか。
(**6**) 通り

(4) 4種類の動物を見て回る順番は，全部で何通りありますか。
(**24**) 通り

【復習】
① $\frac{3}{4} - \frac{1}{5}$　$\frac{11}{20}$　② $\frac{4}{5} - \frac{1}{2}$　$\frac{3}{10}$
③ $\frac{13}{12} - \frac{3}{4} - \frac{1}{6}$　$\frac{1}{6}$　④ $\frac{5}{7} - \frac{1}{4} - \frac{3}{7}$　$\frac{1}{28}$

並べ方と組み合わせ方（2） 名前

● 4, 5, 6, 7 の4枚のカードがあります。

(1) 4枚のカードから2枚を選んでできる2けたの整数は，全部で何通りありますか。

① 4 を十の位にした場合，何通りありますか。図を使って調べましょう。
(**3**) 通り

② 全部で何通りありますか。
(**12**) 通り

(2) 4枚のカードから3枚を選んでできる3けたの整数は，全部で何通りありますか。

① 4 を百の位にした場合，何通りありますか。図を使って調べましょう。
(**6**) 通り

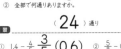

② 全部で何通りありますか。
(**24**) 通り

【復習】
① $1.4 - \frac{4}{5}$　$\frac{3}{5} (0.6)$　② $\frac{5}{8} - 0.4$　$\frac{9}{40} (0.225)$
③ $4.2 - 2\frac{5}{6}$　$1\frac{11}{30} (\frac{41}{30})$　④ $\frac{4}{9} - 0.75$　$\frac{5}{36}$

59　(122%に拡大してご使用ください)

P.60

並べ方と組み合わせ方 (3) 名前

● 箱の中に青玉と赤玉がたくさん入っています。
そこから３個玉を取り出します。取り出した玉の色の出方は全部で何通りありますか。

(1) １回目に青玉を取った場合，何通りありますか。
図を使って調べましょう。

（ 4 ）通り

(2) １回目に赤玉を取った場合も同じように図を使って調べましょう。

（ 4 ）通り

(3) 全部で何通りありますか。

（ 8 ）通り

復習
① $\frac{3}{4} + \frac{1}{5} = \frac{9}{20}$　② $\frac{3}{8} - \frac{1}{6} + \frac{3}{4}$　$\frac{23}{24}$

③ $0.7 + \frac{2}{3} - \frac{5}{6}$　$\frac{8}{15}$　④ $\frac{4}{5} - 0.6 - \frac{1}{9}$　$\frac{4}{45}$

60 （122％に拡大してご使用ください）

並べ方と組み合わせ方 (4) 名前

● A，B，C，Dの４チームで野球の試合をします。
どのチームとも１回ずつ対戦します。
どんな試合の組み合わせがあって，全部で何試合ありますか。

(1) 下の表を使って，試合の組み合わせを調べましょう。

※ 同じチーム同士で試合をすることはありません。
※ A対BとB対Aは，同じ試合です。

(2) 全部で何試合ありますか。　（ 6 ）試合

(3) A，B，C，D，Eの５チームになると，全部で何試合になりますか。

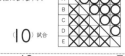

（ 10 ）試合

復習
① $\frac{5}{7} - \frac{1}{2} + 0.25$　$\frac{13}{28}$　② $2.5 - \frac{5}{6} - 1.2$　$\frac{7}{15}$

③ $1\frac{1}{3} - 0.8 + \frac{1}{2}$　$1\frac{1}{30}\left(\frac{31}{30}\right)$　$\frac{2}{3} - 0.6 + \frac{4}{15}$　$\frac{1}{3}$

P.61

並べ方と組み合わせ方 (5) 名前

● 次の５種類の野菜の中からいくつか選んで買い物をします。

キャベツ　きゅうり　なす　ピーマン　にんじん

(1) ちがう種類の野菜３つを選ぶ方法は，全部で何通りありますか。
表を使って，野菜の組み合わせを調べましょう。　（例）

キャベツ	きゅうり	なす	ピーマン	にんじん
○	○	○		
○	○		○	
○	○			○
○		○	○	
○		○		○
○			○	○
	○	○	○	
	○	○		○
	○		○	○
		○	○	○

（ 10 ）通り

(2) ちがう種類の野菜２つを選ぶ方法は，全部で何通りありますか。

（ 10 ）通り

復習
① $\frac{5}{12} \times 0.8$　$\frac{1}{3}$　② $2.4 \times \frac{5}{16}$　$\frac{3}{4}$

③ $\frac{4}{15} \times 0.45$　$\frac{3}{25}$　④ $1.44 \times \frac{5}{18}$　$\frac{2}{5}$

61 （122％に拡大してご使用ください）

並べ方と組み合わせ方 (6) 名前

● 右の５種類のお金が１枚ずつあります。
このうち２枚を組み合わせると，どんな金額ができますか。

(1) 表や図を使って，考えましょう。　（例）

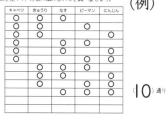

	500	100	50	10	1
500		○	○	○	○
100			○	○	○
50				○	○
10					○
1					

(2) できる金額をすべて書き出しましょう。

600円，550円，510円，501円，
150円，110円，101円，60円，
51円，11円　　　（順不同）

復習
① $\frac{5}{12} \div 0.8$　$\frac{25}{24}\left(1\frac{1}{24}\right)$　② $\frac{3}{8} \div 1.2$　$\frac{5}{16}$

③ $1.35 \div \frac{9}{10}$　$\frac{3}{2}\left(1\frac{1}{2}\right)$　④ $\frac{24}{25} \div 1.68$　$\frac{4}{7}$

P.62

並べ方と組み合わせ方 名前
まとめ

① A，B，C，Dの４人がリレーのチームで走ります。
４人の走る順番は，全部で何通りありますか。

(1) 第１走者がAの場合，走る順番は何通りありますか。
図の続きをかいて答えましょう。

（ 6 ）通り

(2) ４人で走る順番は，全部で何通りありますか。

（ 24 ）通り

② A，B，C，Dの４人でボートに乗ります。　（例）

(1) ３人ずつ乗ると，組み合わせは全部で何通りありますか。
右の表を使って調べましょう。

（ 4 ）通り

(2) ２人ずつ乗ると，組み合わせは全部で何通りありますか。
右の表を使って調べましょう。

（ 6 ）通り

62 （122％に拡大してご使用ください）

データの調べ方 (1) 名前

● 下の表は，AとBの２つのにわとり小屋からとれたたまごの重さをまとめたものです。

Aの小屋のたまごの重さ(g)

①	64	⑥	66
②	66	⑦	68
③	70	⑧	71
④	70	⑨	68
⑤	70	⑩	67

平均値 68

Bの小屋のたまごの重さ(g)

①	65	⑦	65
②	67	⑧	69
③	66	⑨	65
④	69	⑩	66
⑤	68	⑪	70
⑥	65	⑫	63

平均値 66.5

(1)
式 $(64 + 66 + 70 + 70 + 70 + 66 + 68 + 71 + 68 + 67) \div 10 = 68$

答え（ 68 ）g

$(65 + 67 + 66 + 69 + 68 + 65 + 65 + 69 + 65 + 66 + 70 + 63) \div 12 = 66.5$

66.5

(2) 平均値で比べると，AとBのどちらの小屋のたまごの方が重いですか。

（ A ）

復習
① $\frac{3}{7} \times 1.5 \div \frac{3}{4}$　$\frac{6}{7}$　② $\frac{7}{8} \times 2.1 \div \frac{9}{20}$　$\frac{49}{12}\left(4\frac{1}{12}\right)$

③ $1.8 \times \frac{5}{9} \div 0.45$　$\frac{20}{9}\left(2\frac{2}{9}\right)$　$0.32 \div 0.4 \div \frac{2}{5}$　2

63 （122％に拡大してご使用ください）

P.63

データの調べ方 (2) 名前

● AとBのにわとり小屋のたまごの重さを，それぞれドットプロットに表して答えましょう。

Aの小屋のたまごの重さ(g)

①	64	⑥	66
②	66	⑦	68
③	70	⑧	71
④	70	⑨	68
⑤	70	⑩	67

Bの小屋のたまごの重さ(g)

①	65	⑦	65
②	67	⑧	69
③	66	⑨	65
④	69	⑩	66
⑤	68	⑪	70
⑥	65	⑫	63

Aの小屋

Bの小屋

(1) AとBのにわとり小屋それぞれの平均値を表すところに↑をかきましょう。

(2) AとBのにわとり小屋それぞれの最頻値は何gですか。

Aの小屋（ 70 ）g　Bの小屋（ 65 ）g

復習
① $2.4 \times \frac{5}{8} - 0.5$　1　② $\left(1.6 - \frac{2}{3}\right) \div \frac{4}{3}$　$\frac{7}{10}$ (0.7)

③ $0.25 \div 0.8 - \frac{1}{4}$　$\frac{1}{16}$ (0.0625)

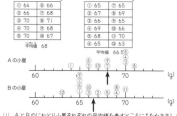

データの調べ方 (3) 名前

● ６年生のソフトボール投げの結果について，ドットプロットを見て答えましょう。

６年生ソフトボール投げの結果

(1) ドットプロットを度数分布表に表しましょう。

６年生のソフトボール投げの結果

きょり(m)	人数(人)
15以上～20未満	2
20 ～25	6
25 ～30	5
30 ～35	6
35 ～40	1
合 計	20

(2) 度数分布表から読み取りましょう。

① 15m以上20m未満の階級の度数を書きましょう。

答え 2

② 30m以上の度数を書きましょう。

答え 7

復習
① $2.8 - 0.8 \times \frac{5}{2}$　$\frac{4}{5}$ (0.8)　$1.5 \div 0.42 - 3$　$\frac{4}{7}$

③ $1.2 \times \frac{5}{6} + 2.5$　$3\frac{1}{2}\left(\frac{7}{2}, 3.5\right)$

63 （122％に拡大してご使用ください）

P.64

データの調べ方 (4)　名前

● 下の度数分布表は，AとBの畑からとれたきゅうりの重さのちらばりの様子を整理したものです。

Aの畑からとれたきゅうりの重さ

重さ (g)	個数 (本)
85 以上 ～ 90 未満	3
90 ～ 95	4
95 ～ 100	5
100 ～ 105	4
105 ～ 110	2
110 ～ 115	1
115 ～ 120	1
120 ～ 125	
合計	20

Bの畑からとれたきゅうりの重さ

重さ (g)	個数 (本)
85 以上 ～ 90 未満	2
90 ～ 95	5
95 ～ 100	7
100 ～ 105	3
105 ～ 110	4
110 ～ 115	1
115 ～ 120	2
120 ～ 125	1
合計	25

(1) 100g 以上 105g 未満の階級のきゅうりは，それぞれ何本ありますか。
Aの畑（ **4** ）本　　Bの畑（ **3** ）本

(2) 110g 以上のきゅうりは，それぞれ何本ありますか。
また，その割合は全体の本数の何 % ですか。
Aの畑（ **2** ）本　　Bの畑（ **4** ）本
（ **10** ）%　　　　（ **16** ）%

復習

● 長さの単位の関係です。（　）にあてはまる数を書きましょう。
① 1m = **100** cm
② 1.4m = （ **140** ）cm
③ 52cm = **0.52** m
④ 2km = **2000** m
⑤ 0.7km = **700** m
⑥ 2865m = **2.865** km
⑦ 195m = **0.195** km
⑧ 80m = **0.08** km

データの調べ方 (5)　名前

● 下の度数分布表は，AとBの木からとれたりんごの重さのちらばりの様子を整理したものです。それぞれヒストグラムに表しましょう。

Aの木のりんごの重さ

重さ (g)	個数 (個)
275 以上 ～ 280 未満	1
280 ～ 285	2
285 ～ 290	2
290 ～ 295	5
295 ～ 300	6
300 ～ 305	2
305 ～ 310	2
合計	20

Bの木のりんごの重さ

重さ (g)	個数 (個)
275 以上 ～ 280 未満	2
280 ～ 285	0
285 ～ 290	3
290 ～ 295	5
295 ～ 300	7
300 ～ 305	0
305 ～ 310	3
合計	20

Aの木のりんごの重さ

Bの木のりんごの重さ

復習

● 重さの単位の関係です。（　）にあてはまる数を書きましょう。
① 3g = **3000** mg
② 2kg = **2000** g
③ 2t = **2000** kg
④ 1.5kg = （ **1500** ）g
⑤ 650g = **0.65** kg

P.65

データの調べ方 (6)　名前

● A組とB組のソフトボール投げの記録をヒストグラムに表しました。

A組のソフトボール投げ

B組のソフトボール投げ

(1) 30m 以上 35m 未満の階級の人数は，それぞれ何人ですか。
A組（ **2** ）人　　B組（ **4** ）人

(2) 最も度数の多い階級は，それぞれ何m以上何m未満ですか。
A組（ **25m 以上 30m 未満** ）
B組（ **20m 以上 25m 未満** ）

(3) 20m 未満の人数は，それぞれ何人ですか。
A組（ **5** ）人　　B組（ **3** ）人

● 面積の単位の関係です。（　）にあてはまる数を書きましょう。
① 2cm² = **200** mm²
② 3m² = **30000** cm²
③ 2a = **200** m²
④ 4ha = **40000** m² = （ **400** ）a
⑤ 3km² = **3000000** m² = （ **300** ）ha

データの調べ方 (7)　名前

● AとBの木からとれたみかんの重さの記録をヒストグラムに表しました。

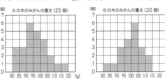
Aの木のみかんの重さ (25 個)　　Bの木のみかんの重さ (20 個)

100g 以上 105g 未満
105g 以上 110g 未満
95g 以上 100g 未満
100g 以上 105g 未満
また，それは全体の何 % にあたりますか。
90g 以上 95g 未満（ **24** %）
100g 以上 105g 未満（ **30** %）

● 体積の単位の関係です。（　）にあてはまる数を書きましょう。
① 4cm³ = （ **4** ）mL
③ 3dL = （ **300** ）mL
③ 5L = **5000** mL = 5000 cm³
④ 2kL = （ **2** ）m³ = **2000** L

P.66

データの調べ方 (8)　名前

● A組とB組のシャトルランの記録をヒストグラムに表しました。

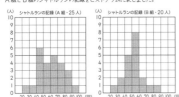
シャトルランの記録 (A組・25 人)

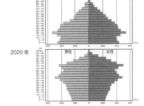
シャトルランの記録 (B組・20 人)

(1) 中央値はそれぞれどの階級にありますか。
A組　**60 回以上 70 回未満**
B組　**50 回以上 60 回未満**

(2) 最も度数の多い階級は，それぞれ何回以上何回未満ですか。
また，それは全体の何 % にあたりますか。
A組 **40 回以上 50 回未満**（ **24** %）
B組 **50 回以上 60 回未満**（ **40** %）

(3) 70 回以上の人数は，それぞれ何人ですか。
また，それは全体の何 % にあたりますか。
A組（ **8** 人）（ **32** %）
B組（ **2** 人）（ **10** %）

データの調べ方 (9)　名前

● 下のグラフは，日本の年れい別人口を表しています。
1970年と 2020 年の 2 つのグラフを見て答えましょう。

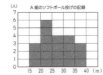
1970 年　　2020 年

（「総務省統計局統計ダッシュボード」をもとに当社で作成）

(1) 男女でいちばん人数が多いのは，それぞれどの階級ですか。
1970 年　男（ **20 才～24 才** ）
　　　　　女（ **20 才～24 才** ）
2020 年　男（ **45 才～49 才** ）
　　　　　女（ **70 才～74 才** ）

(例)(2) 1970 年と 2020 年を比べて，日本の年れい別人口について
少子化と高れい化という 2 つのことばを使って説明しましょう。

2020 年の方が子どもの年代が少ない少子
化で，お年寄りが多い高れい化になっている。

P.67

データの調べ方　まとめ　名前

● 下の表は，A組のソフトボール投げの記録を整理したものです。

A組のソフトボール投げの記録 (m)

① 18	⑪ 33	⑳ 30	㉛ 31	㊷ 23
② 17	⑫ 27	24	24	26
21	36	24	16	20
25	39	27	35	24

(1) 上の記録を度数分布表に表しましょう。

A組のソフトボール投げの記録

きょり (m)	人数 (人)
15 以上 ～ 20 未満	3
20 ～ 25	6
25 ～ 30	4
30 ～ 35	4
35 ～ 40	3
合計	20

(2) 上の度数分布表をヒストグラムに表しましょう。

A組のソフトボール投げの記録

(3) 中央値はどの階級にありますか。
（ **25m 以上 30m 未満** ）

(4) 人数がいちばん多いのはどの階級ですか。
また，それは全体の何 % にあたりますか。
（ **20m 以上 25m 未満** ）（ **30** %）

データの調べ方　まとめ　名前

● 下の度数分布表は，畑からとれたトマトの重さのちらばりの様子を整理したものです。ヒストグラムに表し，問いに答えましょう。

(1) ヒストグラムに表しましょう。

重さ (g)	個数 (個)
155 以上 ～ 160 未満	1
160 ～ 165	1
165 ～ 170	3
170 ～ 175	7
175 ～ 180	6
180 ～ 185	5
185 ～ 190	2
合計	25

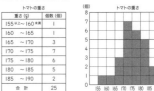
トマトの重さ

(2) 5 番目に重いトマトは，どの階級にありますか。
180g 以上 185g 未満

(3) 5 番目に軽いトマトは，どの階級にありますか。
165g 以上 170g 未満

(4) 中央値はどの階級にありますか。
175g 以上 180g 未満

(5) いちばん多いのはどの階級ですか。
また，その割合は全体の個数の何 % ですか。
170g 以上 175g 未満（ **28** %）

(6) 175g 以上のトマトは何個ですか。
また，その割合は全体の個数の何 % ですか。
（ **13** 個）（ **52** %）

P.68

算数のまとめ①　数の表し方としくみ

① 次の数を書きましょう。
① 10億を3こ，100万を7こ合わせた数
30億700万
② 10を6こ，0.01を3こ，0.001を1こ合わせた数
（ **60.031** ）
③ 0.1を381こ集めた数（ **38.1** ）
④ 0.01を183こ集めた数（ **1.83** ）
⑤ 780万を100倍した数 **7億8000万**
⑥ 3兆を $\frac{1}{10}$ にした数（ **300億** ）
⑦ 5.2を100倍した数（ **520** ）
⑧ 5.2を $\frac{1}{100}$ にした数（ **0.052** ）
⑨ $\frac{1}{6}$ を18こ集めた数（ **3** ）
⑩ $\frac{1}{10}$ を50こ集めた数（ **5** ）

② 分数は小数で，小数は分数で表しましょう。
① $\frac{3}{8}$ **0.375**　② $\frac{7}{4}$ **1.75**
③ 0.9 （ $\frac{9}{10}$ ）　④ 2.45 （ $\frac{49}{20}$ ($2\frac{9}{20}$) ）

③ 次の数の大小を，等号や不等号を使って表しましょう。
① 2.2 （ > ） $\frac{13}{6}$　② 1.25 （ = ） $\frac{5}{4}$
③ 1.4 （ < ） $\frac{8}{5}$　④ 2.5 （ = ） $\frac{20}{8}$

算数のまとめ②　数の表し方としくみ

● 下の数直線を見て答えましょう。
(1) ⑦，①，⑦，①にあたる数を書きましょう。
⑦ **9億7800万**　① **9億9100万**
⑦ **10億400万**　① **10億1000万**

(2) ⑦，①，⑦，①にあたる数を書きましょう。
⑦ **7950万**　① **7990万**
⑦ **8070万**　① **8120万**

(3) 次の数を数直線に↑で表しましょう。
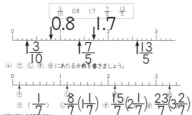
$\frac{3}{10}$　0.8　1.7　$\frac{7}{5}$　$\frac{13}{5}$

(4) ⑦，①，⑦，①にあたる分数を書きましょう。
⑦ （ $\frac{1}{7}$ ）　① （ $\frac{8}{7}$ ($1\frac{1}{7}$) ）　⑦ （ $\frac{15}{7}$ ($2\frac{1}{7}$) ）　① （ $\frac{23}{7}$ ($3\frac{2}{7}$) ）

68　（122％に拡大してご使用ください）

P.69

算数のまとめ③　たし算とひき算

① 整数のたし算やひき算をしましょう。
① 7億4000万+6000万 **8億**　② 8600億+1400億 **1兆**
③ 74000+2600 **76600**　④ 734+266 **1000**
⑤ 1億2000万... **4000万**　⑥ 4520−675 **3845**
⑦ 802−48 **754**　⑧ 2000−793 **1207**

② 小数のたし算やひき算をしましょう。
① 5.3+3.8 **9.1**　② 27.7+2.3 **30**
③ 14.3+2.96 **17.26**　④ 0.93+9.1 **10.03**
⑤ 4.2−2.7 **1.5**　⑥ 5.6−3 **2.6**
⑦ 7.141−6.9 **0.241**　⑧ 3.2−1.78 **1.42**

③ □ にあてはまる数を書きましょう。
① 7290+4196= **4196** +7290
② (5.9+8.6)+4.1=8.6+(**5.9** +4.1)

算数のまとめ④　たし算とひき算

① 分数のたし算やひき算をしましょう。
① $\frac{2}{5}+\frac{2}{3}$ **1 $\frac{1}{15}$ ($\frac{16}{15}$)**　② $\frac{5}{12}+\frac{1}{4}$ **$\frac{2}{3}$**
③ $\frac{1}{6}+\frac{8}{15}$ **$\frac{7}{10}$**　④ $3\frac{1}{6}+1\frac{1}{2}$ **4 $\frac{7}{18}$ ($\frac{79}{18}$)**
⑤ $1\frac{7}{10}+2\frac{1}{2}$ **4 $\frac{1}{5}$ ($\frac{21}{5}$)**　⑥ $\frac{5}{6}-\frac{3}{4}$ **$\frac{1}{12}$**
⑦ $\frac{8}{9}-\frac{7}{18}$ **$\frac{1}{2}$**　⑧ $\frac{4}{5}-\frac{3}{15}$ **$\frac{3}{5}$**
⑨ $2\frac{5}{6}-1\frac{1}{10}$ **1 $\frac{8}{15}$ ($\frac{23}{15}$)**　⑩ $\frac{5}{4}-\frac{1}{3}$ **$\frac{11}{12}$**

② 次の計算をしましょう。
① $\frac{1}{2}-\frac{1}{4}+\frac{1}{3}$ **$\frac{7}{12}$**　② $\frac{7}{8}+\frac{3}{4}-\frac{2}{3}$ **$\frac{23}{24}$**
③ $\frac{11}{12}-(\frac{1}{2}+\frac{1}{3})$ **$\frac{1}{12}$**　④ $\frac{5}{6}-(\frac{2}{3}-\frac{3}{8})$ **$\frac{13}{24}$**

69　（122％に拡大してご使用ください）

P.70

算数のまとめ⑤　かけ算とわり算

① 整数のかけ算やわり算をしましょう。
① 77×87 **6699**　② 764×87 **66468**　③ 357×289 **103173**
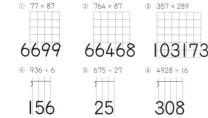
④ 936÷6 **156**　⑤ 675÷27 **25**　⑥ 4928÷16 **308**

② 小数のかけ算やわり算をしましょう。
① 36.8×7.2 **264.96**　② 7.04×6.5 **45.760**　③ 9.81×0.34 **3.3354**

④ 8.1÷2.7 **3**　⑤ 26.6÷3.8 **7**　⑥ 1.74÷2.9 **0.6**

算数のまとめ⑥　かけ算とわり算

① わりきれるまで計算しましょう。
① 1.69÷5.2 **0.325**　② 1.5÷0.4 **3.75**　③ 9.05÷2.5 **3.62**

② 商は整数で求めて，あまりも出しましょう。
① 9.8÷0.8 **12あまり0.2**　② 6.7÷1.6 **4あまり0.3**　③ 70.3÷3.5 **20あまり0.3**

③ 分数のかけ算やわり算をしましょう。
① $\frac{5}{3}×2$ **$\frac{10}{3}$ ($3\frac{1}{3}$)**　② $\frac{5}{6}×\frac{1}{5}$ **$\frac{1}{6}$**　③ $2\frac{1}{4}×\frac{2}{3}$ **$\frac{3}{2}$ ($1\frac{1}{2}$)**
④ $\frac{9}{4}÷3$ **$\frac{3}{8}$**　⑤ $\frac{3}{5}÷\frac{2}{3}$ **$\frac{9}{10}$**　⑥ $3\frac{1}{3}÷4\frac{1}{6}$ **$\frac{4}{5}$**

④ 次の計算をしましょう。
① $3\frac{3}{4}÷0.48×\frac{2}{5}$ **$\frac{25}{6}$ ($4\frac{1}{6}$)**　② $2.5×\frac{3}{4}÷2$ **$\frac{3}{2}$ ($1\frac{1}{2}$)**

70　（122％に拡大してご使用ください）

P.71

算数のまとめ⑦　数の性質

① （　）の中の数の，最小公倍数を求めましょう。
①（3と9）**9**　②（5と7）**35**　③（8と12）**24**　④（2と3と5）**30**

② （　）の中の数の，最大公約数を求めましょう。
①（12と18）**6**　②（18と36）**18**　③（28と42）**14**

③ 四捨五入して（　）の中の位までのがい数にしましょう。
① 4729（千の位）**約5000**　② 73460（千の位）**約73000**
③ 462789（一万の位）**約460000**　④ 96501（一万の位）**約100000**

④ 四捨五入して一万の位までのがい数にして，和や差を求めましょう。
① 74568+45092 **約120000**
② 573498−97546 **約470000**

⑤ 四捨五入して上から1けたのがい数にして，積や商を求めましょう。
① 582×7326 **約4200000**
② 3.48×7.62 **約24**
③ 77042÷207 **約400**

算数のまとめ⑧　図形の性質

① 次の図の⑦～⑨の角度を，計算で求めましょう。
180−(45+70)=65
180−65=115　**115°**
360−(80×2+115)=85　**85°**
③ 正五角形
360÷5=72　**72°**
180−72=108　**108°**

② 次の性質にあてはまる四角形を，下から選んで記号で書きましょう。
① 向かい合った2組の辺が平行 （ い, う, え, お ）
② 4つの辺の長さがすべて等しい （ え, お ）
③ 2本の対角線の長さが等しい （ う, お ）
④ 2本の対角線が垂直に交わる四角形 （ え, お ）

台形　平行四辺形　長方形　ひし形　正方形

③ 次の対称な図形をかきましょう。
① 直線アイを対称の軸とした線対称な図形
② 点Oを対称の中心とした点対称な図形

71　（122％に拡大してご使用ください）

P.72

算数のまとめ ⑨ 図形の性質　名前

① 垂直や平行な直線をかきましょう。
(1) 点Aを通り，直線⑦に平行な直線あをかきましょう。
(2) 点Aを通り，直線④に垂直な直線⑤をかきましょう。

② 立体の展開図を見て答えましょう。

(1) 面あと垂直になる面をすべて
面い，面え，面お，面か

(2) 次の辺と重なる辺を書きましょう。
辺ケコ　辺スシ　**辺ケコ**
辺オカ　**辺ウイ**

(3) 次の点と重なる点をすべて書きましょう。
点カ，点ク　点コ　点シ

③ 頂点Bを中心にして，三角形ABCの2倍の拡大図DBEと，3倍の拡大図FBGをかきましょう。また，三角形FBGは，三角形DBEの何倍の拡大図ですか。

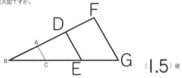

（1.5）倍

算数のまとめ ⑩ 面積と体積

① 次の図形の面積を求めましょう。

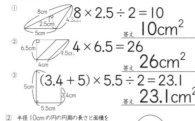

①
$8 \times 2.5 \div 2 = 10$
答え **10cm²**

②
$4 \times 6.5 = 26$
答え **26cm²**

③
$(3.4 + 5) \times 5.5 \div 2 = 23.1$
答え **23.1cm²**

② 半径10cmの円の円周の長さと面積を求めましょう。

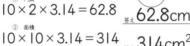

①円周
$10 \times 2 \times 3.14 = 62.8$
答え **62.8cm**

②面積
$10 \times 10 \times 3.14 = 314$
答え **314cm²**

③ 次の円柱の体積を求めましょう。

$5 \times 5 \times 3.14 \times 6 = 471$
答え **471cm³**

P.73

算数のまとめ ⑪ 面積と体積　名前

① 次の色のついた部分の面積を求めましょう。

①
$12 \times 12 = 144$
$4 \times 4 = 16$
$144 - 16 = 128$
答え **128cm²**

②
$10 \times 10 \div 2 = 50$
$10 \times 10 \times 3.14 \div 4 = 78.5$
$(78.5 - 50) \times 2 = 57$
答え **57cm²**

② 次の立体の体積を求めましょう。

①
$8 \times 5 \div 2 = 20$
$20 \times 12 = 240$
答え **240cm³**

②
$8 \times 8 + 4 \times 4 = 80$
$80 \times 6 = 480$
答え **480cm³**

算数のまとめ ⑫ 比例と反比例

① 下のグラフは，AとBの2種類の針金の長さxと重さygの関係を表したものです。

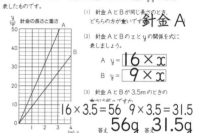

針金の長さと重さ

(1) 針金AとBが同じ長さのとき，どちらの方が重いですか。
針金A

(2) 針金AとBのxとyの関係を式に表しましょう。
A $y = 16 \times x$
B $y = 9 \times x$

(3) 針金AとBが3.5mのときの針金の重さは何gですか。
$16 \times 3.5 = 56$　$9 \times 3.5 = 31.5$
答え **56g　31.5g**

② 表を完成させて，比例しているか，反比例しているか，どちらかに○をつけましょう。また，xとyの関係を式に表しましょう。

(1) 1時間で40km進む自動車の進む時間x時間と道のり$y$km
比例　反比例

時速40kmの自動車の進む時間と道のり

時間x（時間）	1	2	3	4	5	6
道のりy（km）	40	80	120	160	200	240

$y = 40 \times x$

(2) 面積が24cm²になる長方形の縦の長さ$x$cmと横の長さ$y$cm
比例　反比例

面積24cm²の長方形の縦と横の長さ

縦の長さx（cm）	1	2	3	4	6
横の長さy（cm）	24	12	6	4	2

$y = 24 \div x$

P.74

算数のまとめ ⑬ 単位量あたりの大きさ　名前

① 快速電車は8両に600人乗っています。急行電車は10両に800人乗っています。どちらの方が混んでいますか。
式　$600 \div 8 = 75$
$800 \div 10 = 80$
答え **急行電車**

② 赤いリボンは12mで1020円です。青いリボンは15mで1260円です。どちらが高いですか。
$1020 \div 12 = 85$
$1260 \div 15 = 84$
答え **赤いリボン**

③ Aの自動車はガソリン20Lで290km走れます。Bの自動車はガソリン25Lで405km走れます。
(1) 1Lあたりに走れる道のりが長いのは，どちらですか。
$290 \div 20 = 14.5$
$405 \div 25 = 16.2$
答え **Bの自動車**

(2) Aの自動車は32Lで何km走ることができますか。
式　$14.5 \times 32 = 464$
答え **464km**

(3) Bの自動車が810km走るには，何Lのガソリンが必要ですか。
式　$810 \div 16.2 = 50$
答え **50L**

算数のまとめ ⑭ 速さ

① 右の表は，AとBの自動車が走った時間と道のりを表したものです。

	時間（時間）	道のり（km）
A	5	280
B	6	330

(1) AとB，どちらの自動車の方が速いですか。
式　$280 \div 5 = 56$
$330 \div 6 = 55$
答え **Aの自動車**

(2) Aの自動車が3時間15分走ったとき，進む道のりは何kmですか。
3時間15分 = $3\frac{1}{4}$時間
$56 \times 3\frac{1}{4} = 182$　答え **182km**

(3) Bの自動車が506kmの道のりを走るには，何時間かかりますか。
式　$506 \div 55 = 9.2$
答え **9.2時間**

② 音は，秒速340m進みます。
(1) 音は1分間で何km進みますか。
$340 \times 60 = 20400$
20400m = 20.4km
分速約20.4km

(2) 音は1時間で何km進みますか。
$20.4 \times 60 = 1224$
時速約1224km

P.75

算数のまとめ ⑮ 割合とグラフ／データの調べ方　名前

① 次の□にあてはまる数を書きましょう。
① 180cmは，5mの **36** %です。
② 7kgの30%は **2100** gです。
③ □Lの15%は150mLです。

② 次の比を簡単な整数の比にしましょう。また，比の値も求めましょう。
① 54 : 36　簡単な比（ **3 : 2** ）　比の値（ $\frac{3}{2}$ ）
② 2.1 : 4.9　簡単な比（ **3 : 7** ）　比の値（ $\frac{3}{7}$ ）
③ $\frac{3}{5} : \frac{3}{7}$　簡単な比（ **7 : 5** ）　比の値（ $\frac{7}{5}$ ）

③ ねだんが1200円の牛肉を20%引きで買います。この牛肉の代金は，何円になりましたか。

式　$1200 \times (1 - 0.2) = 960$
答え **960円**

④ Aさんの家のしき地の面積は，200m²です。そのうちの20%が畑です。その畑の25%が花畑です。花畑は何m²ですか。
式　$200 \times 0.2 \times 0.25 = 10$
答え **10m²**

算数のまとめ ⑯ 割合とグラフ／データの調べ方

① 下の表は，東と西の2つの小学校で，好きな本の種類を調べたものです。

好きな本の種類（東小学校）

本の種類	人数（人）	割合（%）
物語	42	35
絵本	36	30
図かん	24	20
伝記	18	15
合計	120	100

好きな本の種類（西小学校）

本の種類	人数（人）	割合（%）
物語	42	44
絵本	28	29
図かん	15	16
伝記	11	11
合計	96	100

それぞれの学校で，その種類の本が好きな人の割合（%）を求めて表に書き，下の帯グラフに表しましょう。
（わりきれない場合は，小数第三位を四捨五入して%で表しましょう。）

好きな本の種類（東小学校）

物語	絵本	図かん	伝記

好きな本の種類（西小学校）

物語	絵本	図かん	伝記

② ソフトボール投げの記録のヒストグラムを見て答えましょう。

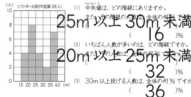

ソフトボール投げの記録（25人）

(1) 中央値は，どの階級にありますか。
25m以上30m未満

(2) いちばん人数が多いのは，どの階級ですか。
20m以上25m未満

(3) 30m以上投げる人数は，全体の何%ですか。

（ 16 ）%
（ 32 ）%
（ 36 ）%

P.76

楽しみ考える算数 ①

● 魔法陣の観覧車を3つ作ってみよう。

ルール　下の9この○の中に1〜9の数を1つずつ入れます。縦，横，ななめのどの直線の3つの数をたしても同じ数になるようにします。
※ 真ん中に入る数は3通りあります。

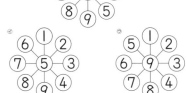

ヒント
直線で結ばれた3つの数のうち，真ん中の数以外の2つの数の和は，どの直線も等しい。また，この2つの数の組み合わせは，1つの観覧車に4組あるので，真ん中以外の数を全部たすと，4の倍数になる。例えば，⑦の場合，1から9までの数を全部たすと45。真ん中に1を入れると，45−1＝44　44は4の倍数なので，残りの2つの○の和が44÷4＝11の11になるようにすれば，できる。

楽しみ考える算数 ②

● ひと筆書きにちょう戦しよう。

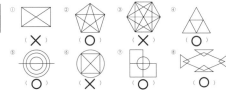

説明

＜ひと筆書きができる＞
・図1のように，すべての点が偶数点（1つの点から出ている線の数が偶数本）であるとき。
・図2のように，奇数点（1つの点から出ている線の数が奇数本）が2つで，残りの点が偶数点であるとき。

＜ひと筆書きができない＞
・図3のように奇数点が3つ以上あるとき。

図1 図2 図3

P.77

楽しみ考える算数 ③

● 紙を1億枚積んだ高さを考えよう。
1000枚積み重ねると，高さが5cmになる紙があります。この紙を1億枚積むと，どのぐらいの高さになりますか。

① 計算する前に予想を立ててみましょう。
⑦〜㋓の中から1つに○をつけましょう。

⑦ 教室の天じょう（3m）ぐらい
④ 3階建ての建物（10m）ぐらい
⑦ 20階建てのビル（60m）ぐらい
㋓ 東京スカイツリー（634m）ぐらい
㋔ 富士山（3776m）ぐらい
㋕ エベレスト（8848m）ぐらい

② **（例）** 考えて計算してみましょう。

$$100000000 \div 1000 = 100000$$
$$5 \times 100000 = 500000$$
$$500000cm = 5000m$$

ヒント　順番に考えてみましょう。

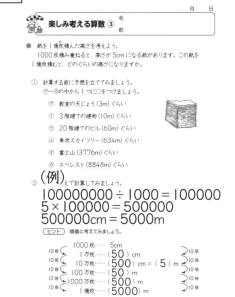

1000枚 …… 5cm
1万枚 …… （50）cm
10万枚 …… （500）cm ＝（5）m
100万枚 …… （50）m
1000万枚 …… （500）m
1億枚 …… （5000）m

楽しみ考える算数 ④

● 「あなたが思った数をあてようゲーム」にちょう戦しよう。

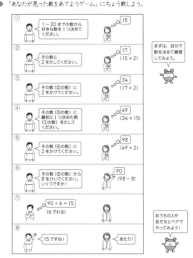

① 1〜20までの数から好きな数を1つ決めてください。 → 15
② その数に2をたしてください。 → 17（15＋2）
③ その数（②の数）に2をかけてください。 → 34（17×2）
④ その数（③の数）に最初に1つ決めた数（①の数）をたしてください。 → 49（34＋15）
⑤ その数（④の数）に2をかけてください。 → 98（49×2）
⑥ その数（⑤の数）から8をひいてください。いくつですか？ → 90（98−8）
⑦ 90÷6＝15（6でわる）
⑧ 15ですね！ → あたり！

まずは，自分で数を決めて練習してみよう。
おうちの人や友だちとペアでやってみよう！

P.78

漢字の形と音・意味 (1) 同じ部分で同じ音

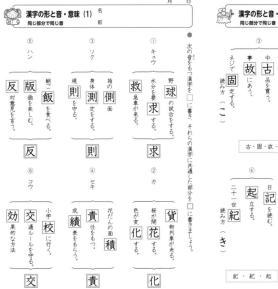

次の音をもつ漢字を□に書き，それらの漢字に共通した部分を（　）に書きましょう。

① キュウ
野球の試合をする。 → 球
水が引く。 → 救
急車が来る。
（　）

② カ
色が変化する。 → 化
花だんの花が開く。
貨物列車が走る。
化

③ キュウ … 求
救急車を要する。 → 求
求

④ セキ
成績をもらう。 → 績
桜の花が咲く。
責任をもつ。 → 責
貴
積

⑤ ハン
朝ごはんを食べる。 → 飯
版画を楽しむ。 → 版
反対意見を言う。 → 反
反

⑥ コウ
効果的な方法 → 効
小学校に行く。 → 校
交通ルールを守る。 → 交
交

（省略）

漢字の形と音・意味 (2) 同じ部分で同じ音

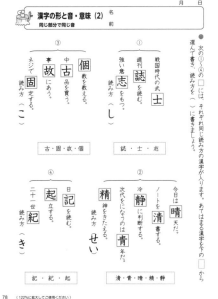

次の□には，それぞれ同じ読み方の漢字が入ります。あてはまる漢字を下の　から選んで書き，読み方を（　）に書きましょう。

① 個 … 個数を教える。
事故にあう。 → 故
中古の品を買う。 → 古
ネジを固定する。 → 固
読み方（こ）

古・固・故・個

② 士 … 戦国時代の武士
週刊誌を読む。 → 誌
強い意志をもつ。 → 志
読み方（し）

誌・士・志

③ キ … 今日は晴天だ。 → 晴
日記を立てる。 → 記
二十世紀 → 紀
読み方（き）

記・紀・起

④ セイ … 精神をきたえる。 → 精
冷静に判断する。 → 静
ノートに清書する。 → 清
時代をにぎわすのは青年だ。 → 青
読み方（せい）

清・青・晴・精・静

P.79

漢字の形と音・意味 (3) 同じ部分と意味

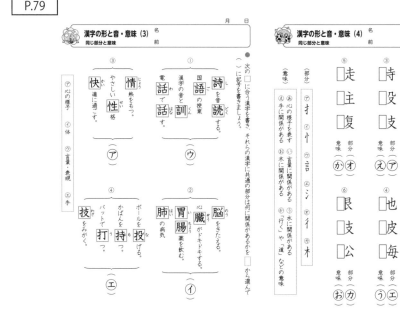

次の□に合う漢字を書き，それらの漢字に共通する部分は何に関係があるかを□から選んで（　）に記号で書きましょう。

① 漢字の音と訓
詩を音読する。 → 読
国語の授業
電話で話す。 → 話

㋐（読・詩・話・訓・語）
⑦ 心の様子
④ 体
⑦ 言葉・表現
㋓ 手

② 情熱をもつ。 → 情
やさしい性格
快適に過ごす。 → 快

㋑

③ ボールを投げる。 → 投
バットで打つ。 → 打
かばんを持つ。 → 持
技をみがく。 → 技

㋓

④ 脳がキドキする。 → 脳
胃腸の病気
肺の病気 → 肺
心臓をきたえる。 → 臓
薬を飲む。

④

漢字の形と音・意味 (4) 同じ部分と意味

次の□に，それぞれ三つの□に共通して入る漢字の部分と，その部分が表す意味を選んで（　）に記号で書きましょう。

① 売 … 主 復
意味（ウ）㋐

② 青 … 生 央
意味（イ）

③ 寺 … 役 支
意味（エ）㋐

④ 也 … 皮 毎
意味（ウ）

⑤ 走 … 主 復
意味（オ）

⑥ 艮 … 支 公
意味（カ）

部分
キ 扌
ク 忄
ケ 言
コ シ
サ イ
シ 木

意味
㋐ 心の様子を表す
㋑ 手に関係がある
㋒ 言葉に関係がある
㋓ 水に関係がある
㋔ 木に関係がある
㋕ 「行く」や「道」などの意味

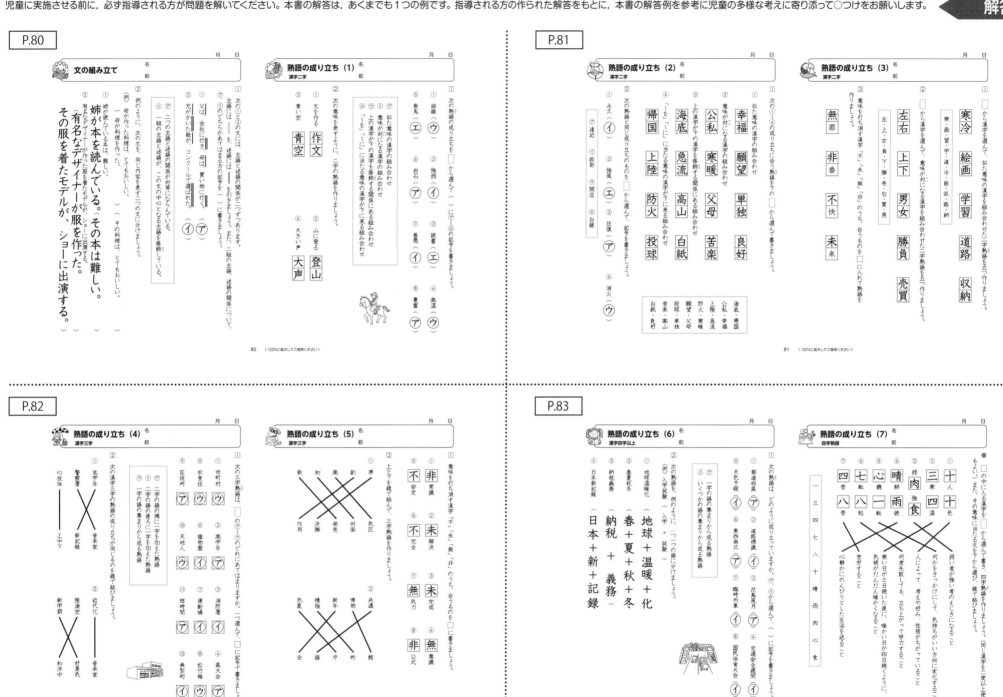

P.84

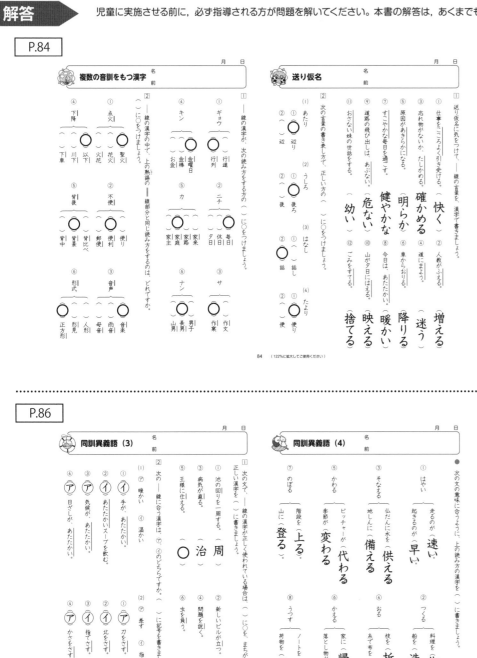

P.85

P.86

P.87

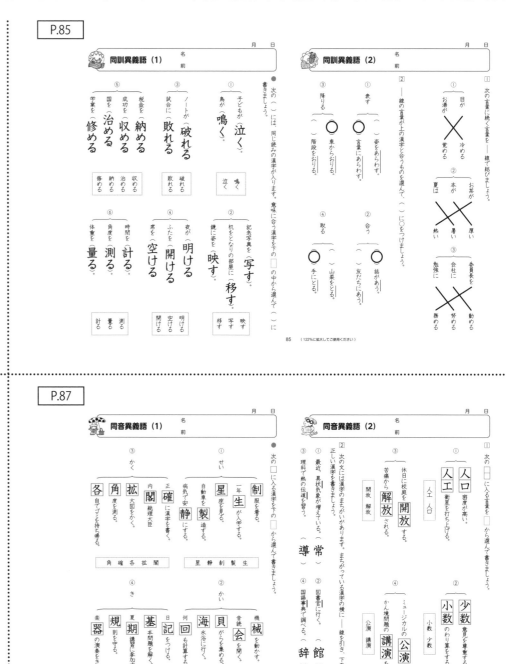

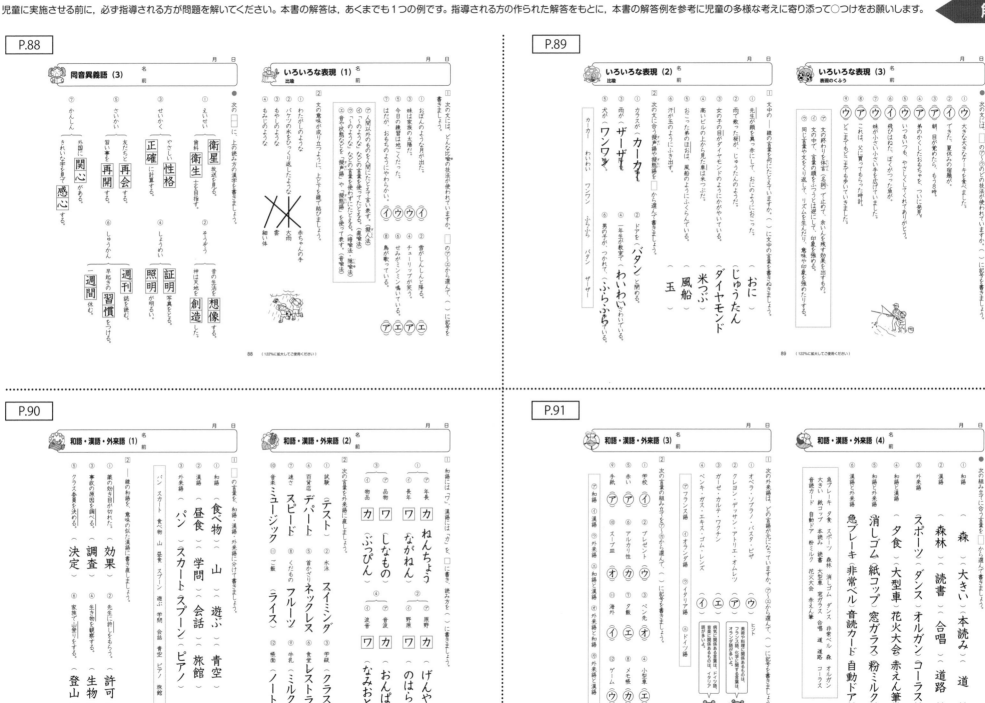

解答

児童に実施させる前に，必ず指導される方が問題を解いてください。本書の解答は，あくまでも1つの例です。指導される方の作られた解答をもとに，本書の解答例を参考に児童の多様な考えに寄り添って○つけをお願いします。

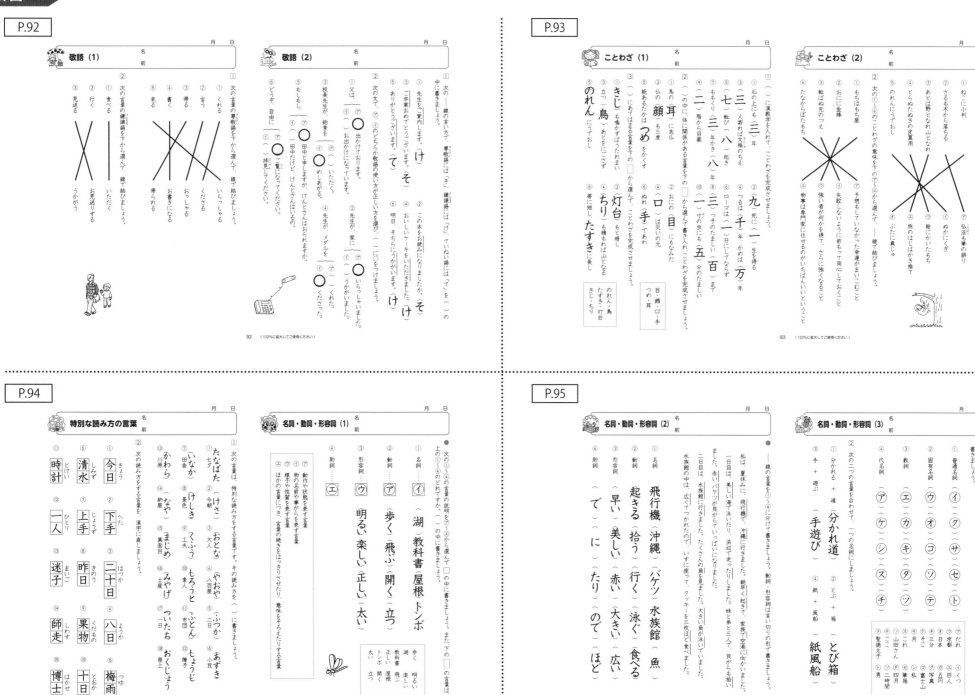

P.92 — 敬語（1）／敬語（2）

P.93 — ことわざ（1）／ことわざ（2）

P.94 — 特別な読み方の言葉／名詞・動詞・形容詞（1）

P.95 — 名詞・動詞・形容詞（2）／名詞・動詞・形容詞（3）

P.96

日本国憲法と国民主権・平和主義　名前

● 日本国憲法の前文を読んで答えましょう。

A 日本□□は，正当に選挙された国会における代表者を通じて行動し，われらとわれらの子孫のために，諸□との協和による成果と，わが国全土にわたって自由のもたらす恵沢を確保し，政府の行為によって再び戦争の惨禍が起こることのないようにすることを決意し，ここに主権が□に存することを宣言し，この憲法を確定する。そもそも国政は，□の厳粛な信託によるものであって，その権威は□に由来し，その権力は□の代表者がこれを行使し，その福利は□□がこれを享受する。（略）

B 日本□□は，恒久の平和を念願し，人間相互の関係を支配する崇高な理想を深く自覚するのであって，平和を愛する諸□□の公正と信義に信頼して，われらの安全と生存を保持しようと決意した。われらは，平和を維持し，専制と隷従，圧迫と偏狭を地上から永遠に除去しようと努めている国際社会において，名誉ある地位を占めたいと思う。（略）

① □の中は，すべて同じことばが入ります。（　）から選んで○をつけましょう。
〔 天皇　住民　（国民）　社会　人々 〕

② Aの部分には，だれが国の中心であるかということが書かれています。国の中心はだれで，それを何というか，（　）から選んで○をつけましょう。
国の中心は **国民** で，（ （国民主権）　三権分立　天皇主権 ）という。

③ Bの部分には，日本国として何を最も大切に考えるかということが書かれています。それを（　）から選んで，○をつけましょう。
〔 国民主権　三権分立　（平和主義）〕

基本的人権の尊重　名前

● 国民の権利は，基本的人権の代表的なものです。また，憲法は3つの国民の義務も定めています。

〈国民の権利〉　〈国民の義務〉

下の⑦〜⑮は，上のイラストのどの権利や義務にあてはまりますか。イラストの番号を（　）に書き入れましょう。

⑦（ 8 ） わたしは，小学校や中学校で勉強することができる。
⑦（ 3 ） 友だちは，他の県に引っこした。
⑦（ 5 ） 18才になったので，選挙で投票する。
⑤（ 11 ） 本を買ったので，消費税をはらった。
⑦（ 4 ） 自分の好きな学問を研究し，発表する。
⑦（ 13 ） 自分の子どもが幼ち園を卒園したので，小学校へ通わせなければならない。
⑦（ 10 ） 労働組合を作って，給料を上げてもらうために会社と話し合う。

P.97

選挙のしくみと国会のはたらき　名前

① 国会について調べましょう。

① 国会の最も大切な仕事は，法律（国のきまり）を決めたり，改正したりすること，国の予算を決めることなどです。これらから，国会は国の唯一の何であるといわれています。（　）から選んで○をつけましょう。
〔 行政機関　（立法機関）　司法機関 〕

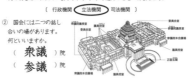

② 国会には二つの話し合いの場があります。何といいますか。
（ **衆議** ）院
（ **参議** ）院

② 下の表から衆議院と参議院のちがいを見つけましょう。

① 議員の数は何人ですか。
衆議院 **465**人
参議院 **248(245)**

② 任期は何年ですか。
衆議院（ 4 ）年
参議院（ 6 ）年

③ 投票で選挙に参加できるのは何才からですか。
衆議院 **満18**才以上　参議院 **満18**才以上

内閣と裁判所のはたらき　名前

① 内閣は，国会が決めた法律や予算にもとづいて政治を行います。

① 内閣の最高責任者を何といいますか。
（ **内閣総理大臣** ）

② （　）にあてはまることばを□から選んで記号で書きましょう。
内閣の最高責任者は，（ ウ ）指名される。
⑦ 国民に　⑦ 国務大臣に　⑦ 国会で　⑦ 裁判所で　⑦ 住民投票で

② 内閣には，専門的な仕事をする省や庁があります。
内閣の最高責任者は国務大臣を任命し，国務大臣の多くは担当する省や庁の責任者として国の仕事を進めます。次の仕事はどの省や庁の仕事なのか，□から選んで（　）に記号を書きましょう。
① 国民の健康と労働（ エ ）　② 教育・科学やスポーツ（ ア ）
③ 法律を広める（ ウ ）　④ 公害問題（ オ ）
⑦ 文部科学省　⑦ 外務省　⑦ 法務省　⑦ 厚生労働省　⑦ 環境省

③ 裁判所について，正しいものには○を，まちがっているものには×をつけましょう。
（ ○ ） 子どもが起こした事件は，家庭裁判所であつかわれる。
（ × ） 大きな事件は，まず最高裁判所で裁判を受ける。
（ ○ ） 裁判の判決に不満がある場合は，3回まで裁判を受けることができる。
（ ○ ） 国民はだれでも裁判を受ける権利をもっている。

P.98

縄文人のくらし　名前

● 下の絵を見て，（　）にあてはまることばを，□から選んで書きましょう。

縄文時代の人々は，（ 石やり ）や（ 弓矢 ）を使って（ 狩り ）や（ 漁 ）をしたり，（ 木の実 ）をとったりして，くらしていました。ねん土を焼いて作った（ 土器（縄文土器） ）に木の実などを入れて，食べていました。住まいは，地面にほった穴に柱を立て，草や木の枝などで屋根をふいた（ たて穴住居 ）でした。日本各地で発見される（ 遺跡 ）を調べると，当時の様子がわかります。

※「石やり」と「弓矢」，「狩り」と「漁」は順不同

〔 たて穴住居　石やり　弓矢　木の実 〕

弥生人のくらし　名前

● 下の絵を見て，（　）にあてはまることばを，□から選んで書きましょう。

村の男たちは（ 用水路 ）をつくって水を引き，田を（ 耕したり ），ならしたりしています。
女の人たちは，（ 田植え ）をしています。村の人たちが（ 分担 ）して米づくりをしています。

〔 田植え　いねかり　用水路　競争　分担　耕したり 〕

P.99

古墳と大和政権　名前

● 下の大きな古墳の分布図を見て答えましょう。

古墳の大きさベスト100 分布図

・数字は各府県のベスト100に入る古墳の数
・（　）内は全長200m以上の古墳の数

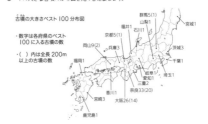

① 大きな古墳が特に多い府県を2つ書きましょう。
（ 奈良県 ）（ 大阪府 ）（順不同）

② ①のことから，この地域の豪族たちについて，どのようなことがわかりますか。正しいものに○をつけましょう。
（　） 他の地域の豪族と仲良くしていた。
（ ○ ） 他の地域より大きな勢力をもっていた。
（　） 他の地域から，絶えずせめられていた。

③ この豪族たちがつくった政権を何とよびますか。
大和政権（大和王権・大和朝廷）

天皇中心の国づくり　聖徳太子と大化の改新　名前

① 右の寺は，聖徳太子が命じて建てさせた世界最古の木造建築です。この寺の名前を書きましょう。
（ **法隆寺** ）

② 何のためにこの寺を建てましたか。（　）にあてはまることばを書きましょう。
（ **国** ）を治めるために（ **仏教** ）を広めようとして建てた。

③ 聖徳太子の行った政治とその説明を線でつなぎましょう。
十七条の憲法　　家柄に関係なく，能力や功績で役人を取り立てた。
冠位十二階　　中国に使いを送り，進んだ政治のしくみや文化・学問を取り入れようとした。
遣隋使　　政治を行う役人の心構えを示した。

④ 聖徳太子の死後，強い勢力をもつようになった蘇我氏がたおされた事件について，問いに答えましょう。
① 蘇我氏をたおしたのはだれとだれですか。（　）に○をつけましょう。
（ ○ ）中大兄皇子　（　）推古天皇　（ ○ ）中臣鎌足

② この事件の後，行われた政治の改革を何といいますか。
（ **大化** ）の（ **改新** ）

⑤ 左の文と，それに合う右のことばを線でつなぎましょう。
すべての土地と人民を治める権力をもつ　　留学生・留学僧
農民が稲や織物，特産物などを国に納める　　天皇
力の強かった豪族が位の高い役人となる　　貴族
中国に渡って学問を学んだ学生や僧　　税

P.100

奈良の都（平城京） 名前

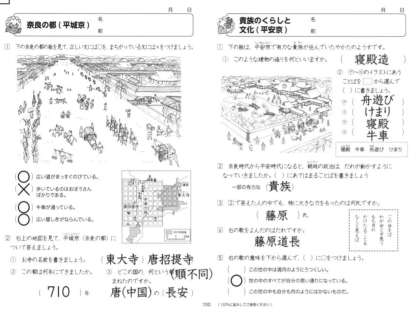

① 下の奈良の都の絵を見て，正しい文には○を，まちがっている文には×をつけましょう。

- ○ 広い道がまっすぐのびている。
- × 歩いているのはおぼうさんばかりである。
- ○ 牛車が通っている。
- ○ 広い屋しきがならんでいる。

② 右上の地図を見て，平城京（奈良の都）について答えましょう。
① お寺の名前を書きましょう。
（ 東大寺 ）唐招提寺（順不同）
② この都は何年にできましたか。
（ 710 ）年
③ どこの国の，何というまちをまねたのですか。
唐（中国）の（ 長安 ）

貴族のくらしと文化（平安京） 名前

① 下の絵は，平安京で有力な貴族が住んでいたやかたのようすです。
① このような建物の造りを何といいますか。（ 寝殿造 ）
② ⑦～②のイラストにあうことばを□から選んで（ ）に書きましょう。
⑦（ 舟遊び ）
①（ けまり ）
⑦（ 寝殿 ）
②（ 牛車 ）
〔寝殿 牛車 舟遊び けまり〕

② 奈良時代から平安時代になると，朝廷の政治は，だれが動かすようになっていきましたか。（ ）にあてはまることばを書きましょう
一部の有力な（ 貴族 ）

③ ②で答えた人の中でも，特に大きな力をもったのは何氏ですか。
（ 藤原 ）氏

④ 右の歌をよんだのはだれですか。
藤原道長

⑤ 右の歌の意味を下から選んで，（ ）に○をつけましょう。
- （ ）この世の中は満月のようにうつくしい。
- ○ 世の中のすべてが自分の思い通りになっている。
- （ ）この世の中も自分も月のようにはかないものだ。

P.101

武士のやかた 名前

● 鎌倉時代の武士のやかたの絵を見て，（ ）にあてはまることばを，下の□から選んで書きましょう。

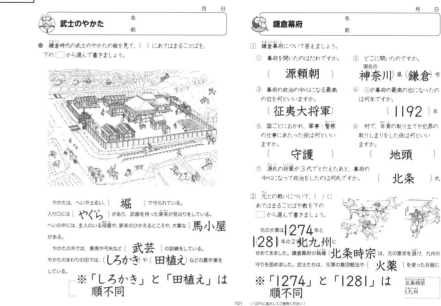

やかたは，へいや土ぬい，（ 堀 ）で守られている。
入り口には（ やぐら ）があり，武器を持った家来が見はりをしている。
へいの中には，主人のいる母屋や，家来のひかえるところや，大事な（ 馬小屋 ）がある。
やかたの外では，乗馬や弓矢など（ 武芸 ）の訓練をしている。
やかたのまわりの田では，（しろかき）や（田植え）などの農作業をしている。
※「しろかき」と「田植え」は順不同

鎌倉幕府 名前

① 鎌倉幕府について答えましょう。
① 幕府を開いたのはだれですか。（ 源頼朝 ）
② どこに開いたのですか。（ 神奈川 ）県（ 鎌倉 ）市
③ 幕府の政治の中心になる最高の位を何といいますか。（ 征夷大将軍 ）
④ ①が幕府の最高の位になったのは何年ですか。（ 1192 ）年
⑤ 国ごとにおかれ，軍事・警察の仕事にあたった役は何といいますか。（ 守護 ）
⑥ 村で，年貢の取り立てや犯罪の取りしまりをした役は何といいますか。（ 地頭 ）
⑦ 源氏の将軍が3代でとだえたあと，幕府の中心になって政治をしたのは何氏ですか。（ 北条 ）氏

② 元との戦いについて，（ ）にあてはまることばや数を下の□から選んで書きましょう。
元の大軍は（ 1274 ）年と（ 1281 ）年の2度（ 北九州 ）にせめてきました。鎌倉幕府の執権（ 北条時宗 ）は，元の要求を退け，九州の守りを固めました。武士たちは，元軍の集団戦法や（ 火薬 ）を使った兵器に苦しみました。
※「1274」と「1281」は順不同
〔北条時宗 北九州〕

P.102

室町時代の文化 名前

● 室町時代には，今の日本の生活のもとになったものがたくさんあります。

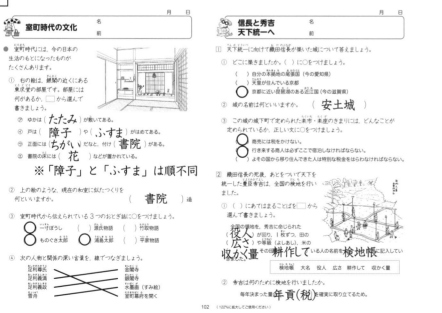

① 右の絵は，銀閣の近くにある東求堂の部屋です。部屋には何があるか，□から選んで書きましょう。
⑦ ゆかは（ たたみ ）が敷いてある。
① 戸は（ 障子 ）や（ ふすま ）がはめてある。
⑦ 正面には（ ちがい ）だなと，付け（ 書院 ）がある。
② 書院の床には（ 花 ）などが置かれている。
※「障子」と「ふすま」は順不同

② 上の絵のような，現在の和室に似たつくりを何といいますか。（ 書院 ）造

③ 室町時代から伝えられている3つのおとぎ話に○をつけましょう。
- ○ 一寸ぼうし
- （ ）源氏物語
- （ ）竹取物語
- ○ ものぐさ太郎
- （ ）浦島太郎
- （ ）平家物語

④ 次の人物と関係の深い言葉を，線でつなぎましょう。
足利尊氏 ─ 金閣寺
足利義満 ─ 銀閣寺
足利義政 ─ 水墨画（すみ絵）
雪舟 ─ 室町幕府を開く

信長と秀吉 天下統一へ 名前

① 天下統一に向けて織田信長が築いた城について答えましょう。
① どこに築きましたか。（ ）に○をつけましょう。
- （ ）自分の本拠地の尾張国（今の愛知県）
- （ ）天皇が住んでいる京都
- ○ 京都に近い琵琶湖のある近江国（今の滋賀県）

② 城の名前は何といいますか。（ 安土城 ）

③ この城の城下町で定められた楽市・楽座のきまりには，どんなことが定められているか，正しい文に○をつけましょう。
- ○ 商売には税をかけない。
- （ ）行き来する商人は必ずここで宿泊しなければならない。
- （ ）よその国から移り住んできた人は特別な税金をはらわせなければならない。

② 織田信長の死後，あとをついで天下を統一した豊臣秀吉は，全国の検地を行いました。

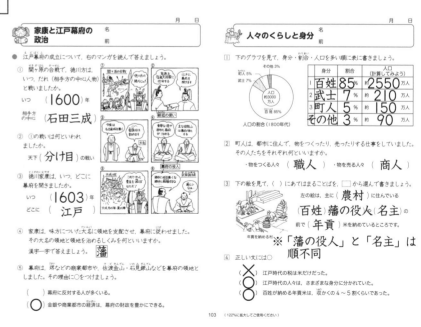

① （ ）にあてはまることばを□から選んで書きましょう。
全国の領地を，秀吉に命じられた（ 役人 ）が回り，ますや物さしを統一し，田の（ 広さ ）や等級（よしあし），米の（収かく量）など，その田を耕作している人の名前を（ 検地帳 ）にしるしました。
〔検地帳 大名 役人 広さ 耕作して 収かく量〕

② 秀吉は何のために検地を行いましたか。
毎年決まった量の（ 年貢（税）を確実に取り立てるため。

P.103

家康と江戸幕府の政治 名前

● 江戸幕府の成立について，右のマンガを読んで答えましょう。

① 関ヶ原の合戦で，徳川方は，いつ，だれ（相手方の中心人物）と戦いましたか。
いつ（ 1600 ）年
相手方の中心（ 石田三成 ）

② ①の戦いは何といわれましたか。
天下（ 分け目 ）の戦い

③ 徳川家康は，いつ，どこに幕府を開きましたか。
いつ（ 1603 ）年
どこに（ 江戸 ）

④ 家康は，味方についた大名に領地を支配させ，幕府に従わせました。その大名の領地と領地を治めるしくみを何といいますか。漢字一字で答えましょう。〔 藩 〕

⑤ 幕府は，堺などの商業都市や，佐渡金山・石見銀山などを幕府の領地としました。その理由に○をつけましょう。
- （ ）幕府に反対する人が多くいる。
- ○ 金銀や商業都市の経済は，幕府の財政を豊かにできる。

人々のくらしと身分 名前

① 下のグラフを見て，身分・割合・人口を多い順に表に書きましょう。

人口の割合（1800年代）
町人5% その他3% 武士7% 百姓85%
人口 約3000万人

身分	割合	人口（計算してみよう）
1 百姓	85%	2550万人
2 武士	7%	約210万人
3 町人	5%	約150万人
その他	3%	約90万人

② 町人は，都市に住んで，物をつくったり，売ったりする仕事をしていました。その人たちをそれぞれ何といいますか。
・物をつくる人々（ 職人 ）
・物を売る人々（ 商人 ）

③ 下の絵を見て，（ ）にあてはまることばを，□から選んで書きましょう。
左の絵は，主に（ 農村 ）に住んでいる（ 百姓 ）が（藩の役人）や（ 名主 ）の前で（ 年貢 ）米を納めているところです。
※「藩の役人」と「名主」は順不同

④ 正しい文には○
- × 江戸時代の税は米だった。
- ○ 江戸時代の人々は，さまざまな身分に分かれていた。
- ○ 百姓が納める年貢米は，収かくの4～5割くらいだった。

P.104

キリスト教の禁止と鎖国

名前

① （　）にあてはまることばや数を，下の□□から選んで書きましょう。

徳川家康は，外国との（ 貿易 ）を進めたので，（ ポルトガル ）や（ スペイン ）などの船がさかんに日本に来ました。大名や商人たちに許可状をあたえて，これを保護しました。多くの貿易船に乗って（ 東南アジア ）に出かけ，各地に（ 日本町 ）ができました。しかし，貿易船に乗ってきた宣教師が，（ キリスト教 ）を広めると，信者が団結して幕府に従わなくなることをおそれて，キリスト教を禁止しました。（ 1637 ）年に，キリスト教の信者を中心に３万人以上の人が（ 島原・天草 ）で，重い年貢の取り立てに反対する（ 一揆 ）を起こしました。これ以後，幕府は，（ 1639 ）年に貿易の相手国を（ オランダ ）と（ 中国（清） ）だけに限り，貿易地も（ 長崎 ）だけにしました。これを（ 鎖国 ）といいます。

キリスト教 ※「ポルトガル」と「スペイン」，
東南アジア 「オランダ」と「中国（清）」は
順不同

② 右の絵は，絵踏みをしているところです。何のためにしたのですか。正しい方に○をつけましょう。

（　）年貢を取り立てるため。
（○）信者を発見して，キリスト教を取りしまるため。

農業や商業の発展

名前

● 右のグラフを見て，問いに答えましょう。

① 各時代の全国のおよその田畑の面積を書きましょう。

（例）

室町時代	約 90 万ha
安土桃山時代	約 150 万ha
江戸時代中期	約 300 万ha

全国の田畑の面積

② 安土桃山時代と江戸時代中期の面積を比べると，約何万ha 増えて，約何倍になったでしょう。

（例）約（ 150 ）万ha 約（ 2 ）倍

③ 新しく田畑を増やすことを何といいますか。下から選んで○をつけましょう。

（　）干拓　（○）新田開発　（　）班田収授

④ なぜ，江戸時代になって田畑の面積を大きく増やせたのか，２つ選び○をつけましょう。

（　）新しい農具を使うことで田畑にできる土地が増えた。
（　）武士が村に帰ってきて田畑の開拓をすすめた。
（　）いくさの恩賞でたくさんの土地がもらえた。
（○）肥料の改良が進み，新田開発で耕地が拡大した。

P.105

江戸時代の文化と学問

名前

① 江戸時代の文化や学問について，何を説明したものか□□から選んで（　）に書きましょう。

① 町人の生活をえがいた芝居が盛んになり，人々の楽しみになった。
（ 歌舞伎 ）

② 芝居の役者や風景をえがく日本独特の絵で，世界の絵画にもえいきょうをあたえた。
（ 浮世絵 ）

③ 三味線と語りに合わせて，人形師が人形をあやつる劇。
（ 人形浄瑠璃 ）

④ 武士や僧，医者などが先生になって，農民や町人の子どもに読み書き，そろばんも教えた。
（ 寺子屋 ）

人形浄瑠璃　歌舞伎　寺子屋　浮世絵

② 次の①〜⑤と関係の深いものを，線でつなぎましょう。

① オランダ語を通して，医学，地理学，天文学などを学ぶ，ヨーロッパの学問　—　国学
② 「古事記」「万葉集」などから，古くからの日本人の考え方を研究する学問　—　蘭学
③ 医学を学び，オランダ語をほん訳して「解体新書」を出した。　—　伊能忠敬
④ 天文学や測量学を学び，日本各地を歩いて，正確な日本地図を完成させた。　—　本居宣長
⑤ 国学を研究し，「古事記伝」を書いた。　—　杉田玄白

ペリー来航と開国

名前

① 右の絵を見て答えましょう。

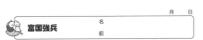

① ⑦の大きな船は何とよばれましたか。また，その船に乗ってきた①の人物はだれですか。

船（ 黒船 ）
人物（ ペリー ）

② この船は何のために日本まで来ましたか。（　）にあてはまることばを□□から選んで書きましょう。

（ クジラ漁 ）をしている漁船や，清国（中国）との（ 貿易 ）をする船への（ 燃料 ）や（ 食料 ）の補給や，難破船の乗組員の（ 保護 ）のために開港をもとめた。

※「燃料」と「食料」は順不同

② 幕府が結んだ２つの条約について，問いに答えましょう。

① ２つの条約の名前を書きましょう。

A 1854年（ 日米和親条約 ）
B 1858年（ 日米修好通商条約 ）

② Bの条約で開港した５つの港を○でかこみましょう。

（函館）釧路 石巻（新潟）（横浜）
静岡（神戸）広島（長崎）鹿児島
（順不同）

③ Bと同じような条約をアメリカのほかに，どこの国と結びましたか。

（ ロシア ）（ イギリス ）（ フランス ）（ オランダ ）

P.106

文明開化

名前

● 明治になって，新しく入ってきたり，変わったりしたものは，（　）の中の２つのうちどちらですか。○をつけましょう。

① 着るもの
（　）着物　（洋服）

② 髪型
（　）ちょんまげ　（ザンギリ頭）

③ 持ち物
（　）刀　（こうもりがさ）

④ 食べ物
（牛なべ）うどん　（ワイン）お茶

⑤ 建物
（レンガ造り）・木造　（ガス灯）ろうそく

⑥ 乗り物
（　）かご　（馬車鉄道）

⑦ 照明
（　）ろうそく　（ガス灯）

⑧ 教育
（　）寺子屋　（学校）

富国強兵

名前

● 絵を見て，（　）にあてはまることばを□□から選んで書きましょう。

政府は，国内の（ 産業 ）をさかんにするために（ 外国 ）から技術をまねき，群馬県の富岡に（ 製糸場 ）をつくりました。（ 蒸気 ）の力で動く最新式の糸繰り機を300台設置した，世界でも最大規模の工場でした。全国から（ 工女 ）が集められ，ここで機械製糸の技術をおぼえ，各地に伝えていきました。

これ以後，日本の製糸業は発展し，明治の終わりごろには，（ 生糸 ）の輸出量が（ 世界一 ）になりました。富岡製糸場のような（ 官営工場 ）は，その後，民間にはらい下げられ，日本の産業が発展していく基礎になりました。

蒸気　水車　産業　官営工場　外国　世界一
製糸場　製鉄所　生糸　工女

P.107

自由民権運動

名前

● 右の絵について，問いに答えましょう。

① 羽織はかまでひげをはやしている人は，何を主張しているのですか。２つ選んで○をつけましょう。

（○）国会を開け
（　）失業者をすくえ
（○）憲法を作ろう
（　）政府をたおせ

② 洋服を着ぼうしをかぶっている人は，だれですか。
（ 警察官 ）

③ ②の人は何をしているのですか。１つ選んで○をつけましょう。

（　）羽織はかまの人を護衛している。
（　）まわりの人たちと一しょに応えんしている。
（○）演説をやめさせようとしている。

④ 飛んでいる物は，だれが，だれに投げているのですか。

演説をきいている人が（ 警察官 ）に投げている。

⑤ 自由民権運動でかつやくした人物を１人選んで○をつけましょう。

（　）板垣退助　（○）板垣退助　（　）伊藤博文

⑥ 自由民権運動が高まり，人々の声を無視できなくなった政府は，どんなことを約束しましたか。（　）にあてはまることばや数を書きましょう。

1890年に（ 国会 ）を開く。

大日本帝国憲法

名前

● 右の絵は，大日本帝国憲法発布の式典の様子です。絵や教科書などを見て答えましょう。

① 憲法を手渡しているのはだれですか。
（ （明治）天皇 ）

② この憲法は，だれを中心にして作られましたか。
（ 伊藤博文 ）

③ この憲法はどこの国の憲法を参考にしたのですか。
（ ドイツ（プロシア） ）

④ なぜ③の国の憲法を参考にしたのですか。下から選んで○をつけましょう。

（　）国民の自由や権利が十分認められている国だから。
（○）皇帝の権力が強い国だから。
（　）日本と特につながりの深い国だから。

⑤ この憲法は，どのような形で発布されましたか。下から選んで○をつけましょう。

（○）天皇が国民にあたえる。　（　）議会が国民に知らせる。
（　）国民が天皇に差し上げる。

⑥ 大日本帝国憲法では，天皇はどのように定められ，また，どんな権限をもっていますか。（　）にあてはまることばを□□から選んで書きましょう。

天皇は（ 神 ）のように（ 尊い ）存在であり，けがしてはならない（ 帝国議会 ）の意見を聞きながら（ 法律 ）を定める権利をもっている。（ 陸海軍 ）を統率する総司令官である。

帝国議会　尊い　法律　陸海軍　神

P.108

日清・日露戦争

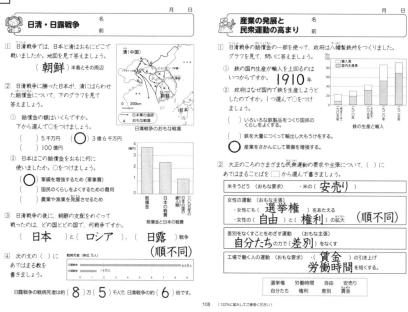

① 日清戦争では，日本と清はおもにどこで戦いましたか。地図を見て答えましょう。

（朝鮮）半島とその周辺

② 日清戦争に勝った日本が，清にはらわせた賠償金について，下のグラフを見て答えましょう。

① 賠償金の額はいくらですか。下から選んで○をつけましょう。

（ ）5千万円　（○）3億6千万円
（ ）100億円

② 日本はこの賠償金をおもに何に使いましたか。○をつけましょう。

（○）軍備を増強するため（軍事費）
（ ）国民のくらしをよくするための費用
（ ）農業や漁業を発展させるため

③ 日清戦争の後に，朝鮮の支配をめぐって戦ったのは，どの国とどの国で，何戦争ですか。

（日本）と（ロシア）（日露）戦争
（順不同）

④ 次の文の（ ）にあてはまる数を書きましょう。

日露戦争の戦病死者は約（8）万（5）千人で，日清戦争の約（6）倍です。

産業の発展と民衆運動の高まり

① 日清戦争の賠償金の一部を使って，政府は八幡製鉄所をつくりました。グラフを見て，問いに答えましょう。

① 鉄の国内生産が輸入を上回るのはいつからですか。

1910年

② 政府はなぜ国内で鉄を生産しようとしたのですか。1つ選んで○をつけ ましょう。

（ ）いろいろな鉄製品をつくり国民のくらしをよくする。
（ ）鉄を大量につくって輸出し大もうけをする。
（○）産業をさかんにして軍備を増強する。

② 大正のころのさまざまな民衆運動の要求や主張について，（ ）にあてはまることばを□から選んで書きましょう。

米そうどう〈おもな要求〉	・米の（安売り）
女性の運動〈おもな主張〉	・女性にも（選挙権）をあたえる ・女性の（自由）と（権利）の拡大（順不同）
差別をなくすことをめざす運動〈おもな主張〉	自分たちの力で（差別）をなくす
工場で働く人の運動〈おもな要求〉	・（賃金）の引き上げ 労働時間を短くする。

選挙権　労働時間　自由　安売り
自分たち　権利　差別　賃金

P.109

中国との戦争

① 右の地図に，次の場所を（ ）の色でぬりましょう。

・1931年の日本領（赤色）
・満州国（黄色）
・日本軍の最大占領地域（水色）
・日本軍の侵攻（赤色）

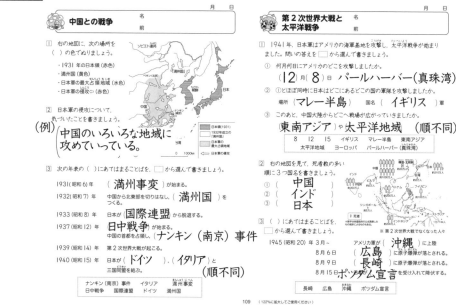

② 日本軍の侵攻について，気づいたことを書きましょう。

（例）中国のいろいろな地域に攻めていっている。

③ 次の年表の（ ）にあてはまることばを□から選んで書きましょう。

1931（昭和6）年　（満州事変）が始まる。

1932（昭和7）年　中国から東北部を切りはなし，（満州国）をつくる。

1933（昭和8）年　（国際連盟）から脱退する。

1937（昭和12）年　（日中戦争）が始まる。中国の首都を占領し，（ナンキン（南京）事件）

1939（昭和14）年　第2次世界大戦が起こる。

1940（昭和15）年　日本が（ドイツ）（イタリア）と三国同盟を結ぶ。
（順不同）

ナンキン（南京）事件　イタリア　満州事変
日中戦争　国際連盟　ドイツ　満州国

第2次世界大戦と太平洋戦争

① 1941年，日本軍はアメリカの海軍基地を攻撃し，太平洋戦争が始まりました。問いの答えを□から選んで書きましょう。

① 何月何日にアメリカのどこを攻撃しましたか。

（12）月（8）日（パールハーバー（真珠湾））

② とほぼ同時に日本はどこにあるどこの国の軍隊を攻撃していきましたか。

場所（マレー半島）国名（イギリス）軍

③ このあと，中国大陸からどこへ戦線が広がっていきましたか。

（東南アジア）や太平洋地域（順不同）

8　12　15　イギリス　マレー半島　東南アジア
太平洋地域　ヨーロッパ　パールハーバー（真珠湾）

② 右の地図を見て，死者の多い順に3つ国を書きましょう。

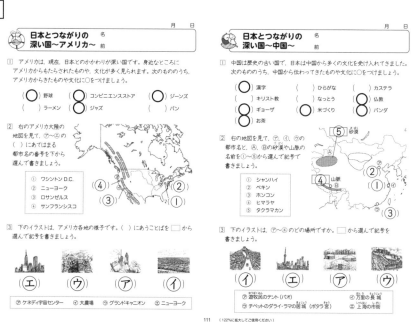

① （中国）
② （インド）
③ （日本）

③ （ ）にあてはまることばを□から選んで書きましょう。

1945（昭和20）年3月　（沖縄）に上陸

8月6日　（広島）に原子爆弾が落とされる。
8月9日　（長崎）に原子爆弾が落とされる。
8月15日　（ポツダム宣言）を受け入れて降伏する。

長崎　広島　沖縄　ポツダム宣言

P.110

平和で民主主義の国へ

● 戦後のおもな改革について，下の絵にあてはまる内容を⑦～⑦から選び，記号で答えましょう。

（オ）（カ）（ア）（ク）

（イ）（エ）（キ）（ウ）

⑦ 経済を独占していた大会社が解体された。
④ 軍隊を解散させた。
⑨ 20才以上の男女が選挙権をもつようになった。
④ 男女共学になるなど教育制度が変わった。
⑦ 言論・思想の自由が認められた。
⑪ 労働組合をつくるなどの労働者の権利が認められた。
④ 男女が平等になった。
⑰ 農地改革で自分の農地を持つ農家が増えた。

高度経済成長

① 1955（昭和30）年ごろから，人々のくらしは，大きく変わってきました。生活用品の変化について，（ ）にあてはまることばを□から選んで書きましょう。

洗濯　洗濯板とたらい→（電気洗濯機）
放送　（ラジオ）→（テレビ）
冷蔵　氷で冷やす木製冷蔵庫→（電気冷蔵庫）

テレビ　洗濯板とたらい　電気冷蔵庫　電気洗濯機　氷で冷やす木製冷蔵庫　ラジオ

② 下のグラフの①～③の電化製品は何とよばれましたか。下から1つ選んで○をつけましょう。

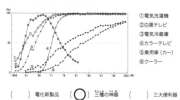

①電気洗濯機
②白黒テレビ
③電気冷蔵庫
④カラーテレビ
⑤乗用車（カー）
⑥クーラー

（ ）電化新製品　（○）三種の神器　（ ）三大便利品

P.111

日本とつながりの深い国～アメリカ～

① アメリカは，現在，日本とのかかわりが深い国です。身近なところにアメリカからもたらされたものや，文化が多く見られます。次のもののうち，アメリカからきたものや文化に○をつけましょう。

（○）野球　（○）コンビニエンスストア　（ ）ジーンズ
（ ）ラーメン　（○）ジャズ　（ ）パン

② 右のアメリカ大陸の地図を見て，⑦～⑦の（ ）にあてはまる都市名の番号を下から選んで書きましょう。

① ワシントンD.C.
② ニューヨーク
③ ロサンゼルス
④ サンフランシスコ

⑦（④）④（②）⑨（③）⑦（①）

③ 下のイラストは，アメリカ各地の様子です。（ ）にあうことばを□から選んで記号を書きましょう。

（エ）（ウ）（ア）（イ）

⑦ケネディ宇宙センター　④大農場　⑨グランドキャニオン　⑦ニューヨーク

日本とつながりの深い国～中国～

① 中国は歴史の古い国で，日本は中国から多くの文化を受けついてきました。次のもののうち，中国から伝わってきたものに○をつけましょう。

（○）漢字　（ ）ひらがな　（ ）カステラ
（ ）キリスト教　（ ）なっとう　（○）仏教
（○）ギョーザ　（○）米づくり　（○）パンダ
（○）お茶

② 右の地図を見て，⑦，④，⑨の都市名と，④，⑧の砂漠や山脈の名前を①～⑤から選んで記号で書きましょう。

① シャンハイ
② ペキン
③ ホンコン
④ ヒマラヤ
⑤ タクラマカン

⑤砂漠　④山脈

③ 下のイラストは，⑦～⑦のどの場所ですか。□から選んで記号を書きましょう。

（イ）（エ）（ア）（ウ）

⑦遊牧民のテント（パオ）　④万里の長城　⑨チベットのダライ・ラマの居城（ポタラ宮）　⑦上海の市街

P.112

もののもえ方（1） 名前

① 下のような実験をしました。（　）の中の正しい方に○をつけましょう。

先に火が消えるのは，（⑦　**①**　）です。なぜなら，①のびんの中の空気は，⑦より　多い　**少ない**　からです。

② 集気びんの中でろうそくに火をつけ，燃え方を調べました。

(1) 燃え続けるのは，⑦〜⑦のうちのどれですか。１つ選び，その記号を書きましょう。

（　**①**　）

⑦ すき間をつくらない　① 上と下にすき間をつくる　⑦ 下にすき間をつくる

(2) びんの中でものが燃え続けるには，何が入れかわる必要がありますか。

（　**空気**　）

もののもえ方（2） 名前

① 空気はどんな気体でできていますか。Ⓐ〜Ⓒにあてはまる言葉を書きましょう。

Ⓐ（　**ちっ素**　）
Ⓑ（　**酸素**　）
Ⓒ（　**二酸化炭素**　）

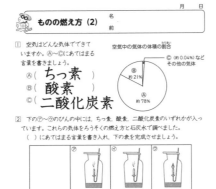

空気中の気体の体積の割合
約0.04% などその他の気体
Ⓑ 約21%
Ⓐ 78%

② 下の⑦〜⑦のびんの中には，ちっ素，酸素，二酸化炭素のいずれかが入っています。これらの気体をろうそくの燃え方と石灰水で調べました。（　）にあてはまる言葉を書き入れ，下の表を完成させましょう。

気体の名前	⑦ **ちっ素**	① **二酸化炭素**	⑦ **酸素**
ろうそくの燃え方	すぐ消える	すぐ消える	**激しく燃える**
石灰水の色の変化	**変化しない**	**白くにごる**	変化しない

③ （　）にあてはまる言葉を，下の□から選んで書きましょう。

① 酸素には，ものを**燃やす**はたらきがある。

② 二酸化炭素の入ったびんの中に石灰水を入れ，ふり混ぜると**白くにごる**

燃やす　白くにごる　変化しない

112　（122%に拡大してご使用ください）

P.113

もののもえ方（3） 名前

● ものを燃やす前と燃やした後で空気の成分がどのように変わるのかを調べました。

(1) 空気中の酸素の体積の割合を気体検知管を使って調べたところ，下のような結果になりました。燃やす前と後の目もりを読み取りましょう。

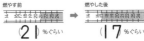

燃やす前　**21**%ぐらい　→　燃やした後　**17**%ぐらい

(2) （　）にあてはまる言葉を下の□から選んで書きましょう。

ものを燃やす前の空気に石灰水を入れ**変化しなかった**
燃やした後の空気に石灰水を入れ**白くにごった**これらの
結果から，燃やした後の空気に**二酸化炭素**が増えたといえる。

酸素　二酸化炭素　変化しなかった　白くにごった

(3) 下のグラフを見て，Ⓐ，Ⓑ，Ⓒにあてはまる気体の名前を書きましょう。

空気中の気体の体積の割合

Ⓐ（　**ちっ素**　）　Ⓑ（　**酸素**　）
Ⓒ（　**二酸化炭素**　）

植物の成長と日光の関わり 名前

● 植物の葉に日光が当たると，葉にデンプンができるかを調べました。

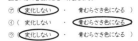

１日目夕方　ジャガイモの３枚の葉をアルミニウムはくで包んで，日光を当てないようにする。

２日目
⑦ 朝，アルミニウムはくを外し，やわらかくなるまで数分間にる。水で洗い，ヨウ素液につける。
① 朝，アルミニウムはくを外し，４〜５時間日光に当てる。その後，やわらかくなるまで数分間にる。水で洗い，ヨウ素液につける。
⑦ 朝，アルミニウムはくを外さないで，そのままにして，４〜５時間後，アルミニウムはくを外し，やわらかくなるまで数分間にる。水で洗い，ヨウ素液につける。

(1) ⑦，①，⑦の葉をヨウ素液につけたら，色はどうなりますか。正しい方の言葉に○をつけましょう。

⑦（**変化しない**・青むらさき色になる）
①（変化しない・**青むらさき色になる**）
⑦（**変化しない**・青むらさき色になる）

(2) デンプンがあった葉は，⑦〜⑦のどれですか。（　**①**　）

(3) 朝，葉にデンプンがないことは⑦〜⑦のどの葉を調べた結果からわかりましたか。記号を書きましょう。（　**⑦**　）

(4) この実験からどんなことがわかりましたか。（　）にあてはまる言葉を書きましょう。

植物の葉に**日光**が当たると，葉に**デンプン**ができる。

113　（122%に拡大してご使用ください）

P.114

体のつくりとはたらき（1） 名前

① 下のグラフは，吸う空気とはいた空気の成分を表したものです。Ⓐ，Ⓑ，Ⓒにあてはまる気体の名前を，酸素，ちっ素，二酸化炭素の中から選んで書きましょう。

Ⓐ（　**ちっ素**　）
Ⓑ（　**酸素**　）
Ⓒ　**二酸化炭素**

空気中の気体の体積の割合
吸う空気（まわりの空気）
はいた空気

② 正しいものには○を，まちがっているものには×を（　）に書きましょう。

① 吸う空気に比べて，はいた空気では，酸素の割合が減っている。（　**○**　）

② 人は，空気を吸ったりはいたりするとき，酸素の一部をとり入れて，二酸化炭素を出している。（　**○**　）

③ 人が空気を吸ったりはいたりするとき，酸素は全部使われる。（　**×**　）

④ はいた空気には，水（水蒸気）もふくまれている。（　**○**　）

③ （　）にあてはまる言葉を下の□から選んで書きましょう。

人が，鼻や口から吸った空気は**気管**を通って左右の**肺**に入る。人は，肺で空気中の**酸素**をとり入れ，二酸化炭素を出している。肺からとり入れられた酸素は，肺の**血液中**に入れられる。**二酸化炭素**を通って鼻や口からは出される。酸素をとり入れ，二酸化炭素を出すことを**呼吸**という。

酸素　二酸化炭素　呼吸　肺　気管　血液中

114　（122%に拡大してご使用ください）

体のつくりとはたらき（2） 名前

① 心臓の動きや役割について，（　）にあてはまる言葉を下の□から選んで書きましょう。

① 心臓が規則正しく縮んだりゆるんだりする動きを**はく動**という。

② 血液を送り出すときの心臓の動きが血管を伝わってきたものを**脈はく**という。

③ 心臓は全身に**血液**を送り出すポンプの役割をしている。

脈はく　血液　はく動

② 右の図は，体の中の血液の流れを表したものです。

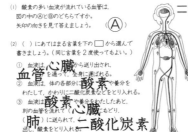

(1) 酸素の多い血液が流れている血管は，図の中のⒶとⒷのどちらですか。矢印の向きを見て答えましょう。

（　**Ⓐ**　）

(2) （　）にあてはまる言葉を下の□から選んで書きましょう。（同じ言葉を２度使ってもよい。）

① 血液は**心臓**から送り出され，**血管**を通って，全身に運ばれる。

② 血液は，体の各部分に**酸素**や養分をわたして，かわりに二酸化炭素などをとり入れる。

③ 血液は，酸素や養分をわたしたあと，**心臓**にもどり，**肺**に送られて，**二酸化炭素**を出し，酸素をとり入れる。

酸素　二酸化炭素　心臓　肺　血管

P.115

体のつくりとはたらき（3） 名前

● デンプンとだ液のはたらきの関係を調べるために，次のような実験をしました。

実験
① ２〜３つぶのご飯と湯を乳ばちに入れて，乳棒ですりつぶす。
② 上ずみ液を⑦と①の２本の試験官に入れて，①だけにストローなどで自分の息を混ぜる。
③ ⑦と①の試験官を体温に近い温度の湯で，10分間ぐらい温める。
④ ⑦と①の試験官にヨウ素液を入れて，色の変化を調べる。

体温ぐらいの湯（約40℃）

(1) 次の①〜④の中から正しいもの１つに○をつけましょう。

①（　）ヨウ素液を入れると，⑦も①も青むらさき色になる。

②（　）⑦だけ青むらさき色になる。

③（　**○**　）①だけ青むらさき色になる。

④（　）⑦も①も変化しない。

(2) この実験からどんなことがわかりましたか。（　）にあてはまる言葉を書きましょう。

ご飯にふくまれる（**デンプン**）は，口の中で，（**だ液**）と混ざって，別のものに変化する。

(3) 食べ物が歯でかみくだかれて細かくなったり，だ液のはたらきで変化したりして，体に吸収されやすい養分に変えられたりすることを何といいますか。

（　**消化**　）

115　（122%に拡大してご使用ください）

体のつくりとはたらき（4） 名前

● 右の図は，食べ物の通り道を表しています。

(1) ⑦〜①の各部の名前を書きましょう。

⑦（　**食道**　）①（　**胃**　）
⑦（　**小腸**　）①（　**大腸**　）
⑦（　**こう門**　）

(2) 食べ物が通っていく順に，（　）に⑦〜⑦の記号を書きましょう。

（⑦）→（①）→（⑦）→（①）→（⑦）

(3) 次のはたらきは，⑦〜⑦のどの部分が行っていますか。記号で書きましょう。

① 腸液を出して食べ物を消化し，消化された養分を，水とともに血液中に吸収する。（　**⑦**　）

② 食べた物を胃に送る。（　**⑦**　）

③ 小腸で吸収されなかったものから，さらに水分などを吸収する。（　**①**　）

④ 食べ物を胃液と混ぜながら消化して，体に吸収されやすいものに変える。（　**①**　）

(4) 口からこう門までの食べ物の通り道を何といいますか。

（　**消化管**　）

P.116

体のつくりとはたらき (5)
名前

① 下の図は，人の体を腹側から見たようすと背中側から見たようすです。

腹側 ／ 背中側

(1) ⑦の臓器の名前は何ですか。　（かん臓）
(2) ⑦の臓器は，背中側のこしの高さに２つあります。名前は何ですか。　（じん臓）

(3) 次の①と②のはたらきは，⑦と⑦のどちらの臓器のはたらきですか。あてはまる方の記号を書きましょう。
① （⑦）小腸から吸収された養分をたくわえたり，必要なときに全身に送ったりする。
② （⑦）体の中でいらなくなったものや余分な水分を血液中からこし出す。

② 下の□の中には，全部同じ言葉が入ります。あてはまる言葉は何ですか。　（臓器）

胃，小腸，大腸，肺，心臓，かん臓，じん臓などを□□という。人やほかの動物の体の中には，さまざまな□□がある。人やほかの動物は，それらの□□が血液を通じてたがいにかかわり合いながらはたらくことで，生きている。

植物の成長と水の関わり
名前

① ホウセンカを食紅で赤くした水に入れておきました。
(1) くきを横に切ったとき，赤く染まっているところはどの部分ですか。下の⑦～⑦の図の中から選びましょう。　（エ）
(2) くきを縦に切ったとき，赤く染まっているところはどの部分ですか。下の⑦～⑦の図の中から選びましょう。　（エ）

② 晴れた日の朝，葉をつけたままのサクラの枝と，葉をとり去ったサクラの枝にそれぞれふくろをかぶせました。しばらく置いてから，ふくろの内側のようすを観察しました。（　）にあてはまる言葉を下の□から選んで書きましょう。

葉をつけたままのサクラの枝にかぶせたふくろの内側に（たくさん）水てきがついた。葉をとり去ったサクラの枝にかぶせたふくろの内側に（少しだけ）水てきがついた。この結果から，根かくきを通って出た水は，主に葉から（水蒸気）となって出ていくことがわかった。植物の体の中の水が，水蒸気となって出ていくことを（蒸散）という。

水蒸気　蒸散　たくさん　少しだけ

③ ツユクサの葉の裏の皮をうすくはぎとって，けんび鏡で観察すると，葉の表面に右の図の⑦のような小さな穴がたくさんありました。この穴を何といいますか。　（気こう）

P.117

生物どうしの関わり
名前

① 右の図は，「食べる・食べられる」のつながりを表したものです。「食べられるもの」から「食べるもの」に向けて矢印を入れてつなぎましょう。

② 次の（　）にあてはまる言葉を下の□から選んで書きましょう。
動物の食べ物の元をたどっていくと，（植物）にたどりつく。植物は（日光）に当たると，養分ができる。動物は，自分で養分をつくることができないので，植物やほかの動物を食べ，その中にふくまれる（養分）をとり入れる。植物を出発点とした，「食べる・食べられる」という関係で１本の線のようになっている生物の間のつながりを（食物連鎖）という。

養分　日光　食物連鎖　植物

③ 下の図は，自然と動物，植物の関係について表したものです。

(1) （　）の中の正しい方の言葉を○で囲みましょう。
植物は，（（日光が当たると）日光がなくても　）二酸化炭素をとり入れて（空気　（酸素））を出す。動物は，空気中の（（二酸化炭素）酸素　）をとり入れ，（酸素　（二酸化炭素）　）をはき出して呼吸している。つまり，動物は，呼吸で，植物がつくり出した（（酸素）　二酸化炭素　）をとり入れて生きている。

(2) 図の中の⑦と⑦の矢印がそれぞれ表している気体は何ですか。
⑦ （酸素）
⑦ （二酸化炭素）

月と太陽 (1)
名前

① 次の①～⑤の文を読み，月について書かれたものには「月」を，太陽について書かれたものには「太」を（　）の中に書きましょう。
① （太）みずから光を出している。
② （月）みずから光を出していない。
③ （月）表面にクレーターと呼ばれる丸いくぼみが見られる。
④ （月）日によって見える形が変わる。
⑤ （太）目をいためるので，直接見ないで，必ずしゃ光板を使う。

② 右の図のように，ボールとライトを使って，月の形が変わって見える理由を調べました。

(1) ボール，ライトをそれぞれ月，太陽のどちらに見立てていますか。
① ボール　（月）
② ライト　（太陽）

(2) ボールが⑦，⑦，⑦の位置にあるとき，観察する人から見たボールは，それぞれどんなふうに見えますか。図の「見える部分」に色をぬりましょう。
① ⑦の位置
② ⑦の位置
③ ⑦の位置

P.118

月と太陽 (2)
名前

● 月の形の見え方と太陽の位置の関係を調べました。

太陽の光

(1) 太陽は月の光っている側と光っていない側の，どちら側にありますか。　（光っている側）

(2) 月の形が，地球から見て，下の①～⑧のように見えたとき，月は，それぞれ⑦～⑦のどの位置にありますか。（　）に⑦～⑦の記号を書きましょう。

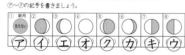

① 見えない	②	③	④	⑤	⑥	⑦	⑧
（ア）	（イ）	（エ）	（オ）	（ク）	（カ）	（キ）	（ウ）

(3) (2)の①～⑧の月は，どのように見え方が変わっていきますか。①の新月から順に番号を並べかえましょう。
① → （②） → （③） → （⑧） → （③） → （④） → （⑥） → （⑦） → （⑤）

(4) （　）にあてはまる言葉を下の□から選んで書きましょう。
① 月の光って見える側に（太陽）がある。
② 月の形が日によって変わって見えるのは，月と太陽の（位置関係）が変わるためである。
③ 月は，およそ（１か月）かけて（地球）の周りを一回りしている。

位置関係　太陽　地球　１か月

水よう液の性質 (1)
名前

① 食塩水，石灰水，アンモニア水，塩酸，炭酸水の５種類の水よう液を蒸発皿に少量ずつとり，熱して，水を蒸発させました。熱したあと，蒸発皿に固体が残るのは，どの水よう液ですか。２つ書きましょう。
（食塩水）（石灰水）

② 炭酸水から出てきた気体を集めて，炭酸水には何がとけているかを調べました。
(1) 炭酸水から気体をたくさん出すためには，どうすればよいですか。正しい方の言葉に○をつけましょう。
（冷やす　（よくふる））

(2) 集めた気体の中に石灰水を入れて，よくふると，どうなりますか。
（白くにごる。）

(3) 集めた気体の中に火のついたろうそくを入れると，どうなりますか。
（すぐ消える。）

(4) (2)，(3)の結果から，炭酸水から出てきた気体は何だといえますか。
（二酸化炭素）

(5) 水の入ったペットボトルにこの気体を入れ，ふたをして，よくふりました。
① ペットボトルは，次の（　）のどれになりましたか。正しいものに○をつけましょう。
（ふくらんだ　（へこんだ）　変わらない）
② ①のようになったのは何がどうなったからですか。（　）にあてはまる言葉を書きましょう。
（二酸化炭素）が，水に（とけた）から。

P.119

水よう液の性質 (2)
名前

① リトマス紙を使って，水よう液をなかま分けしました。（　）にあてはまる言葉を下の□から選んで書き，表を完成させましょう。

水よう液の性質	（酸性）	中性	（アルカリ性）
リトマス紙の変化	青→赤 赤→赤	青→青 赤→赤	青→青 赤→青
水よう液の例	（塩酸）（炭酸水）	（食塩水）	石灰水 アンモニア水

酸性　アルカリ性　食塩水　石灰水　アンモニア水　塩酸　炭酸水

② 試験管にアルミニウムを入れて塩酸を加える実験をしました。
(1) アルミニウムは，どうなりましたか。（　）にあてはまる言葉を下の□から選んで書きましょう。
アルミニウムは，あわを（出して）（とけた）。

出して　出さずに　とけた　とけなかった

(2) この実験のあと，塩酸にとけたアルミニウムがどうなったのか調べました。（　）にあてはまる言葉を下の□から選んで書きましょう。
塩酸にアルミニウムがとけた液を（蒸発皿）に少し入れて，（熱）すると，あとに（固体）が残る。蒸発皿に残ったものは，元のアルミニウムとは（別のもの）に（変わって）いたといえる。つまり，元のアルミニウムは，塩酸にとけて別のものに変わったといえる。

同じもの　別のもの　熱　あわ　固体　蒸発皿　変わって

大地のつくり (1)
名前

● 右の図のように，がけがしま模様に見えることがあります。このしま模様に見えるがけについて，答えましょう。

(1) （　）にあてはまる言葉を，下の□から選んで書きましょう。（同じ言葉を２度使ってもよい）
① がけがしま模様に見えるのは，色，形，大きさなどがちがうつぶでできたものが，層になって重なっているからです。（ちがう）
② しま模様をつくっている主なものは，（どろ），（れき），（砂），火山灰など。（順不同）
③ しま模様をつくっている主なもののうち，つぶの大きさが2mm以上のものを（れき）といいます。

同じ　ちがう　れき　砂　どろ

(2) このしま模様は，がけの表面だけに見られますか。それとも，おくにも広がっていますか。
（おくにも広がっている。）

(3) しま模様に見える層の中から，大昔の動物や植物の一部，動物のすみか，あしあとなどが見つかることがあります。このようなものを何といいますか。
（化石）

(4) このように，いろいろなつぶが層になって重なり合って，広がっているものを何といいますか。
（地層）

P.120

大地のつくり (2)　名前　月　日

● 地層には，流れる水のはたらきでできたものと，火山のはたらきでできたものがあります。それぞれの地層の持ちょうについて，（　）にあてはまる言葉を下の□から選んで書きましょう。

(1) 流れる水のはたらきでできた地層
① 主に，れき，砂，（どろ）の層でできている。
② 地層の中のれきは，流れる水のはたらきで（角）がとれて，（まるみ）を帯びている。
③ 1つの層の中で（大きい）つぶの上に（小さい）つぶのものが積み重なっていることがある。
④ 海底などにたい積されたれきや砂，どろなどの層は，たい積したものの（重み）で，長い年月をかけて固まると，（岩石）になる。このようにしてできた岩石に（れき岩）や砂岩，でい岩がある。

　大きい　小さい　まるみ　重み　角　どろ　れき岩　岩石

(2) 火山のはたらきでできた地層
① 火山からふき出された（火山灰）が積もって層ができる。
② 火山（ふん火）が何度かくり返されて，地層ができる。
③ 地層には（角ばっている）つぶの火山灰や，（あな）がたくさんあいたれきなどがふくまれる。

　火山灰　ふん火　あな　角ばっている

大地のつくり (3)　名前　月　日

① 地層が，流れる水のはたらきによって，どのようにしてできるのか調べるため，下の図のような装置を使って実験しました。砂とどろを混ぜた土を水で静かに流しこむと，水そうの中は，図⑦のようになりました。

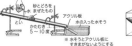

(1) 砂とどろを混ぜた土を何回流しましたか。

（2回）

(2) 層の①，②は，それぞれ，砂，どろのどちらでできていますか。
①（砂）　②（どろ）

(3) この実験からどんなことがわかりますか。（　）の中にあてはまる言葉を下の□から選んで書きましょう。

（流れる水）によって運ばれた，色やつぶの（大きさ）がちがうれきや砂，どろなどが層になって積み重なり，それが（何度も）くり返されて，（海底）などに（地層）ができる。

　大きさ　何度も　海底　流れる水

② 次の①〜③の岩石の名前を書きましょう。
① 主に，れきでできている。（れき岩）
② 主に，どろでできている。（でい岩）
③ 主に，砂でできている。（砂岩）

120　（122%に拡大してご使用ください）

P.121

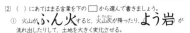

大地のつくり (4)　名前　月　日

① 地層の中に右の図のような大地のずれがありました。これを何といいますか。

（断層）

② （　）にあてはまる言葉を下の□から選んで書きましょう。
① 火山が（ふん火）すると，火山灰が降ったり，（よう岩）が流れ出したりして，土地を大きく変化させる。
② 大地にずれが生じると，（地震）が起きる。
③ 地震によって，土地が（盛り上がったり）したり，（がけ）がくずれたりして，土地のようすが変化する。

　地震　がけ　よう岩　ふん火　盛り上がったり

③ 正しいものには○を，正しくないものには×を，（　）の中に書きましょう。
①（×）地震は，海底では起こらない。
②（○）火山活動のおかげで，温泉ができることもある。
③（×）地震が起きても道路がくずれることはない。
④（○）火山のふん火で湖ができることもある。
⑤（○）海底で地震が起きると，津波が発生することもある。

④ エベレスト山のあるヒマラヤ山脈の地層から海の生物だったアンモナイトの化石が見つかりました。このことから，アンモナイトが見つかったところは，大昔はどんなところだったといえますか。（　）の中の正しい方の言葉に○をつけましょう。

（海・陸）

てこのはたらき (1)　名前　月　日

① 棒をある1点で支え，棒の一部に力を加え，ものを持ち上げたり，動かしたりするしくみを何といいますか。

（てこ）

② 次の文の（　）の中に，あてはまる言葉を書きましょう。
てこには，支点，力点，作用点という3つの点があります。棒を支えている位置を（支点），手などで力を加える位置を（力点），ものに力がはたらく位置を（作用点）といいます。

③ 下の図の支点，力点，作用点はそれぞれどこですか。（　）の中に，書きましょう。

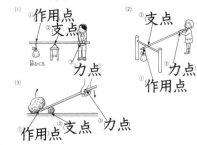

(1) ①作用点　②支点　③力点
(2) ①支点　②力点　③作用点
(3) ①作用点　②支点　③力点

121　（122%に拡大してご使用ください）

P.122

てこのはたらき (2)　名前　月　日

① てこを使って，砂ぶくろを持ち上げる実験をしました。できるだけ小さい力で砂ぶくろを持ち上げるには，どうすればよいですか。⑦〜⑦の中から選んで（　）に記号を書きましょう。

(1) 砂ぶくろを（ウ）の位置につるす。

(2) （ウ）の位置を手で持って，おす。

(3) 支点を（ア）の位置にする。

② 次の文の（　）の中に，「長い」，「短い」のどちらかあてはまる方の言葉を書きましょう。
てこを使ってものを持ち上げるとき，支点から力点までのきょりが（長い）ほど，小さい力でものを持ち上げることができる。また，支点から作用点までのきょりが（短い）ほど，小さい力でものを持ち上げることができる。

てこのはたらき (3)　名前　月　日

● 実験用てこを使って，うでのかたむきを調べます。右の図を見て，答えましょう。（おもりは1個10gです。）

(1) 左右のうでのてこをかたむけるはたらきの大きさをそれぞれ計算しましょう。
左 $40_g × 3 = 120$
右 $20_g × 5 = 100$

(2) てこは，どうなりますか。⑦〜⑦の正しいものに○をつけましょう。
⑦（○）左にかたむく
⑦（　）右にかたむく
⑦（　）水平になってつり合う

(3) てこをつり合わせるには，右うでの2このおもりを，上の図の右うでの①〜⑥のどこにうつすとよいですか。（⑥）

(4) 右うでの2このおもりを(3)で答えた位置にうつしたとき，右うでのてこをかたむけるはたらきの大きさを計算しましょう。
$20_g × 6 = 120$

(5) てこのうでが水平になってつり合うときのきまりをまとめましょう。
左うでの（大きさ）＝（支点からのきょり）×（右うでの大きさ）×（支点からのきょり）

122　（122%に拡大してご使用ください）

P.123

てこのはたらき (4)　名前　月　日

● 次のてこは，つり合いますか。左右のうでのてこをかたむけるはたらきの大きさをそれぞれ計算して，左にかたむくときは「左」，右にかたむくときは「右」，つり合うときは「○」を，（　）の中に書きましょう。（おもりは1個10gです。）

① 左 $20_g × 3 = 60$
　右 $10_g × 6 = 60$　（○）

② 左 $40_g × 2 = 80$
　右 $30_g × 3 = 90$　（右）

③ 左 $10_g × 5 = 50$
　右 $30_g × 2 = 60$　（右）

④ 左 $40_g × 4 = 160$
　右 $20_g × 5 = 100$　（左）

てこのはたらき (5)　名前　月　日

① 次のてこをつり合わせるには，↑のところにおもりを何gつければよいですか。（　）の中に重さを書きましょう。（おもりは1個10gです。）

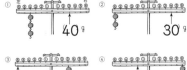
① （40）g
② （30）g
③ （20）g
④ （30）g

② 次のてこはつり合っています。（　）の中に，つり合うときの重さやきょりを書きましょう。

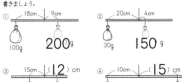
① 18cm　9cm　100g　（200）g
② 20cm　4cm　30g　（150）g
③ 15cm　（12）cm　40g　50g
④ 10cm　（15）cm　90g　60g

123　（122%に拡大してご使用ください）

P.124

てこのはたらき (6) 名前

● 次の①〜⑤は，てこのはたらきを利用した道具です。

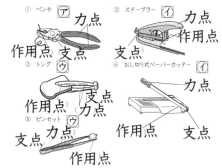

① ペンチ ⑦ 力点 作用点 支点
② ステープラー ⑦ 力点 作用点 支点
③ トング ⑦ 作用点 支点 力点
④ おし切り式ペーパーカッター ⑦ 作用点 力点 支点
⑤ ピンセット ⑦ 支点 力点 作用点

(1) 上の図の（ ）の中に，支点，力点，作用点を書きましょう。

(2) 上の①〜⑤の道具は，次の⑦〜⑰のどのてこのしくみが利用されていますか。上の図の □ に⑦〜⑰の記号を書きましょう。

作用点 支点 力点　支点 力点 作用点　力点 支点 力点 作用点

てこのはたらき (7) 名前

① 右の図は，くぎぬきを使って，くぎをぬいているところです。

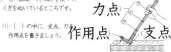
力点　支点　作用点

(1) （ ）の中に，支点，力点，作用点を書きましょう。

(2) できるだけ小さい力でくぎをぬくには，⑦〜⑰のどこを持てばよいですか。記号を書きましょう。（ウ）

② 右の図は，紙をはさみで切っているところです。
作用点　力点　支点

(1) 右の図の（ ）の中に，支点，力点，作用点を書きましょう。

(2) できるだけ小さい力で紙を切るには，上の図の⑦〜⑰のどの位置に紙をはさむとよいですか。記号を書きましょう。（ウ）

③ （ ）の中の正しい方の言葉に○をつけましょう。

(1) くぎぬきを使って，小さな力でくぎをぬくには，支点から力点までのきょりを（長くする・短くする）とよい。

(2) はさみを使って，小さな力で紙を切るには，支点から作用点までのきょりを（長くする・短くする）とよい。

P.125

私たちの生活と電気 (1) 名前

① 電気をつくることを何といいますか。（発電）

② 次の発電方法とその説明として合うものを線でつなぎましょう。

火力発電 — 高いところから低いところへ水が流れる力を利用して発電する。
水力発電 — 太陽の光が光電池に当たることで発電する。
風力発電 — 石油，石炭，天然ガスなどを燃やした熱で水蒸気を発生させ，水蒸気の力で発電する。
太陽光発電 — 風の力でプロペラを回して，発電する。

③ 正しいものには○を，まちがっているものには×を（ ）の中に書きましょう。

① （○）手回し発電機のハンドルを速く回すと，電流の大きさが大きくなる。
② （×）光電池に光を弱く当てても，強く当てても，電流の大きさは変わらない。
③ （×）手回し発電機に豆電球をつないでハンドルを回すとき，ハンドルをゆっくり回した方が，豆電球はより明るくなる。
④ （○）光電池に豆電球をつないで日光を当てると，明かりがつく。

④ 右の図を使うと，つくった電気をためることができます。何というものですか。

コンデンサー

私たちの生活と電気 (2) 名前

① 下の □ の中の電気製品は，電気を光，音，熱，運動のどのはたらきに変えたものですか。電気製品の名前を次の（ ）の中に書き入れ，表を完成させましょう。

	電気製品	
光に変えている	（照明器具）	（信号機）
音に変えている	（ラジオ）	（CDプレーヤー）
熱に変えている	（トースター）	（アイロン）
運動に変えている	（せん風機）	（電動車いす）

せん風機　電動車いす　トースター　照明器具
信号機　ラジオ　CDプレーヤー　アイロン

② （ ）にあてはまる言葉を下の □ から選んで書きましょう。（同じ言葉を2度使ってもよいです。）

電気は，光，音，熱，運動などに変えることができ，いろいろな身の回りのものに利用されている。一方，光，音，熱，運動などを電気に変えることもできる。例えば，光電池は（光）を（電気）に変えている。

電気　光　音

P.126

私たちの生活と電気 (3) 名前

① 手回し発電機を同じ回数だけ回して，コンデンサーに電気をため，豆電球と発光ダイオードの明かりがついていた時間を，くり返し3回調べました。下の表はその結果です。

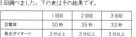

	1回目	2回目	3回目
豆電球	30秒	35秒	33秒
発光ダイオード	3分以上	3分以上	3分以上

上の表を見て，（ ）の中の正しい方の言葉に○をつけましょう。

① 明かりのついていた時間は，発光ダイオードの方が（長い・短い）。
② 豆電球よりも発光ダイオードの方が，使う電気の量は（多い・少ない）。
③ （発光ダイオード・豆電球）を使った方が，電気を効率よく利用できる。

② （ ）の中にあてはまる言葉を下の □ から選んで書きましょう。

コンピュータは，コンピュータを使って，電気を効率よく利用している。プログラム あらかじめの指示をすることで動く。コンピュータへの指示をプログラムといい，指示をつくることをプログラミングという。

安全などのために必要でない時に電気を使わなくてすむように，（暗く）なると自動的に明かりがつく街灯や，中に入ると自動で明かりがつくトイレ，人が近づくと自動で動き出すエスカレーターがある。これらには，明るさや（動き）などを感知するセンサーコンピュータが使われている。

コンピュータ　センサー　プログラミング　暗く
動き　プログラム　近づく　効率よく

生物と地球環境 (1) 名前

● 地球上の水と生物との関係について，下の絵を見て答えましょう。（ ）にあてはまる言葉を下の □ から選んで書きましょう。

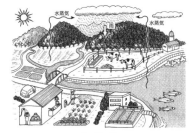

① 地球上の水は，蒸発し（水蒸気）になる。
② 空気中の水蒸気は，上空に運ばれて（雲）になり，（雨）や雪となってもどってくる。
③ （生物）の体にとり入れられた水も，私たちが生活のいろいろな場面で利用した水も，じゅんかんして（もどって）くる。
④ 生物は，水，食べ物，（空気）を通して，たがいに関わり合って生きていける。

生物　雨　雲　水蒸気　空気　もどって

P.127

生物と地球環境 (2) 名前

① 人のくらしと水や空気，ほかの生き物との関わりについて，正しいものには○を，まちがっているものには×をつけましょう。

① （×）洗い物などをしたあとの水は，そのまま川に流してもよい。
② （×）森林の木を大量に切って人のくらしに利用しても，野生の動物がすめる土地がなくなったりしない。
③ （×）よごれた水を飲んでも病気になることはない。
④ （○）工場や家庭で使われた水で川や海がよごれると，動物や植物がすめなくなることがある。
⑤ （○）自動車からのはい気ガスで空気はよごれる。
⑥ （○）私たちが生きていくためにも水が欠かせない。

② 環境を守るために，どんなふうに取り組みをしていますか。（ ）にあてはまる言葉を下の □ から選んで書きましょう。

① よごれた水を（下水処理場）できれいにしてから，川に流している。
② 干潟にすむ生物を守るために，（ごみ拾い）などの活動をしている。
③ （国立公園）は，豊かな自然を守るために，国が指定し保護している。
④ （二酸化炭素）を出さない燃料として水を利用した「燃料電池自動車」が開発され（発電）しながら走る。
⑤ 化石燃料を燃やさないで，風や（日光）のはたらきで発電する。
⑥ 自動車の使用をひかえ（公共の乗りもの）を利用するにはたらきかけている。

国立公園　公共の乗りもの　二酸化炭素
下水処理場　発電　ごみ拾い　日光

生物と地球環境 (3) 名前

① 酸性雨について，（ ）にあてはまる言葉を下の □ から選んで書きましょう。

工場から出るけむりや自動車から出るはい気ガスが空気中で変化して雨水にとけこむと，強い酸性の雨水になる。この雨のことを酸性雨という。酸性雨が降ると，木がかれたりや湖の魚が死んでしまうことがある。

はい気ガス　酸性　酸性雨　かれたり　けむり　雨水

② 地球温暖化について，（ ）にあてはまる言葉を下の □ から選んで書きましょう。

近年，地球全体の気温が上がっていることがわかっている。これを地球温暖化という。化石燃料を大量に燃やしたことにより，空気中の二酸化炭素が増えている。また，森林が切られたりして植物にとり入れられ吸収される二酸化炭素が減っている。地球温暖化は，世界のあちこちで起こっている異常気象にも関係している。地球の環境は世界中の人々が協力して解決しなければならない。

異常気象　地球温暖化　上がって　二酸化炭素　協力　化石燃料　植物

③ （ ）にあてはまる言葉を下の □ から選んで記号で書きましょう。

より多くの人が幸せにくらせるように，開発を進めながらも，よりよい環境を残して，未来に引きつぐことができる社会のことを（ウ）という。2015年に国連で開かれた（イ）で，2030年までの行動計画が立てられ，（ア）という17の目標がかかげられた。

⑦ SDGs（持続可能な開発目標）　⑧ 持続可能な開発サミット　⑨ 持続可能な社会

コピーしてすぐ使える
まるごと宿題プリント　6年

2022 年 3 月 10 日　　第 1 刷発行

執 筆 協 力 者：　新川 雄也・中楯 洋・中村 幸成・羽田 純一 他
イ ラ ス ト：　山口 亜耶 他
企 画 ・ 編 著：　原田 善造・あおい えむ・今井 はじめ・さくら りこ・
　　　　　　　　　ほしの ひかり・堀越 じゅん（他 5 名）
編 集 担 当：　川瀬 佳世

発　 行　 者：　岸本 なおこ
発　 行　 所：　喜楽研（わかる喜び学ぶ楽しさを創造する教育研究所：略称）
　　　　　　　　〒604-0827　京都府京都市中京区高倉通二条下ル瓦町 543-1
　　　　　　　　TEL　075-213-7701　FAX　075-213-7706
　　　　　　　　HP　https://www.kirakuken.co.jp
印　　　　刷：　株式会社米谷

ISBN:978-4-86277-346-3

Printed in Japan

喜楽研 WEB サイト
書籍の最新情報（正誤表含む）は
喜楽研 WEB サイトをご覧下さい。

学校現場では，本書ワークシートをコピー・印刷して児童に配布できます。
学習する児童の実態にあわせて，拡大してお使い下さい。